国家自然科学基金项目"工作—家庭增益与个体繁荣互动螺旋上升机制研究：边界弹性和正念的积极影响"（71672024）

国家自然科学基金青年项目"家长式领导的消极效应：领地行为演进与辱虐管理互动螺旋强化机制研究"（71502028）

教育部规划基金项目 "垂滴模型下组织公正对员工行为的跨层次影响：被调节的中介作用整合研究"（15YJA630024）

跨层次组织公正的垂滴效应研究

金星彤 著

中国社会科学出版社

图书在版编目（CIP）数据

跨层次组织公正的垂滴效应研究/金星彤著.—北京：中国
社会科学出版社，2018.5
ISBN 978 - 7 - 5203 - 2368 - 0

Ⅰ.①跨…　Ⅱ.①金…　Ⅲ.①企业管理—人力资源管理—
研究　Ⅳ.①F272.92

中国版本图书馆 CIP 数据核字（2018）第 075604 号

出 版 人	赵剑英
责任编辑	王　曦
责任校对	孙洪波
责任印制	戴　宽

出　　版	中国社会科学出版社
社　　址	北京鼓楼西大街甲 158 号
邮　　编	100720
网　　址	http://www.csspw.cn
发 行 部	010 - 84083685
门 市 部	010 - 84029450
经　　销	新华书店及其他书店

印　　刷	北京明恒达印务有限公司
装　　订	廊坊市广阳区广增装订厂
版　　次	2018 年 5 月第 1 版
印　　次	2018 年 5 月第 1 次印刷

开　　本	710×1000　1/16
印　　张	13.75
插　　页	2
字　　数	220 千字
定　　价	66.00 元

凡购买中国社会科学出版社图书，如有质量问题请与本社营销中心联系调换
电话：010 - 84083683

序　言

"丘也闻有国有家者，不患寡而患不均，不患贫而患不安。盖均无贫，和无寡，安无倾"。可见，"公平正义"自古以来一直是人类追求的价值信念。近年来，不仅在社会学领域，而且在组织行为学、人力资源管理等学科对公正问题的研究与日俱增。公正本质上反映了社会（或组织）资源的配置问题，公正与否小则影响个人心理满意度进而左右其行为方式，大则关乎整个社会秩序的存在与维系。一国经济之可持续增长，有赖于开辟公平、开放、全面、创新的发展之路；一个企业之创新发展，依赖于打造公正组织氛围，倡导人本管理，关注"人力资源"这一软资源的开发与应用。

在中国经济新常态下，企业所面临的环境更加复杂、更具挑战性。经济发展层面，从高速运转向高质量发展转型；技术层面，从要素、投资的数量追加转向创新驱动；社会层面，经济结构优化升级的压力不断促使着社会转型。在这一背景下，企业对外盲目资本争夺和对内制度管理高压行将就木，面对陡然上升的创新发展压力，如何摒弃民营企业中常见的关注于短期效益的辱虐管理，如何弱化传统层级制度下形成的官僚管理作风，如何塑造应景的管理文化显得尤为重要。目前，一些企业疏于管理创新，忽视管理氛围的优化，造成员工毫无活力、怠于创造、"死水一潭"的局面。因此，研究如何强化员工的心理所有权意识，激发为"自己的"组织建言、提升自身创造力的愿望，是具有重要现实意义的课题。

很欣慰的是，本专著的作者，提出了企业内部管理效果跨层级传递的新思路，并利用在大连理工大学博士后流动站工作期间，通过对 50 多家企业的调查与走访，针对组织公正与员工积极行为横向和纵向影响机制进行了深入的创新性研究。此项研究，以我国民营企业内部组织公正感知为研究对象，构建了不同层级组织公正与建言行为、创造力的垂滴效应模型，通过实证分析区分出组织公正不同维度对员工积极行为的影响差异；识别了建言行为、创造力在组织公正感知自上而下的传导过程中充当的角色；探索了组织管理跨层级传导的实现路径。可贵的是，组织行为学研究中，企业内部三个层级的配对跨层分析较为少见，作者依据从 38 家民营企业中收集的有效数据对研究假设进行了检验，并提出了有针对性的企业管理改善建议，在实践中可直接应用。这为民营企业构建扁平化的组织结构，打造组织公正氛围，激发员工积极行为，促进和谐劳动关系的构建进行了有益的探索。

祝贺金星彤的专著出版，也期待人力资源管理学科更多关注组织跨层影响的优秀成果的出现。

戴大双
著名项目管理专家
大连理工大学教授、博士生导师
2018 年 4 月于大连

摘　要

　　本书旨在探讨组织公正的垂滴效应，以分布于辽宁、吉林、湖北、四川、安徽、广西等地区 38 家企业 686 名不同层级员工的问卷调查数据为样本，应用多层线性模型、结构方程全模型和分层回归分析等实证研究方法，对同一层级组织公正四个维度对建言行为、创造力的影响，基层员工组织支持感知在组织公正与建言行为、创造力之间的中介作用，以及组织公正感知在组织内跨层次垂滴效应等问题加以研究，深入探讨组织公正对员工积极行为的影响过程。

　　立足于组织公正、组织支持、建言行为和创造力等研究热点与社会焦点，以社会交换理论为基础，在微观逻辑框架下围绕"组织公正四个维度是否存在沿组织层级的垂滴影响"这一核心问题展开分析，共设计 6 章，具体内容如下：

　　第一章，绪论。本章阐明研究所涉问题如何被提出，表明主要研究目的和意义，明确研究内容与方法，阐述研究动机和可能存在的三个创新点，并在最后介绍技术路线及结构设计。

　　第二章，文献述评。首先，对与组织公正相关的理论文献进行了综述，内容包括组织公正的含义、理论发展以及组织公正的维度问题。其次，为便于研究，对应用于组织公正的垂滴研究进行了梳理。继而，对组织公正与建言行为、创造力的关系研究进行了回顾和评价。然后，对组织支持的概念、类别以及前因变量与结果变量等进行了综述，回顾了组织支持对员工积极行为影响效应的研究成果。最后，理清各研究变量间可能存在的关系，并对既有研究成果进行了述评。

　　第三章，组织公正对建言行为、创造力影响的直接效应研究。该章在问卷调查获得数据的基础上，首先，应用 AMOS17.0 对被试企业三个层级组织公正、建言行为和创造力分别进行验证性因子分析。然后，应用 AMOS17.0 分别对三个层级组织公正与同层级建言行为、创造力间的直接效应进行结构方程分析。最后，得出结论：组织公正感知对员工促进性建言、抑制性建言、创造力均具有显著正向影响。

第四章，组织支持在组织公正和建言行为、创造力间的中介作用研究。该章首先应用 AMOS17.0 对各变量进行了验证性因子分析。之后，应用 AMOS17.0 对组织支持在组织公正和建言行为、创造力间的中介作用进行了结构方程分析。最后，得出结论：组织支持在分配公正与建言行为间具有部分中介作用，在分配公正与创造力间具有完全中介作用；组织支持是人际公正与建言行为、创造力间的完全中介；组织支持是信息公正与建言行为、创造力间的完全中介；组织支持在程序公正与建言行为、创造力之间不具有中介作用。

第五章，组织公正垂滴效应的综合模型研究。该章以问卷调查获得的数据为基础，首先，应用 AMOS17.0 对各变量进行了验证性因子分析。之后，应用 SPSS17.0 对同层级组织公正和建言行为、创造力的关系进行回归分析。继而，应用 HLM 多层线性模型对组织公正的直接垂滴效应，以及以建言行为、创造力为中介的组织公正跨层次影响效应进行多层回归分析。最后，经过假设检验得出结论：上级的创造力、建言行为均对下级的组织公正感知具有显著的正向影响；组织公正四个维度的感知都能够直接垂滴到较低的层级；建言行为、创造力是人际公正从高层逐级垂滴到中层、基层的中介；抑制性建言是信息公正从高层逐级垂滴到中层、基层的中介；中层组织公正四个维度到基层组织公正的垂滴以创造力和建言行为做中介，而高层分配公正、程序公正此二组织公正维度到中层的垂滴不以建言行为和创造力为中介。

第六章，结论与展望。该章总结了研究结果，阐述了引发的结论和启示，并对研究局限进行了总结，提出对未来研究方向的展望。

研究得出了以下结论：

结论一：组织公正强化员工良好的情感认知，进而激发其创造力和建言行为；

结论二：组织公正感知自上而下地垂滴影响组织内各层级，优化组织心理环境；

结论三：组织公正易于员工形成组织有利于己的判断，可借积极行为实现垂滴效应；

结论四：组织支持感知赋予员工更强的心理所有权，利于改善组织雇佣关系。

创新之处在于：（1）阐明并证实了组织公正四个维度对创造力和建言行为的影响；（2）剖析了创造力和建言行为对组织公正感知的跨层次影响机制；（3）构建了组织公正垂滴效应综合模型，揭示了不同层级员工对组织公正感知的影响机理。

关键词：组织公正、建言行为、创造力、组织支持、垂滴效应

Abstract

This book aims to explore the trickle – down effects of organizational jus-
tice. The sample of this research was based on the survey data from 38 private
enterprises and 686 employees across different levels in Liaoning, Jilin, Hu-
bei, Sichuan, Anhui and Guangxi etc. , and empirical research methods such
as Liner Model, Structure Equation Full Models and Hierarchical Regression
Analysis etc. were applied to study the impact of the four dimensions of organi-
zational justice on one level has on the voice behavior and creativity, the medi-
ating function of perceived organizational support of the basic – level employees
on the voice behavior and creativity, and the trickle – down effects of the per-
ceived organizational justice across levels, further discussing the process of
how the organizational justice influences on the positive behaviors of the em-
ployees.

Based on the social focal issues such as organizational justice, organiza-
tional support, voice behavior and creativity and the social exchange theory,
this study discussed the core issue of "whether the four dimensions of organiza-
tional justice has the trickle – down effects across organizational levels" under
the micro logic framework. The respective content of the six chapters are dem-
onstrated below:

Chapter 1, Introduction. The goal of this chapter was to present how the
research question was raised, indicate the main purpose and implication, clar-
ify the research content and method, and illustrate the research motivation and
three potential innovative points. In the end, the technical route and the struc-
tural design were explained.

Chapter 2, Literature Review. Firstly, the relevant literature of organiza-
tional justice was reviewed, including the definition of organizational justice,

the theory development and the dimensional problem of the organizational justice. Further, in order to facilitate the research, the trickle – down effects which is applied in organizational justice was explained. Moreover, the research of the relationships between organizational justice and voice behavior and creativity were reviewed and evaluated. Then, the concept, category and antecedents variable and outcome variable of organizational support were summarized and the former research findings of the influence of the organizational support on the employees' positive behaviors were reviewed. Lastly, the potential relationships of every research variable were organized and an overview of existing research findings was given.

Chapter 3 The direct effect of organizational justice on voice behavior and creativity. Based on the data attained via survey, this research first conducted a confirmatory factor analysis by applying AMOS17. 0 on the target organizations' organizational justice, voice behavior and creativity across levels respectively. Then, AMOS17. 0 was applied to conduct structural equation analyses on the direct effect of the organization justice of three levels on voice behavior and creativity on the same level respectively. The results suggested significant positive effect of the organizational perceived justice on employees' promotive voice behavior, prohibitive voice behavior and creativity.

Chapter 4, the mediating function of organizational support on organizational justice, voice behavior and creativity. This chapter conducted a confirmatory factor analysis by AMOS17. 0 on every variable and a structural equation analysis on the mediating function of organizational support on organizational justice, voice behavior and creativity. The results showed that the organizational support has partly mediating functions in allocative justice and voice behavior and has full mediation in allocative justice and creativity; organizational support is the complete mediator on the interpersonal justice and voice behavior and creativity; organizational support is the complete mediator on the informative justice and voice behavior and creativity; organizational support has no meditation on the procedural justice and voice behavior and creativity.

Chapter 5, The comprehensive model of the trickle – down effects of organizational justice. Based on the data attained via survey, this chapter conducted a confirmatory factor analysis by AMOS17. 0 on every variable. Then, by applying SPSS17. 0, a regression analysis of organizational justice at the same level on voice behavior and creativity was conducted. Further, HLM multilevel liner model was applied on the direct trickle – down effects of organizational justice and regarding voice behavior and creativity as mediators, multilevel regression analyses were conducted on the influence of the organizational justice across levels. Finally, after testing the hypotheses, the conclusions suggested: the creativity and voice behavior of the superior showed significant positive effect of the perceived organizational justice of their subordinates; the perception of the four dimensions of organizational justice can be trickled down to lower levels; voice behavior and creativity are the mediators of the interpersonal justice to trickle down from high level to middle and basic levels; Prohibitive voice behavior is the mediator of informative justice to trickle down from high level to middle and basic levels; creativity and voice behavior are the mediators of the middle – level organizational justice to trickle down to basic – level organizational justice, but the organizational justice dimensions of allocative justice and procedural justice from high level to middle level show otherwise.

Chapter 6, Conclusion and Future Research. This chapter concluded the research findings, discussed the conclusion and implication, demonstrated the limitation and the direction of future research.

The conclusion of this study:

Conclusion1: The organizational justice enforces the employee's perceived positive emotion and thus stimulate their creativity and voice behavior.

Conclusion2: The perceived organizational justice has top – down trickle – down effects on every level of the organization and improves the psychological environment of the organization.

Conclusion3: The organizational justice is conducive for employees to establish judgement which brings benefits to themselves, which could achieve the trickle – down effects by positive behaviors.

Conclusion4: The perceived organizational support provides employees with stronger ownership of psychology, which is beneficial to the improvement of employment relationships.

The innovative points are: (1) Explained and justified the effect of four dimensions of organizational justice has on the creativity and voice behavior. (2) Analyzed the across – level influencing mechanism of creativity and voice behavior has on the perceived organizational justice. (3) Established the comprehensive model of the trickle – down effects of organizational justice and revealed the influencing mechanism of the employees from different levels have on the perceived organizational justice.

Key words: Organizational Justice, Voice Behavior, Creativity, Organizational Support, Trickle – Down Effects

目　录

第一章　绪论 ·· 1

　　第一节　问题的提出 ·· 1

　　第二节　研究目的与研究意义 ·································· 2

　　　　一　研究目的 ·· 2

　　　　二　研究意义 ·· 3

　　第三节　研究内容与研究方法 ·································· 7

　　　　一　研究内容 ·· 7

　　　　二　研究方法 ·· 9

　　第四节　创新之处 ··· 10

　　第五节　技术路线及结构设计 ································· 11

　　　　一　技术路线 ··· 11

　　　　二　结构设计 ··· 12

第二章　文献述评 ·· 13

　　第一节　组织公正研究回顾 ··································· 13

　　　　一　组织公正释义 ··· 13

　　　　二　组织公正理论发展 ····································· 14

　　　　三　组织公正的维度 ······································· 18

　　　　四　组织公正研究视角 ····································· 22

　　第二节　垂滴效应研究回顾 ··································· 24

　　　　一　垂滴效应的研究发展 ··································· 24

　　　　二　组织公正的垂滴效应研究回顾 ····················· 27

　　第三节　组织公正与建言行为、创造力关系研究回顾 ········· 28

　　　　一　建言行为研究回顾 ····································· 28

　　　二　组织公正与建言行为关系研究回顾 ……………………… 43

　　　三　创造力研究回顾 …………………………………………… 45

　　　四　组织公正与创造力关系研究回顾 ………………………… 58

　　　五　组织公正与建言行为、创造力关系研究现状述评 …… 59

　第四节　组织支持相关研究回顾 …………………………………… 61

　　　一　组织支持的内涵界定 ……………………………………… 61

　　　二　组织支持的结构 …………………………………………… 62

　　　三　组织支持的影响因素 ……………………………………… 64

　　　四　组织支持相关研究述评 …………………………………… 69

　第五节　本章小节 …………………………………………………… 70

第三章　组织公正对建言行为、创造力影响的直接效应研究 ……… 72

　第一节　概念模型与研究假设 ……………………………………… 72

　第二节　研究设计 …………………………………………………… 74

　　　一　量表选择 …………………………………………………… 74

　　　二　数据收集 …………………………………………………… 77

　　　三　变量测量 …………………………………………………… 81

　　　四　分析方法 …………………………………………………… 82

　第三节　研究结果 …………………………………………………… 82

　　　一　基层组织公正对建言行为和创造力影响

　　　　　的直接效应分析 …………………………………………… 82

　　　二　中层组织公正对建言行为和创造力影响

　　　　　的直接效应分析 …………………………………………… 87

　　　三　高层组织公正对建言行为和创造力影响

　　　　　的直接效应分析 …………………………………………… 93

　第四节　本章小结 …………………………………………………… 99

第四章　组织支持在组织公正和建言行为、创造力间的中介

　　　　作用研究 …………………………………………………… 102

　第一节　概念模型与研究假设 …………………………………… 102

　第二节　研究设计 ………………………………………………… 104

　　　一　变量测量 ………………………………………………… 104

二　样本选择与数据收集 …………………………………… 105

三　分析方法 …………………………………………………… 105

第三节　研究结果 ……………………………………………… 106

一　基层组织公正与建言行为间组织支持
　　的中介作用分析 ……………………………………… 106

二　基层组织公正与创造力间组织支持
　　的中介作用分析 ……………………………………… 112

第四节　本章小结 ……………………………………………… 116

第五章　组织公正垂滴效应的综合模型研究 ……………… 117

第一节　研究假设 ……………………………………………… 117

第二节　研究设计 ……………………………………………… 119

一　样本选择与数据收集 …………………………………… 119

二　分析方法 …………………………………………………… 120

第三节　研究结果 ……………………………………………… 121

一　分配公正垂滴效应研究结果 ………………………… 121

二　程序公正垂滴效应研究结果 ………………………… 127

三　人际公正垂滴效应研究结果 ………………………… 132

四　信息公正垂滴效应研究结果 ………………………… 138

第四节　本章小结 ……………………………………………… 144

第六章　结论与展望 ………………………………………… 146

第一节　研究结果 ……………………………………………… 146

一　结果一：组织公正感知对员工建言行为具有
　　显著正向影响 ………………………………………… 146

二　结果二：组织公正感知对员工创造力具有
　　显著正向影响 ………………………………………… 148

三　结果三：组织支持是组织公正中三个维度和建言行
　　为、创造力间的作用中介 …………………………… 150

四　结果四：建言行为、创造力跨层次影响下级
　　的组织公正感知 ……………………………………… 152

五　结果五：组织公正感知的垂滴作用部分通过建言行为

和创造力实现 ……………………………… 153

第二节 研究结论 …………………………………… 155

一 组织公正强化员工良好的情感认知，进而激发其
创造力和建言行为 ……………………………… 155

二 组织公正感知自上而下垂滴影响组织内各层级，优
化组织心理环境 ………………………………… 156

三 组织公正易于员工形成组织有利于己的判断，可借
积极行为实现垂滴效应 ………………………… 158

四 组织支持感知赋予员工更强的心理所有权，利于改
善组织雇佣关系 ………………………………… 159

第三节 研究局限及展望 …………………………… 161

一 研究局限 ……………………………………… 161

二 未来研究展望 ………………………………… 162

附　录 ………………………………………………… 163

参考文献 ……………………………………………… 167

图目录

图 1 - 1 研究概念模型：具有中介作用的跨层次整合研究 ············ 7

图 1 - 2 本书的技术路线 ················ 11

图 2 - 1 建言行为的动态机制模型 ················ 38

图 2 - 2 组织内创造力的综合研究框架 ················ 52

图 3 - 1 组织公正各维度对建言行为、
创造力影响的直接效应概念模型 ················ 73

图 3 - 2 组织公正各维度对建言行为影响的直接效应假设模型 ······ 73

图 3 - 3 组织公正各维度对创造力影响的直接效应假设模型 ········ 73

图 3 - 4 基层组织公正各维度对促进性建言直接影响
效应模型 ················ 85

图 3 - 5 基层组织公正各维度对抑制性建言直接影响
效应模型 ················ 85

图 3 - 6 基层组织公正各维度对创造力直接影响效应模型 ·········· 87

图 3 - 7 中层组织公正各维度对促进性建言直接影响
效应模型 ················ 90

图 3 - 8 中层组织公正各维度对抑制性建言直接影响
效应模型 ················ 90

图 3 - 9 中层组织公正各维度对创造力直接影响效应模型 ·········· 93

图 3 - 10 高层组织公正各维度对促进性建言直接影响
效应模型 ················ 96

图 3 - 11 高层组织公正各维度对抑制性建言直接影响
效应模型 ················ 96

图 3 - 12 高层组织公正各维度对创造力直接影响效应模型 ········· 99

图 4 - 1 组织支持在基层组织公正和建言行为、
创造力间的中介作用概念模型 ················ 103

图4-2 基层组织支持在组织公正与建言行为、
　　　 创造力间的中介效应假设模型 …………………………… 103
图4-3 组织支持在组织公正与建言行为间的中介效应模型 …… 112
图4-4 组织支持在组织公正与创造力间的中介效应模型 ……… 115
图5-1 垂滴概念模型：组织公正与建言行为、
　　　 创造力的跨层次影响研究 …………………………………… 119
图6-1 组织公正四个维度对建言行为的直接效应 …………… 148
图6-2 组织公正四个维度对创造力影响的直接效应 ………… 150
图6-3 组织支持在基层组织公正和建言行为、
　　　 创造力间的中介作用 ……………………………………… 151
图6-4 上级建言行为、创造力对下级组织公正
　　　 感知跨层次影响 …………………………………………… 153
图6-5 组织公正感知对建言行为、创造力垂滴
　　　 效应综合作用 ……………………………………………… 154

表目录

表2-1   组织公正维度的理论划分 ·············· 19

表2-2   建言行为的内涵 ················· 29

表2-3   建言行为的结构维度 ·············· 36

表2-4   创造力内涵界定 ················ 47

表2-5   组织支持的结构维度划分 ··········· 63

表3-1   具有代表性的组织公正测量量表列举 ···· 74

表3-2   组织公正测量量表 ·············· 75

表3-3   建言行为测量量表 ·············· 76

表3-4   创造力测量量表 ··············· 77

表3-5   企业调查样本基本情况描述 ········· 78

表3-6   高层员工调查样本基本情况描述 ······ 79

表3-7   中层员工调查样本基本情况描述 ······ 79

表3-8   基层员工调查样本基本情况描述 ······ 80

表3-9   各研究变量信度值 ·············· 82

表3-10   基层组织公正各维度对建言行为直接影响模型各变量
          验证性因子分析结果 ············· 83

表3-11   基层组织公正各维度对建言行为直接影响
          效应分析拟合指数 ·············· 84

表3-12   基层组织公正各维度对建言行为直接影响效应
          假设检验 ··················· 84

表3-13   基层组织公正各维度对创造力直接影响模型各
          变量验证性因子分析结果 ·········· 86

表3-14   基层组织公正各维度对创造力直接影响
          效应分析拟合指数 ············· 86

表3-15   基层组织公正各维度对创造力直接影响效应

假设检验 ……………………………………………………… 87

表3-16 中层组织公正各维度对建言行为直接影响模型各变量
验证性因子分析结果 ………………………………………… 88

表3-17 中层组织公正各维度对建言行为直接影响效应
分析拟合指数 ………………………………………………… 89

表3-18 中层组织公正各维度对抑制性建言、促进性建言直接
影响效应分析拟合指数 ……………………………………… 89

表3-19 中层组织公正各维度对建言行为直接影响效应
假设检验 ……………………………………………………… 90

表3-20 中层组织公正各维度对创造力直接影响模型各变量验证性
因子分析拟合指数 …………………………………………… 91

表3-21 中层组织公正各维度对创造力直接影响效应
分析拟合指数 ………………………………………………… 92

表3-22 中层组织公正各维度对创造力直接影响效应
分析拟合指数 ………………………………………………… 92

表3-23 中层组织公正各维度对创造力直接影响效应假设检验 … 93

表3-24 高层组织公正各维度对建言行为直接影响模型各变量
验证性因子分析结果 ………………………………………… 94

表3-25 高层组织公正各维度对建言行为直接影响
效应分析拟合指数 …………………………………………… 95

表3-26 高层组织公正各维度对抑制性建言、促进性建言
直接影响效应分析拟合指数 ………………………………… 95

表3-27 高层组织公正各维度对建言行为直接影响
效应假设检验 ………………………………………………… 96

表3-28 高层组织公正各维度对创造力直接影响模型各变量
验证性因子分析结果 ………………………………………… 97

表3-29 高层组织公正对创造力直接影响效应分析
拟合指数 ……………………………………………………… 98

表3-30 高层组织公正各维度对创造力直接影响
效应分析拟合指数 …………………………………………… 98

表3-31 高层组织公正各维度对创造力直接影响效应
假设检验 ……………………………………………………… 99

表 4 - 1　组织支持量表 ·· 105

表 4 - 2　基层组织支持在组织公正与建言行为间中介
　　　　　作用模型各变量验证性因子分析结果 ················· 107

表 4 - 3　组织支持在组织公正与建言行为间中介
　　　　　作用分析拟合指数 ······································· 108

表 4 - 4　基层组织支持在组织公正与促进性建言间的中介
　　　　　作用路径系数及显著性检验 ····························· 109

表 4 - 5　基层组织支持在组织公正与抑制性建言间的中介
　　　　　作用路径系数及显著性检验 ····························· 111

表 4 - 6　基层组织支持在组织公正与创造力间中介作用
　　　　　模型各变量验证性因子分析结果 ······················· 112

表 4 - 7　组织支持在组织公正与创造力间中介
　　　　　作用分析拟合指数 ······································· 113

表 4 - 8　基层组织支持在组织公正与创造力间的中介作用
　　　　　路径系数及显著性检验 ··································· 115

表 5 - 1　研究变量编码 ·· 118

表 5 - 2　各层级分配公正、建言行为、创造力关系
　　　　　模型各变量验证性因子分析结果 ······················· 122

表 5 - 3　各研究变量的均值、标准差及相关系数 ··············· 123

表 5 - 4　同一层级内分配公正与创造力、抑制性建言、
　　　　　促进性建言的回归分析 ··································· 124

表 5 - 5　中层、基层研究变量的 Rwg、ICC（1）
　　　　　和 ICC（2） ··· 125

表 5 - 6　分配公正跨层次分析模型及结果 ······················· 125

表 5 - 7　各层级程序公正、建言行为、创造力关系模型各
　　　　　变量验证性因子分析结果 ································· 127

表 5 - 8　各研究变量的均值、标准差及相关系数 ··············· 128

表 5 - 9　同一层级内程序公正与创造力、抑制性建言、
　　　　　促进性建言的回归分析 ··································· 129

表 5 - 10　中层、基层研究变量的 Rwg、ICC（1）
　　　　　　和 ICC（2） ··· 130

表 5 - 11　程序公正跨层次分析模型及结果 ····················· 131

表 5 – 12　各层级人际公正、建言行为、创造力关系模型
　　　　　　各变量验证性因子分析结果 ·············· 133

表 5 – 13　各研究变量的均值、标准差及相关系数 ·············· 134

表 5 – 14　同一层级内人际公正与创造力、抑制性建言、
　　　　　　促进性建言的回归分析 ·············· 135

表 5 – 15　中层、基层研究变量的 Rwg、ICC（1）
　　　　　　和 ICC（2） ·············· 136

表 5 – 16　人际公正跨层次分析模型及结果 ·············· 136

表 5 – 17　各层级信息公正、建言行为、创造力关系模型
　　　　　　各变量验证性因子分析结果 ·············· 138

表 5 – 18　各研究变量的均值、标准差及相关系数 ·············· 139

表 5 – 19　同一层级内信息公正与创造力、抑制性建言、
　　　　　　促进性建言的回归分析 ·············· 140

表 5 – 20　中层、基层研究变量的 Rwg、ICC（1）
　　　　　　和 ICC（2） ·············· 141

表 5 – 21　信息公正跨层次分析模型及结果 ·············· 142

第一章　绪论

第一节　问题的提出

中国经济社会发展处于新的转型期，亟须现代企业管理制度的建立与完善。然而，中国社会层级制度下的"官僚主义"印记较深，企业具有明显的"高权力距离"和"家长式领导"等管理特征，由此引发部分企业内部本应有效发挥功能的价值分配、资源配置、信息沟通、人际互动等自组织运行机制失灵，因此创设公正平等的管理氛围显得日益重要。作为重要的组织环境因素，组织公正可以被理解为组织客观存在的制度、程序以及措施处于公允的状态。然而，根据绝对公正的标准加以衡量与评价，"不偏不倚"的组织在现实中是不存在的；即便存在所谓"公正"的组织制度，也未必会被组织成员所认同。因此关注员工主观的公正感知，即员工认为怎样是公正的、对公正与否会做出何种反应（Frohlich，2007），进而研究员工公正性判断产生的前因，以及积极的感知驱使主体发出怎样的行为，这对组织行为科学研究领域具有更现实的意义（Folger，Cropanzo&Goldman，2005；陈松、方学梅、刘永芳，2010）。

在崇尚创新的时代背景下，在供给侧结构性改革的战略调整时期，如何实施创新驱动，如何提高组织效率和供给质量，如何降低制度性交易成本等一系列问题，成为组织能否存在与发展的关键点。而这一关键问题的解决，除了在顶层设计上需要不断优化外部环境之外，更需要企业组织内部有意识地提高资源整合的质量，挖掘资源优势。人力资源作为最为重要的软资源是企业释放活力，实现创新成长的关键。员工有意识地增加组织导向的积极行为是一个企业获得良好绩效并实现可持续发展的重要因素；此外，商业模式调整、业态变化、产品或服务创新都依赖于人的思考、设计与实施，组织中某个人的积极建言和创造力的发挥，很可能发生核裂变反应，带来整个组织的学习、成长与再造。如果员工能够克制潜伏于人性中的消极特质，摒弃具有破坏性的或影响企业正常生产的行为；并且在履行角色内行为的同时，还能够主动地完成一系列角色外行为，在工作领域不断提出好建议、新点子……毫无疑问，这便是企业不可替代的竞争优势逐渐形成的过程（Anderson, De Dreu & Nijstad, 2004; Zhou & Shalley, 2003）。

基于上述分析，本书拟解决三个方面的问题：

问题一：组织成员做出诸如建言行为或创造力等积极行为，主动避免消极行为的前因是什么呢？是否与组织公正有关？

问题二：当员工处于支持型的组织氛围之中，分配结果公正、决策程序公平、上级尊重下属，并能以诚恳信任的方式传递信息，即组织公正四个维度，是否会激发员工的积极反馈？

问题三：组织公正感知在组织内是否存在自上而下的垂滴影响？较高层级员工的行为是否会影响较低层级的组织公正感知？

本书依据从 38 家民营企业的 686 名不同层级的员工调查获取的数据①，以组织支持为中介变量，分别对不同层级组织公正各维度对建言行为和创造力的影响进行横截面研究；继而，以建言行为和创造力为中介变量，实证研究民营企业中不同层级员工的组织公正各维度在组织内的垂滴效应。期望从理论上对组织公正的研究做出新的补充，并能提出指导实践的思路，以有效地减少或降低员工在工作领域中的心理困扰与负面行为，进而提高组织的凝聚力和经营绩效。

第二节　研究目的与研究意义

一　研究目的

探讨企业内各层级间组织公正是否会以建言行为和创造力作为中介

---

① 本书以民营企业为样本进行研究，在中国经济社会发展新的转型期是合适的。原因有二，其一，民营企业更符合市场经济条件下真正意义的企业内涵；其二，民营企业的组织内部关系问题更具有代表性，且作为我国经济创新发展、社会稳定和技术进步的重要力量，探讨民营企业内部组织公正问题更为合适且意义重大。

变量形成自上而下的垂滴影响；在同一层级组织公正各维度对员工行为是否具有显著的正向作用，以及组织支持在其间是否具有中介作用？期望通过实证研究的验证结果进一步推进相关理论的发展，并为企业人力资源管理实践提供指导。本书在对以往研究文献回顾和述评的基础上，通过问卷调查方法完成以下研究目的：

一是明晰各个研究变量的范畴内涵，探讨企业内任一层级员工组织公正感知对其行为的影响，构建分层研究组织公正对建言行为和创造力影响的效应模型以完成横截面分析。

二是在组织公正对员工行为直接效应中，嵌入组织支持这一中介变量，构建基层员工层面中介作用模型，阐明组织公正各维度、组织支持和员工行为之间发生交互作用的一系列关系问题。

三是在概念模型框架的基础上，研究组织公正沿组织层级自上而下垂滴影响的过程，拟嵌入建言行为和创造力作为中介变量，拓展组织公正与员工行为的研究内容，从理论上破解其间的影响机制，并将研究成果与企业管理实践相结合，为改善组织氛围，提高企业人力资源管理水平，实现高绩效管理目标提出指导建议。

二　研究意义

1. 理论意义

Adams（1966）首先提出了公平理论，French（1964）将公平问题引入组织现场管理之中，首创了"组织公正"一词，到 20 世纪八九十年代，组织公正理论开始引起了企业管理理论研究与实践探索者们的关注。今天，作为人力资源管理和组织行为学领域最为热门的话题之一，组织公正的研究需要进一步深入，除了对组织公正在组织内同一层级进行横截面直接影响研究以外，更需要将组织各层级看做一个相互影响的系统，研究组织公正感知在层级间的影响效应。本书的另一个研究对象，即员工行为。组织管理中何种因素能激发员工的积极行为，并能够充分发挥组织人力资源的价值，更是组织管理中管理者尤为关注的问题。由于中国具有与西方国家迥异的组织情境特征，因此在理论研究中更需要探索在中国情境下是否存在独具中国本土特色的人力资源管理思想。因此，以中国内地民营企业为样本探讨组织公正对员工行为的垂滴效应，这项研究具有十分重要的理论意义。

从已有研究成果来看，学者们对组织公正和员工行为关系的横截面研究成果比较丰富，但国内外学术界对垂滴模式下组织公正对员工行为的影响机制研究尚存深入探索的未知。因而系统探讨组织公正对员工行为影响的垂滴效应，具有一定的理论意义。

一是尝试了组织公正跨层次研究的范式。以往有关组织公正理论的研究大多针对组织内的某一层级，将组织公正作为前因变量或者结果变量，探讨其间的直接作用关系。但是除了同一层级公正感知对态度和行为的影响以外，需要在更为宽广的视野下探讨组织各层面交互影响的问题。垂滴模型提供了一种研究范式，以分析组织公正在组织内不同层级或者不同团队中产生的对行为或态度倍增影响的效果。这一研究将丰富组织公正理论，并拓展对组织内员工行为影响因素的认识，因而具有重要的理论价值。

二是探究了组织公正与员工行为关系研究的中介变量。本书包括组织公正对员工行为的横截面研究和沿组织层级的垂直研究两个部分，在横截面研究中，验证了组织支持在组织公正和建言行为、创造力之间是否存在中介作用；在垂直方向的研究中，探讨组织公正感知作为一种主观知觉和内心体验在传递时是否以建言行为和创造力做媒介，各类员工行为在垂滴影响实现过程中充当何种变量角色？通过实证研究检验员工组织公正感不同维度在组织支持中介作用下对其行为的影响是否有所差异，以及哪一类员工行为可以作为组织公正感知向下垂滴的中介，以此成果丰富组织公正与员工行为关系的中介变量研究。

三是丰富了领导理论中有关领导有效性的研究。在组织管理领域，领导有效性是一个热点课题。一般将下属反应作为领导有效性的指标，以便考察并证实领导者对下属的影响（Derue，Nahragang，Wellman & Humphrey，2011）。其中在领导—下属互动中，领导者某些特征和行为对下属同类特征和行为的影响较为特殊，被定义为垂滴效应（Trickle - Down Effect）（Aryee，Chen，Sun & Debrah，2007）。本书基于高一层级领导的组织公正感知垂滴影响其下属组织公正感知的研究，印证组织内高层认知及其引发的行为会激发下属的积极行为，以此丰富领导有效性的研究。

四是比较组织公正感对员工行为影响的东西方文化差异。中国民营企业员工组织公正感在组织内各层级的影响是怎样的？西方研究成果在中国情景下是否会得到相同的结论，这些问题值得深入研究。因此，本书在以往研究成果的基础上，建构组织公正对建言行为、创造力影响的垂滴效应模型，通过实证研究得出验证结论，为改善组织管理氛围，提升中国民营企业员工组织公正感知水平提供理论依据。

2. 实践意义

一是为企业各层级调控其管理行为提供参考。一般认为，员工行为主要可分为绩效行为、退缩行为、组织公民行为和机能障碍行为等四类，绩效行为（Performance Behavior）是组织所期望的、个体凭借其绩效在组织中能够获得个人目标实现的工作行为；退缩行为（Withdrawal Behavior）是个体不愿意从事组织所期望的工作行为；机能障碍行为（Dysfunctional Behavior）是员工对组织造成了直接或间接的经济损失而不是贡献的行为；组织公民行为（Organizational Citizenship Behavior）是员工在履行好自己工作职责的同时，能够对组织做出额外贡献的行为。本书选取了创造力、建言行为作为研究变量，分析组织公正是否能够成为引起这两类员工行为的前因变量。已有研究成果表明：员工组织公正感知与工作态度和工作行为密切相关（Cropanzano & Ambrose，2001），组织公正感能够有效预测员工组织承诺（Organizational Commitment）和情感承诺（Affective Commitment），以及组织公民行为（Organizational Citizenship Behavior）。当组织公正感知水平较低时，容易引发各类退缩行为（Withdrawal Behaviour），甚至偷窃、怠工和报复等消极行为（Negative Reactions）。那么，在中国民营企业中，各个层级员工的组织公正感知是否都会对其行为产生影响呢？组织公正各维度与不同员工行为的相关程度是否存在差别？垂滴模型下组织公正、组织支持及员工行为间的关系如何？这些问题尚需解答。本书将建言行为和创造力两个变量囊括在员工行为之中，分析行为产生的原因，找到激发各类积极行为的管理方式。因而，在中国企业员工管理实践中具有十分重要的现实意义。

二是为企业管理者重新审视领导有效性与员工激励关系问题提供参考。组织发展的基本动力在于员工自我效能的提高，进而主动自觉地完成工作任务。为了达成组织期望的工作目标，需要挖掘引起组织内各层级员工努力工作的前因。个人特质决定的自发性激励固然重要，但是不同层级员工在工作场景中所发生的互动对行为的积极影响亦不可小觑。当某一层级的组织成员观察到其上司、同事或下属都在勤勉地工作而少有抱怨，并怀有愿景地执著于自己的事业时，"耳濡目染""见贤思齐"

的社会学习历程便会开启,人们或被感染、或被带动、或缘于压力而融入上升的工作状态之中。事实上,组织各层级所存在着的相互学习的问题,不是某一个层面的研究就可以诠释的。在企业管理实践中,需要充分认识到高层的行为会引起低层级员工行为的变化,并影响员工与组织间彼此交换关系的公平判断;也就是说,高层管理者的领导有效性并不仅仅与组织授权大小有关,而且与管理者的行为及其"榜样"角色密切相关。在中国一些民营企业中,一些高层管理人员依仗与企业创始人之间的亲缘关系而工作拖沓,所产生的效应并非仅及于个人,而是会传递影响到各个层级员工的心理认知和工作状态。可见,激发各层级员工积极的工作行为、抑制不良行为,需要让员工能够从其上层管理者的行为表现中获得与公正判断有关的信息和线索。因此,企业各层管理者应该充分认识到其行为的信息传递效用,提高领导有效性以充分调动组织内各主体的工作激情,形成合力打造企业核心竞争力。

三是为企业制定合理的制度政策以营造良好组织氛围提供建议。影响员工工作行为与状态的因素主要有二:一是组织环境因素,二是个性特征因素,个性特征因素更多在心理学范畴加以研究,而组织环境因素是管理学领域研究的重要内容,组织公正恰是最为重要的组织环境因素之一。中国正处于经济和社会转型发展进程中,现代企业管理制度尚未完全建立,管理实践中要做到真正意义的以人为本尚有差距,但毋庸置疑的是,营造公正的氛围环境对提升管理效率具有正向价值(Zapata - Phelan, Colquitt & Brent, 2009; Karriker & Williams, 2007)。企业员工的组织公正感知虽然是主观范畴,但它的形成需要依托于客观物质环境。员工在进行组织公正与否的判断时,会关注组织的分配方案、决策程序、诉求制度和官僚文化等方面的内容。如果组织在这些方面能够从员工角度出发,进行人性化的薪酬福利制度安排、合理的绩效考核指标和标准设计、工作内容丰富化的设计,并建立上下级对话制度和申诉制度等,那么员工在实际工作中会感受到自己的工作受到了足够的关注并会得到有效快速的反馈,为工作而做出的付出也会得到相应的回报,内心的正面感知和外显的积极行为都会被加强,进而更有利于营造出良好的组织心理环境和管理氛围。总之,企业管理者可以从制度、政策设计角度提高员工的组织公正感知,以更有效地促进组织内各层级间的良性互动,激发员工积极行为,这对于组织和谐有序的发展具有重要的实践意义。

第三节　研究内容与研究方法

一　研究内容

本书基于 Aryee、Sun、Debrah（2007）和 Ambrose、Schminke、Mayer（2013）关于主管的互动公平感对下属互动公平感的垂滴效应，以及对团队组织公民行为和工作偏离行为的影响研究，进行了横截面和垂直两个方向的四种关系研究。图 1-1 为本书的概念模型。

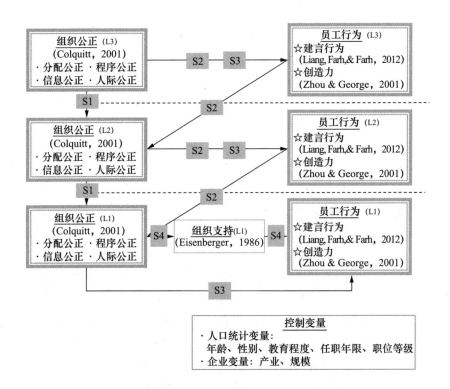

图 1-1　研究概念模型：具有中介作用的跨层次整合研究

注：（1）L1、L2、L3 代表调查被试样本的层级：分别为基层、中层和高层。（2）实线代表直接效应、中介效应；虚线代表垂滴效应。

具体而言，四种关系定量研究如下：

（1）组织公正感知沿组织层级由高层向中层、基层下行传递的垂滴效应（S1）；

（2）组织公正感知垂滴以建言行为、创造力为中介的影响效应（S2）；

（3）组织公正感知对建言行为、创造力影响的直接效应（S3）；

（4）基层组织公正感知对建言行为、创造力影响以组织支持为中介的作用机制（S4）。

研究一：组织公正感知的垂滴效应分析

现有组织公正感知的研究多为单一层次分析，虽然有关组织公民行为的研究（魏江茹、杨东涛、秦晓蕾，2007）、领导力与组织公民行为的关系研究（Walumbwa, Hartnell & Oke, 2010；Ambrose, Schminke & Mayer, 2013）、组织公平对员工组织承诺与职业承诺的影响研究（刘小禹、孙健敏、苏琴，2011）等方面，学者们采用了跨层次研究方法；但是，关于组织公正感知垂滴效应的研究仍极为少见。鉴于管理学领域现有研究成果缺少组织内各结构层面的联动效应剖析，本书拟研究组织公正感知在不同层级的垂滴影响，以对该内容加以验证。

研究二：组织公正感知垂滴的中介变量分析

如果组织公正感知能够沿着组织层级实现自上而下的传递，那么这一过程是如何实现的呢？感知作为一种主观知觉和内心体验，在组织内并不能实现个体间的直接传递，需要某些媒介的作用才能完成。那么，高一层级组织公正感知是否会通过影响其自身行为，进而产生了对低一层级员工组织公正感知的影响呢？一般来讲，当行为接受者接收到对组织有积极心理认同的行为发出者的某种行为刺激时，产生积极主观认知的倾向就会较高，此时感知的传递能够实现。文中应用多层次线性分析法（HLM）检验建言行为、创造力在组织公正感知下行传递过程中的行为中介角色。

研究三：组织公正与员工建言行为、创造力之间直接影响研究

组织公正能够影响员工行为吗？组织公正能够引发员工行为的变化已经得到证实（Karriker & Williams, 2007；Lavelle, Rupp & Brockner, 2007），并被学术界认可。但是，①组织公正四个维度对员工的建言行为、创造力等员工行为的具体作用效果缺乏探讨，大多仅简单探讨组织公正某一维度对结果变量的影响。②在同一组织内，有关不同层级员工组织公正感知对其建言行为和创造力是否均具有显著影响方面少有研

究，需要对各个层级进行单独考察，通过实证检验并加以印证。

研究四：组织支持在组织公正与建言行为、创造力间的中介效应研究

组织公正究竟如何对员工行为产生影响？其作用路径是怎样的？虽然，已有研究分析了组织公正对组织公民行为、离职意愿、组织承诺等影响的中介作用，然而，组织公正与建言行为、创造力间的中介作用研究比较少，而且相关研究所选择的中介变量大多是领导—部属关系（Cropanzano，Prehar & Chen，2002；汪林、储小平、倪婧，2009）、组织信任（Aryee，Budhwar & Chen，2002）、组织认同（Olkkonen & Lipponen；2006）等，组织支持在以往研究中一般作为前因变量（顾远东、周文莉、彭纪生，2014）；将其置于中介变量分析具体作用机制的研究较为少见（Khan，Mahmood & Kanwal et al.，2015）。基于此，本书进一步分析组织支持的中介作用，系统研究组织公正对员工行为的影响机理。

二 研究方法

根据研究内容选取了适当的研究方法，主要包括以下几种方法：

1. 理论推导

通过对中外文献的系统梳理和归纳，在理论推演的基础上导出研究假设以及假设模型。Goode 和 Hatt（1952）曾指出理论基础对于实证研究是极为重要的，实证研究中所提出的假设应该与理论研究相联系，必须具有理论相关性。本书包含了质性研究和定量研究，并以实证研究方法为主，因此，理论推导对于研究的科学性极为重要。

2. 问卷调查法

该项研究的目标是探究组织公正对员工行为影响机制的普遍性关系，实证研究中最为适用问卷调查的方法。这也是目前管理学研究中应用的主流研究方法，问卷调查法具有科学性和可重复性，因而受到从事管理理论和管理实践的研究学者们的普遍推崇。因此，本书也采用此种主流研究方法。通过问卷调查收集数据，应用 SPSS 软件进行回归分析，应用 AMOS 软件进行验证性因子分析和结构方程分析，应用 HLM 软件进行跨层次分析，进而完成实证研究。

3. 多层次分析法

文中的论题涉及组织公正这一组织层面的构念和员工行为这一个体层面的概念，且数据结构为巢状（员工嵌套于组织中），多层次分析法

特别适用于问题的理论架构是跨层次模型，数据结构为巢状的研究（廖卉、庄瑗嘉，2008）。文中的 L1、L2、L3 三层级垂滴效应的研究具有这样的特点，因此使用多层次分析法较为适合。

4. 结构方程分析法

文中涉及多个含有复杂概念框架的研究问题，选择结构方程分析方法较为合理。传统的统计方法需要多次处理结构模型，使用结构方程可以实现同步分析，研究的准确性大大提高（张伟雄、王畅，2008）。本书中自变量、因变量均具有多个维度，且涉及中介变量，是一个具有复杂结构的模型，因此使用结构方程全模型的方法进行分析较为适合。

第四节　创新之处

创新之处主要表现在以下三点：

第一，阐明并证实了组织公正四个维度对创造力和建言行为的影响。

研究组织公正对创造力和建言行为的影响，通过理论推导构建具有中介作用的研究模型，采用问卷调查法，利用结构方程对数据进行统计分析，对同一层级组织公正各维度对建言行为和创造力的直接效应，以及以组织支持作为中介变量对基层创造力和建言行为的影响效应进行检验，结果验证了组织内任一层级，组织公正四个维度均对创造力和建言行为具有影响，且其间的影响效果具有差异性。

第二，剖析了创造力和建言行为对组织公正感知的跨层次影响机制。

组织公正与创造力和建言行为间具有相关性在国内外很多研究文献中均有所阐述，但大多是单一层面的研究。本书与以往研究不同，通过对组织公正与建言行为、创造力等关键变量的理论梳理，建立理论模型在研究某一层级组织公正感知是否会对同级员工创造力和建言行为具有影响的基础上，逐层分析上一层级的员工行为对下一层级的组织公正感知是否也存在影响，结果证实在组织内部创造力和建言行为能够跨层次作用于组织公正感知。

第三，构建了组织公正垂滴效应综合模型，揭示了不同层级员工对组织公正感知的影响机理。

在 Trickle – Down 模式管理效应研究的新范式下，研究管理层级间的传导关系，需要进行多层配对比较与剖析，这是研究组织内各层级联动效应的有效方案，这种范式弥补了传统研究聚焦于单一层次的研究不足。在系统梳理组织公正相关含义特征、理论基础、效能机制的基础上，通过实证方法验证 Trickle – Down 模式下组织公正的影响路径，结果显示组织公正的垂滴效应是存在的，这对于深化组织内管理行为的整合研究以及拓展本土化的管理模式具有重要意义。

第五节　技术路线及结构设计

一　技术路线

本书的技术路线如图 1 – 2 所示。

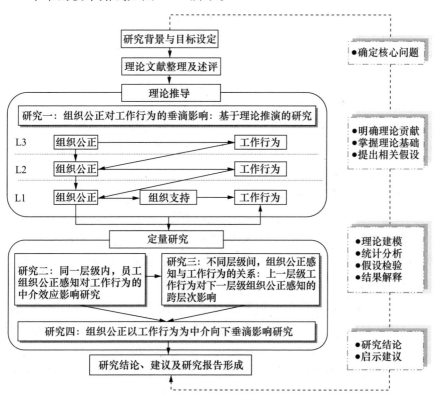

图 1 – 2　本书的技术路线

二 结构设计

第一章，绪论。本章阐明研究所涉问题如何被提出，表明主要研究目的和意义，明确研究内容与方法，阐述研究动机和可能存在的三个创新点，并在最后介绍技术路线及结构设计。

第二章，文献述评。首先，该章对与组织公正相关的理论文献进行了综述，内容包括组织公正的含义、理论发展以及组织公正的维度问题。接着，从概念界定、内容维度、理论演进、研究视角和因果影响等方面对建言行为、创造力相关文献进行了回顾。为便于研究，本章还对应用于组织公正的垂滴研究，以及组织公正与建言行为、创造力的关系研究进行了梳理。同时，对组织支持的概念、类别以及前因变量与结果变量等进行了综述，回顾了组织支持对员工积极行为影响效应的研究成果。最后，理清各研究变量间可能存在的关系，并对既有研究成果进行了述评。

第三章，组织公正对建言行为、创造力影响的直接效应研究。该章在问卷调查获得数据的基础上，首先，应用 AMOS17.0 对被试企业三个层级组织公正、建言行为和创造力分别进行验证性因子分析。然后，应用 AMOS17.0 分别对三个层级组织公正与同层级建言行为、创造力间的直接效应进行结构方程分析。

第四章，组织支持在组织公正和建言行为、创造力间的中介作用研究。该章首先应用 AMOS17.0 对各变量进行了验证性因子分析。之后，应用 AMOS17.0 对组织支持在组织公正和建言行为、创造力间的中介作用进行了结构方程分析。

第五章，组织公正垂滴效应的综合模型研究。该章以问卷调查获得的数据为基础，首先，应用 AMOS17.0 对各变量进行了验证性因子分析。之后，应用 SPSS17.0 对同层级组织公正和建言行为、创造力的关系进行回归分析。继而，应用 HLM 多层线性模型对组织公正的直接垂滴效应，以及以建言行为、创造力为中介的组织公正跨层次影响效应进行多层回归分析，以检验民营企业内部组织公正垂滴影响是否存在，以及建言行为与创造力能否充当组织公正垂滴影响的中介变量。

第六章，结论与展望。该章总结了研究的主要结论，阐述了研究发现和引发的启示，并对研究局限进行了总结，提出对未来研究方向的展望。

第二章　文献述评

第一节　组织公正研究回顾

一　组织公正释义

公正是一个伦理学、心理学、政治学、管理学、法理学以及经济学的跨学科难题。在哲学领域，公正被最早提出并关注，何谓公正或正义？古罗马法学家乌尔庇安将之界定为使每个人获得其应得东西的永恒不变的意志。此后，西方社会在公正主题的哲学思辨中，对于公正的界定、原则与标准、形成的过程和达成的仪式等方面进行了广泛的讨论。随着社会公正研究视角的拓宽以及不同阶层关注度的上升，哲学领域对公正的研究渐进地渗透到社会心理学的研究之中，成为国外组织公正的研究起源。

在英文中，含有"公正"之义的词汇有 Justice、Fairness、Equity、Parity、Equality 等，但在大多英文学术文献中，Justice 或者 Fairness 出现频率最多，一般被译为公正。在汉语中，根据《现代汉语词典》（1996）的解释，"公正就是公平正直，没有偏私。"可见，公正是理念化、理想化的概念，没有绝对的标准能够准确地界定"不偏不倚、合情合理"，公正与否主要依赖于主体对某种事物或者某种状态及结果的主观感觉或判断。正如博登海默所说：正义有一张普罗透斯似的脸，可随心所欲地呈现出极不相同的模样。当我们仔细辨认它并试图解开隐藏于其后的秘密时，往往会陷入迷惑。因而对于公正的研究，似乎不能仅仅纠结于如何通过有效合理的度量方式对各类有形事物进行比较或者测量以求印证，而应循着哪些因素会影响个体人感知的方向，即"公正感"（英文多译为 Perceived Justice 或 Perceived Fairness），来分析这个问题。在中国"不患寡而患不均，不患贫而患不安"的传统文化背景下，无论在宏观层面国家执政角度，还是在微观组织内企业管理角度，公正问题更是值得深入研讨的。

聚焦于组织管理领域，组织公正可划分为主客观两个方面：其一是客观存在的组织公正状态，包括所建立的各种组织制度、设置的工作程序和采取的管理措施等公正与否的情况；其二是主观的员工公正感知，是员工基于组织事件进行的公正性判断。事实上，根据绝对客观公正的标准进行衡量与评价，那种"不偏不倚"的组织在现实中几乎是不存在的；即便存在所谓"公正"的组织制度，也未必会形成组织成员的集体认同。所以从组织行为学角度，组织公正感的研究更为重要。现有相关文献大多关注于组织成员对组织决策过程和结果的公正感知判断的问题。组织公正感是组织成员的公正感知，即员工认为怎样是公正的以及他们对公正与否做出的反应（Frohlich，2007；Markovsky & Younts，2001）。我国学者在组织公正的研究中，将员工对组织制度与政策、领导方式等的公正感受，对组织决策公正性的知觉，在组织利益分配的感知等纳入到组织内员工公正感的研究范畴（周浩、龙立荣，2007；陈松、方学梅、刘永芳，2010）。本书将组织公正视为员工个人的一种主观知觉，围绕员工对组织公正的感知展开，讨论公正或不公正的感知对工作行为的影响，以及哪些组织行为会影响到公正感知的变化，进而研究组织氛围公正与否在组织管理中的价值。

二　组织公正理论发展

（一）公平理论的诞生——分配公正的雏形

"组织公正"一词由 French（1964）首创，特指在工作场所这一情景中的公正问题，后来组织公正理论的研究不断深入与拓展。20 世纪 60 年代 Adams 对分配公正（Distributive Justice）进行了开创性的研究，并在 Homnas（1961）的社会交换理论（Social Exchange Theory）分配公平观点的基础上阐述了公平的概念。他指出人们总是将自己的劳动报酬（结果或收益）和劳动投入（如知识、时间、才能和经验）之间的比值与参照对象作比较，当自己的比值等于参照对象①的比值之时，会做出

---

① 参照对象既有组织内的，也有组织外的；既可以横向比较，也可以纵向比较，即把自己当前所获报酬与投入的比值同别人或者自己的过去进行比较。

分配公正的判断；当比值不相等时，则会认为分配不公正，并会产生或内疚或愤怒的情绪体验，与此同时消除或减低不公正的动机会萌生，其强度与感知的不公正程度正相关。为消除不平衡感人们会采取一些调整措施，其中包括：改变个人投入、改变分配结果、改变对其本身投入及报酬的认知、远离造成不公正的情境、实质上或认知上改变他人的投入及分配结果、变更参照对象等（Greenberg，1984）。总而言之，公平理论强调：①个人对报酬是否满意是社会比较的结果；②个人总是期望以最少的成本付出换取最大的回报；③个人关注自己的报酬和投入之比是否与参考对象相同。由于公平理论主要关注分配结果的问题，所以在后来的研究中，公平理论被称为"分配公正"，指人们对于结果或资源配置的公正感知。公平理论开创了组织公正理论研究的先河，但由于该理论中所涉及的劳动报酬衡量、劳动投入计量、参照对象选择和个体差异性等方面难以进行证实和评估（Berger，Zelditch & Anderson et al.，1972），因此该理论虽然效度较高，但缺乏可操作性，故难以在管理实践中加以应用（Meyer & Rowan，1977）。

（二）分配公正的延展——程序公正的提出

Adams 的公平理论偏于结果导向，没有解决如何才能保证分配结果公正的问题。于是，引发了学者们对分配方法和程序的关注。1975 年，Thibaut 和 Walker 在研究法律程序中的公正问题时提出程序公正（Procedural Justice）的概念，指出如果人们认为程序本身公正，或者拥有控制过程的权力，那么不管最终结果是否如己所愿，也都会更倾向于接受这一结果，也就是说，因程序而产生的公正感会得到增强。程序公正的提出是分配公正理论的进一步延伸和发展，它标志着组织公正进入了一个崭新的理论发展阶段。从 20 世纪 70 年代末开始，学术界开始重视程序公正的问题，组织行为学者从分配决策的制定过程和决策背景入手，研究采用什么制度和方法来提高员工公正感的体验（Folger & Greenberg，1985；Greenberg & Folger，1983；Greenberg & Tyler，1987）。

程序公正理论的发展经历了以下几个阶段：

第一个阶段，控制理论的提出。Thibaut 和 Walker（1975）在一项"辩论—解决"的法律模拟实验中发现，当争辩者可以对过程进行控制（如允许充分辩护，给予足够的时间出示证据等），以此程序得出的判决便更容易被认为是公正的，从而结果被接受的可能性将大大提高。这种现象被称为"发言权效应"（Voice Effect）。"发言权"的获得使当事人保持了对过程的控制，所以不仅程序被认为是公正的，而且争论结果（决策）也会被认为是公正的。因此得出结论：参与式比独裁式的决策程序更易产生公正感知。两位学者基于这一实验结论创设了控制理论（Control Theory），将影响程序公正知觉的各因素加以分析并构建了一个心理模式。在解释程序公正问题时，控制被分为两阶段，其一为过程控制（Process Control），即允许当事人对解决争议的过程进行控制；其二为决策控制（Decision Control），即允许当事人对这些争议解决的结果进行控制。领导者在进行决策或分配资源时，对于接受者而言，他们更关注自己对决策过程是否具有影响力，在此，Thibaut 和 Walker 实际上将过程控制与程序公正等同起来（Folger & Cropanzano，1998）。这成为后来组织公正学家进行程序公正判断和定义的一个标准。

第二个阶段，分配偏好理论的提出。Leventhal（1980）把程序公正的观点带到组织情境中，提出了分配偏好理论（Allocation Preference Theory），进一步从判断标准上对程序公正进行界定。他认为，诸多程序因素影响了人们对决策过程公正性的感知，一致性（Consistency）、无偏见（Biassul Pression）、正确性（Accuracy）、可修正性（Correctability）、代表性（Representativeness）、道德性（Ethicality）等六个标准可以用以评价程序的公正性。这些标准基本上代表了实现组织程序公正的主要内容，当组织严格按照这些要求执行时，员工公正感知强烈。

第三个阶段，参照认知理论的提出。Folger 和 Konovsky（1989）针对组织程序公正及分配公正的相互关系，提出"参照认知理论"（Referent Cognitive Theory）。他认为个人在评估决策结果时，不仅会比较参照结果（Referent Outcome），还会考虑参考办法（Referent Instrumentality），即导致参照结果的各种组织情境及决策过程等。个人感受到不公正，如果发现是参照结果对自身较为不利时，个人往往仅会感到不满；但如果认为参照办法将使结果更为不利时，就会感到愤怒。参照认知理论提示管理者应该更加关注可能引发愤怒情绪的程序公正问题。

随着对程序公正研究的日渐深入，学者们发现"发言权效应"不仅存在于法律庭审过程中，还广泛存在于各种组织情景之中（Lind & Tyler，1990；Tyler，1987；Greenberg & Folger，1983），包括市民与政府官员之间（Tyler & Folger，1980），学生与老师之间（Tyler & Caine，

1981），以及选举人与候选人之间（Tyler，Rasinski & McGraw，1985），管理者与员工之间（Posthuma，Maertz & Dworkin，2007；Siers，2007）等等。Korsgaard 和 Roberson（1995）指出，给予员工决策程序中的话语权力是确保和控制决策公平的直接途径。在管理领域，程序公正更多应用在员工绩效评估的公正问题（Bowen & Ostroff，2004），员工对于绩效评估的公正感知同他们是否有机会在绩效评估中表达他们的意见密切相关。若评价结果并不理想时，员工若能被吸引参与基于行为或者结果的绩效评价体系设计，或者能够在绩效评估中获得表达意见的机会，那么他们的程序公正感会有所提高。

（三）组织公正的新维度——互动公正及其解析

学者们在研究程序公正的过程中，注意到员工所受到的人际对待方式会影响到公正感知。Bies 和 Moag（1986）将"互动公正"（Interpersonal Justice or Interactional Justice）的内涵概括为"告知下属有关分配决策的清晰而合理的原因"和"在与下属信息沟通时给予礼貌和尊重的对待"。在组织管理中，互动公正反映了员工在与其上级进行人际交往时受到礼遇对待的程度和信息获得的充分程度。当组织所做的决策不利于员工时（如解雇），通过真诚的交流方式对决策进行合理的解释可能会使员工获得公正的感知。可见，互动公正是员工公正感知体验的重要组成部分。

此后，Greenberg（1990）又将互动公正分为两个维度：一是"人际公正"（Interpersonal Justice），反映了在执行程序或做出决策时的人际对待方式，即上司对待下属是否有礼貌、是否考虑到对方的尊严、是否尊重对方等，因而人际公正知觉中最为重要的四个要素便是礼貌、诚实、及时反馈和尊重对方的权利。人际对待方式的好坏并不涉及对结果的评价，其本身就是公正认知的组成部分；也就是说，人际对待方式是独立于结果的公正变量。事实上，人们并非总是单一地关注结果，他们被如何对待也是十分重要的。二是"信息公正"（Informational Justice），强调对决策过程的解释，即是否给当事人传达了应有的信息，如为什么要用某种形式的程序或为什么要用特定的方式分配结果等。保证信息公正需要达到五项标准：①充分考虑他人观点；②克服个人偏见；③决策标准一致；④决策结果及时反馈；⑤给予充分解释。在实践中，组织内绩效评估的信息公正就体现在：评估结果有量化的数据并加以文字描

述，对评分的根据能予以充分解释，这将有助于提高员工的公正认知
（Greenberg，1993）。可见，人际公正的作用在于有利于改变人们对决
策结果的反应，因为良好的人际交往会安慰不满意结果所带来的阵痛；
而信息公正有助于影响人们对程序公正与否的看法，解释本身所提供的
必要信息对评价优劣有很强的说服力。

纵观组织公正范畴理论发展的历程，可以看出学者们对组织公正的
研究不断深入，无论是内涵的挖掘，还是外延的拓展；无论理论的钻
研，还是实践的探索都取得了巨大进步。组织公正理论研究从一维界定
到多维分析、从片面思考到系统阐释，不断推动着该理论向前发展。

三 组织公正的维度

公正的内涵不仅是投入与效率的函数，更是一个动态发展的过程；
公正是一种梯度的、多维的满足状态（叶芳明，2001）。组织公正研究
领域中最主要的争论在于组织公正各维度之间是否能够得以区分，也就
是说每一个维度是否与特定的组织态度之间都存在独立的联系
（Colquitt，Conlon & Wesson et al.，2001）。因而，组织公正维度的研究
一直是组织公正理论研究的重要领域，研究学者从不同的角度，陆续发
现了组织公正所呈现出的不同表现形式。从现有关于组织公正维度划分
的文献来看，主要有四种观点：（1）单维论：组织公正只有分配公正
一个维度，这是早期组织公正理论研究的主要观点；（2）二维论：认
为组织公正由分配公正和程序公正两个维度组成；（3）三维论：在二
维论的基础上，增加了互动公正维度；（4）四维论：在三维论的基础
上，认为互动公正维度可以分解为信息公正和人际公正两个维度。如表
2-1所示。

具体而言，分配公正是最早提出的概念，它是建立在 Adams
（1966）提出的公平理论（Equity Theory）基础之上的。继而 Leventhal
（1980）提出公正判断模型（Justice Judgment Model），侧重分析个人在
进行公正判断时所采用的标准，这成为程序公正得以实现的主要标准要
求。Greenberg 等人从结果预测功能出发正式提出"二维论"模式，认
为程序公正与分配公正是可以在实验中分离的。但是，程序公正和分配
公正是否是两个完全独立的维度一直存在争议。Cropanzano 和 Ambrose
（2001）认为尽管对程序公正和分配公正的区分在理论上是有价值的，
但是两个公正维度之间的差异并不显著，二者的相关系数在 0.72—0.74

表 2 - 1 组织公正维度的理论划分

理论观点	结构维度	理论渊源	主要观点
单维论	分配公正	Adams（1963，1966）Tsui，Pearce & Porter et al.（1997）	关注于结果或资源配置公正或不公正的反应。
二维论	分配公正 程序公正	Leventhal（1980） Folger & Greenberg（1985） Greenberg & Tyler（1987）	在组织情境下研究组织成员对组织报酬分配结果公正感知的约束条件。程序公正和分配公正在预测与工作有关的态度变量时扮演了不同角色，程序公正的感知倾向于人们对组织系统的评价水平，而分配公正的感知则倾向于人们对决策结果的接受程度。
三维论	分配公正 程序公正 互动公正	Bies & Moag（1986） Bies & Shapiro（1988） Moye，Masterson & Bartol（1997） Bies（2001）	互动公正是区别于程序公正的又一独立维度，互动公正感知可以通过领导部属关系变量影响与上司相关的产出，而程序公正感知则通过对组织支持变量的感知影响与组织相关的产出。
四维论	分配公正 程序公正 人际公正 信息公正	Greenberg（1993） Colquitt（2001）	分配公正、程序公正、信息公正和人际公正在实证研究中能够区分开来，人际公正的作用在于改变人们对决策结果的反应；信息公正主要是改变人们对程序的反应。

资料来源：作者整理。

区间。如此高的相关度可能意味着实际上它们同属一种公正知觉。同样的事件在一种情况下是程序，而在另一种情况下又可能是结果，员工对于组织中程序的评估在很大程度上受到最终分配结果的影响，因而认为对程序的评价应归为对结果的认知之中。而与此论调相对，支持"二维论"的学者认为，分配公正和程序公正之间是存在差异的，这种差异并非是简单的理论分析的结果，而是能够被确实地感知到的差别（Greenberg，1986）。学者们在从组织环境角度拓展组织公正的研究中发现，在问卷测量上，两个维度统计上是互相独立的，并且程序公正和分配公正对各种组织变量（如上司的信任与评价、离职意向、组织承诺、群体中的冲突/协调程度，以及工作满意度等）的影响效应并不相同（Lind & Tyler，1990；Folger & Knoovsky，1989）。由此证实了两个维度的感知差别是客观存在的。

至于互动公正是否能成为一个独立的组织公正维度，不同的学者也有不同的看法。Bies 和 Moag（1986）在进行分配结果执行反馈对公正影响的研究时提出了"互动公正"，他们是最早将互动公正与程序公正区分开来的学者。但后来 Tyler 和 Bies（1990）又认为互动公正只是程序公正在形式和内容上具体化的一种社会形式。Cropanzano 和 Greenberg（1997）也提出类似结论，指出没有必要将其从程序公正中单独列出。而坚持三维论的研究者通过实证研究考察程序公正和互动公正与组织后果变量之间的关系，发现二者对组织后果变量的作用有所不同，程序公正和互动公正具有不同的关联（Bobocel & Holmvall，2001；Bobocel & Hafer，2007）。具体来说，互动公正通过改变领导与部属间互动水平来影响其他变量，而程序公正则通过改变对组织支持的态度来影响其他变量（Masterson，Lewis & Goldman et al.，2000；Cropanzano，Perhar & Chen，2002）。诚然，学者们从不同的条件、目的和研究角度出发提出的公正概念确实存在着部分重合的问题，但是组织承诺、工作满意度、组织公民行为、退缩等组织现象与互动公正的相关度并不同于与程序公正的相关度（李晔、龙立荣、刘亚，2003；Colquitt，Conlon & Wesson et al.，2001）。也就是说，互动公正具有独立的预测效果，可以被认定为是与分配公正和程序公正相并列的第三种公正形式，组织公正三个维度的划分具有合理性。

自三维论提出后，有关互动公正本身的结构问题也存在分歧，未形成一致的看法。有学者（Colquitt，Conlon & Wesson et al.，2001；Greenberg，1993）认为，互动公正包括信息公正和人际公正，所以组织公正应包含分配公正、程序公正、信息公正和人际公正四个维度。四维论的坚持者认为，人际公正和信息公正在逻辑上存有差别，并且会产生独立的影响，人际公正反映决策过程受到人际尊重的程度，会影响人们对决策结果的反应；信息公正反映决策过程解释信息获取的程度，会影响人们对程序的评价和认知。Shapiro、Buttner 和 Barry（1994）的研究结果表明，员工的组织公正感知受信息公正的影响很大，却与人际公正没有显著相关，说明信息公正与人际公正彼此具有独立性。Colquitt（2001）以四维论为理论依据编制了组织公正感量表，验证性因子分析结果显示，四维论假设与实际数据的拟合度很好，说明在实证上四个维度能够得以区分并可预测不同的组织结果变量。Roch 和 Shanock（2006）在前人研究成果之上，更新并开发了互动公正的测量工具，应用社会交换理论的研究框架，通过对兼职和全职雇员两个样本进行实证研究，探索并验证了人际公正和互动公正及其他公正维度之间存在区别。然而与此相对，仍有相当一部分学者坚持三维论，使用互动公正这一术语而不将其加以区分（e.g.，Byrne，2003；Rupp & Cropanzano，2002）。

　　我国学者也从不同角度研究了组织公正的结构维度问题，从而深化了对组织公正维度的认识。台湾学者樊景立（1997）将组织公正划分为分配公正和程序公正两个维度；卢嘉和时勘（2001）在研究工作满意感的结构及其与公正感、离职倾向的关系时，将公正感划分为分配公正、参与管理、参与工作和投诉机制等四个部分。刘亚、龙立荣和李晔（2002，2003）研究了中国文化背景下组织公正维度，并编制了中国情境下的组织公正感测量问卷，研究所获得的组织公正的维度与西方组织公正"四维论"相似，但是将其中的"人际公平"替换为"领导公平"，形成分配公正、程序公正、领导公正和信息公正等四维的组织公正结构，该研究中提出的"领导公正"实际上是与分配公平相对的一个因素，不仅反映在执行程序或决定结果时上级对下级的礼貌和尊重，而且强调区别于"物质分配"的"精神分配"内容，可见该维度的含义超出了国外研究中人际公正的原有之意，在内涵上是与西方研究中人际公正有差别的。米家乾（2004）将组织公正分为企业程序公正、企业交往公正、领导程序公正以及领导交往公正等四个维度。纵观近年来我国学者关于组织公正维度的研究，不难发现此方面的研究更多关注于人际公正；相对而言，对于程序公正的研究却明显逊色于国外，仅仅涉及有无制度安排或是否遵守制度规范的考察。其中的原因可能是中国文化中对"关系"的特殊关注。杨国枢（1993）等认为中国文化是一种泛家族主义的人治文化，这使得作为家长的领导在组织中的作用和地位更加突出，因此与领导有关的互动公正在中国文化背景下应该有更加重要的意义。

　　综上可知，国内外学者关于组织公正维度的研究相对较晚，不同情境下组织公正维度的划分尚未有一致的结论，信息公正和人际公正的研究明显不足，很多问题有待进一步澄清。组织公正各维度之间关系的研究是组织公正理论的基础，在对组织公正进行前因变量或结果变量研究时，均需采用适当的方法对其各维度加以测量，以进一步研究并确定何种因素会引发组织不公正感，以及组织公正不同维度与各组织结果变量之间的关系。

四　组织公正研究视角

近些年来，组织公正理论研究有了进一步发展，主要研究视角可归为以下四个方面：

（一）组织公正前因和结果变量研究

一般而言，人们对于结果公正往往感受不深，却对不公正的发生感受十分敏感；对于有利于自己的不公正反应较弱，但对不利于自己的不公正反映强烈。也就是说，人们对组织公正的感知存在非对称性（李晔，龙立荣和刘亚，2002）。因此需要解决"组织公正感或不公正感是如何形成的？"以及"哪些组织变量会受到组织公正的影响？"等组织公正理论的核心问题。学者们从不同角度对这一问题展开研究，Masterson、Bartol 和 Moye（2000）从社会交换理论的观点出发，指出互动公正能够预测与管理者有关的结果（Supervisor - Referenced Outcomes）；而程序公正能够更好地预测与组织有关的结果（Organization - Referenced Outcomes）。Colquitt、Conlon 和 Wesson 等（2001）通过元分析得出结论，互动公正能够较强地预测组织层面的结果。近年来，大量文献证实组织公正与组织中的行为表现相关，如工作绩效、工作满意度、组织承诺、工作卷入、组织公民行为、信任、离职意向、反生产行为等（e. g.，Karriker & Williams，2007；Lambert，Hogan & Griffin，2007；Lance，Johnson & Gavin et al.，2010；Zapata - Phelan，Colquitt & Brent，2009；赵慧军、王君，2008；刘玉新、张建卫、黄国华，2011）。

除了对后果变量的考察以外，研究者们对组织公正的前因变量也做了探索。Tsui、Pearce 和 Porter 等（1997）从组织角度研究诱因/贡献模型的四种雇佣关系模式对个体层面产出和态度的影响，实证分析结果发现：不同的雇佣关系模型对组织公正的作用和效应并不相同。在北美企业中，互相投入型和过度投资型对员工公平感的正向作用明显高于准交易型和投资不足型。研究者们还发现分配结果过程控制（Tyler，Rasinski & Mcgraw，1985；Greenberg，1994）、组织实践中所遵循的原则

（Bies & Moag，1986）、组织结构特点，如组织集权、正规化、民主参与程度等（Schminke，Cropanzano & Rupp，2002）影响组织公正感知，高绩效工作系统、生涯发展、绩效评价、工作样本等也是影响组织公正感知形成的前因变量（Meyer & Catherine，2000；Wu & Chaturvedi，2009）；公正敏感性、社会文化等也会对组织公正感的形成产生影响，如在自私自利或大公无私的文化氛围中，组织公正感会有所不同（Primeaux，Karri & Caldwell，2003）。

（二）组织公正中介与调节效应研究

组织公正中介与调节效应研究是近年来组织公正理论的研究主流，研究揭示了组织公正作用于结果变量时会受到哪些因素的调节影响和中介作用。学者们发现中介变量包括组织认同（Masterson，Bartol & Moye，2000；Ma，Liu & Liu，2014）和职位（吕娜、郝兴昌，2009）；调节变量包括组织结构（Ambrose & Schminke，2003）、文化（Lee，Pillutla & Law，2000）、人格（Colquitt，Scott & Judge et al.，2006；皮永华，2006）和交易型领导（李秀娟、魏峰，2007）。

（三）组织公正整体研究

组织公正虽然是个体的一种主观感受，但是这种感受会受到个体特征和环境状况等因素的综合影响，因此有学者开始把目光转移到组织公正理论的整合研究上，这类理论包括团体介入模型（Tyler & Blader，2003）、公正启发理论（Lind，2001）、不确定性管理理论（Lind & Van den Bos，2002）和公正理论（Folger & Cropanzano，1998）等。此外，很多学者认为在企业实际管理生活中，驱动员工行为的因素未必是组织公正维度中的某一个，而更应该是对公正性的整体判断（Lind，2001），过分强调组织公正感知的子维度对员工行为影响的差异，事实上不符合员工对组织公正氛围的认知、态度及反应。员工通常是以整体方式来思考公正性的，并以概括性的、总体性的公正判断来决定自己的行为表现。在此背景下，近年来组织公正感领域的研究者开始使用 Overall Justice（Ambrose & Arnaud，2005）、Holistic Justice（Greenberg，2001）、Entity Justice（Choi，2008）等不同的术语，对工作满意度、情感承诺、离职意愿、组织公民行为、管理支持感和任务绩效等结果变量进行了相关实证研究（Ambrose & Schminke，2009；Jones & Martens，2009；Holtz & Harold，2009）。同时，学者们也在挖掘影响组织整体公正感知的具体因素有哪些，制定提高组织公正印象的管理策略，探讨组织如何通过传递各种信息来影响员工的整体公正感知，以树立、提高和维护组织的公正形象（王宇清、周浩，2012）。

（四）组织公正跨层次研究

有关组织公正跨层次分析的研究较少，但是跨层次研究有利于分析组织公正感知对各个层级员工行为的影响状况。Ohana（2014）运用跨层次分析方法对组织公正氛围的重要性进行了研究，指出程序公正氛围超越了对个体层面程序公正感知的影响，对组织承诺具有积极的正向影响。我国学者刘文彬、林志扬、汪亚明、唐杰（2015）采用跨层次分析的方法对 27 家企业的 462 名员工进行了实证研究，结果发现，团体层面的组织公正对反生产行为具有显著的直接影响，同时团体层面组织公正对个体层面员工人格特质与反生产行为间的关系起到调节作用。

综上所述，组织公正研究不断深入，近些年来该领域的研究硕果累累，无论是内涵的挖掘，还是外延的拓展都取得了巨大进步。组织公正的研究从一维界定到多维理解，从单要素关系研究到多要素关系研究，从片面分析到系统阐释，从一元文化向多元文化背景研究，从横截面研究到跨层次研究，这些研究不断推动着组织公正理论的向前发展。

第二节　垂滴效应研究回顾

一　垂滴效应的研究发展

Trickle - Down Effect，即垂滴效应、涓滴效应或者滴漏效应、下行传递效应（本书采用垂滴效应一词），在管理学领域其内涵可以概括为在组织情境下，上层管理者的特征或行为通过组织管理层次自上而下垂直地进行传递，从而引发下属和团队的特征或行为表现出相同状态的过程。垂滴概念始于医学界，用来描述输液过程中用药时液体点滴垂落的过程，多见于医学界对输液治疗的研究文献。20 世纪 70 年代，该理论因经济学界将之引入用以研究不均衡状态的合理性问题而兴起。经济学研究文献借用垂滴效应概念来阐释在经济发展过程中，地区和个体发展存在不均衡的状态是可以被接受的，不需要政府为实现社会平等而进行过分的干预。由于优先发展起来的群体或地区可以通过消费需求和吸纳就业等方式，将富裕地区的财富和资源陆续地传输给贫困阶层或地区，因此并不需要给予贫困阶层或地区以特别的优待。通过资本市场的借贷行为实现社会财富的自然渗漏，同时辅以政府的分配政策、补贴政策以加速垂滴的过程，将会更好地促进经济增长。近年来，管理学界的研究者们也开始将垂滴效应引入领导行为科学领域，以说明领导行为或认知由上而下逐层扩散的过程（Wayne，Hoobler，Marinova & Johnson，2008）。

垂滴效应需要存在这样一种前提，即个人在组织中的经历会对其他人的感知或行为产生影响。比如一个人接收到的感知信息对自己是有利的，那么他更倾向于表现出积极的行为，并可能将这种积极的信号再传递给其他人。可见在管理实践中，这种传递确实客观存在。因此近年来很多学者开始关注于组织内部各种管理变量的垂滴效应研究，主要可以将这类研究分为三个方面：

第一，态度的垂滴效应。（1）工作倦怠（Job Burnout），是个体在工作重压下造成身心疲惫的一种状态，这种状态致使员工产生厌倦工作的感受，形成玩世不恭以及无成就感、消极怠工的工作态度（Maslach & Jackson，1981）。Brummelhuis、Haar 和 Roche（2014）基于199名管理者和456名下属员工的工作—生活关系的调查，发现工作倦怠的垂滴效应通过情绪和行为两种作用机制实现。一方面，管理者在工作倦怠时产生的负面情绪会引起员工负面情绪的生成，从而致使员工工作倦怠；而在管理者处于工作倦怠时，往往也会减少对下级的支持行为，进而引发下级员工工作倦怠。（2）工作投入（Job Engagement），是心理上对工作的认同，将奉献、专注、积极视为工作价值观的个人反应（Rusbult，Farrell，Rogers & Mainous，1988）。Brummelhuis、Haar 和 Roche（2014）在其家庭增益研究（Family – to – Work Enrichment）中指出，管理者的工作投入可以带来更多的积极情绪，积极情绪会向下传递给下级员工，从而引发员工的工作投入。（3）情感承诺（Affective Commit - ment），是组织成员被卷入组织、参与组织社会交往的程度，它体现了对组织的肯定性心理倾向。Loi、Lai 和 Lam（2012）以111名销售代表及其上司为调查对象，验证了情感承诺在领导和下属之间的正向垂直传递的效应。（4）组织变革的犬儒主义（Cynicism about Organizational change），是组织成员对组织变革怀有的蔑视、抵触和不信任态度

（Wanous、Reichers & Austin，1994）。Rubin、Diedorff、Bommer 和 Baldwin（2009）以制造行业的 106 名直接主管和 933 名下属为调查对象，发现主管在组织变革中表现出来的犬儒主义，会通过其领导行为下行传递给员工，使得员工也会产生对组织变革抵触和沮丧的态度。

第二，认知的垂滴效应。（1）组织认同感（Organizational Identification），是员工个体对自我归属于某一组织特定成员身份的知觉。有学者通过实证的研究方法，证实了组织认同能够实现组织内自上而下的垂滴（Dick，Hirst，Grojean & Wieseke，2011；Wieseke，Ahearne，Lam & Dick，2009；Lichtenstein，Netemeyer & Maxham，2010；Schuh，Egold & Dick，2012）。（2）组织支持感（Organizational Support），是员工对组织重视其做出的贡献和关注其幸福程度的总体看法（Choi & Chang，2009）。Shanock 和 Eisenberger（2006）直接证实了企业组织支持感在主管和员工间的传递效应。Hu、Wang、Yang 和 Wu（2013）依据 268 个导师—学徒配对样本进行实证研究，结果显示组织支持感在导师和学徒间也能够垂直传递。（3）心理契约破裂感（Psychological contract breach），Restubog、Bordia、Tang Krebs（2010）以呼叫中心的 172 名员工及其主管为样本，发现当领导感知到心理契约破裂时，往往会主动减少其对下级员工的组织公民行为，从而引起所属员工产生心理契约破裂的认知。（4）企业社会责任感（Corporate Social Responsibility Judgment），是个体对企业是否履行了社会责任的一种感知（Aguilera，Rupp，Williams & Ganapathi，2007）。有学者通过实证研究证实了中层经理的企业社会责任感知会正向影响其下属的企业社会责任感知（Vlachos，Panagopoulos & Rapp，2014）。

第三，行为的垂滴效应。（1）组织公民行为（Organizational Citizenship behavior），是一种有益于组织，但在组织正式的薪酬体系中尚未得到明确或直接确认的行为（Organ，1988）。Tepper 和 Taylor（2003）证实了程序公平感在组织公民行为的垂滴效应中具有中介作用；Restubog、Bordia 和 Tang Krebs（2010）发现管理者的组织公民行为以心理契约破裂为中介向下影响员工的组织公民行为。（2）创造力（Creativity），潘静洲、娄雅婷和周文霞（2013）基于中国情境，证实了领导创新性工作表现会让员工表现出更高的创造力，员工的内在动机在这一过程中发挥着中介作用。（3）利组织非道德行为（Unethical

Pro – Organizational Behavior），员工表现出这种行为并不符合社会伦理道德的要求，但却可能会使组织受益（Umphress，Bingham & Mitchell，2010）。研究表明：当下属认为其上级根本不会或者较少会做出利组织非道德行为时，他们也倾向于减少这种行为的发生（Yu，Farh，Lee & Lo，2014）。（5）领导方式，学者们针对不同种类的领导方式进行了组织内垂滴效应的研究，如上级经理的道德领导（Ethical Leadership）会垂直传递给下级主管，进而激发基层员工表现出更多的组织公民行为（Ruiz，Ruiz 和 Martinez，2011）；高层管理者的威权领导（Authoritarian Leadership）影响下级主管的领导行为也会采用威权方式，从而会抑制员工的建言行为（Li & Sun，2014）；辱虐管理（Abusivesupervision）的垂滴影响同样得到了印证，学者们通过实证研究证明了上级辱虐管理行为会垂直传递给团队主管，使其管理行为也趋向于辱虐管理的方式（Liu，Liao &Loi，2012；Wayne & Marinova，2012）。

此外，有关垂滴效应的研究，学者们还证实了心理资本（Avey，Avolio & Luthans，2011；Story，Youseff & Luthans et al. ，2013）、情感（Kleef，Homan & Beersma et al. ，2009）也都能够在组织内部沿层级下行传递。

二　组织公正的垂滴效应研究回顾

Masterson（2001）最早将垂滴效应引入组织公正研究领域，他证明了员工的程序公正和分配公正感知会垂滴影响到消费者反应。而近期的研究成果大多关注于组织内上级和下级之间的垂滴效应。关于程序公正的垂滴影响，Tepper 和 Taylor（2003）通过对某军事组织进行调查，以 373 个领导和下属的配对样本作为研究数据，发现当领导怀有程序公平感时，他会通过其表现的组织公民行为来影响下属的程序公平感。关于互动公平的垂滴影响，Ambrose、Schminke 和 Mayer（2013）以 83 个工作团队为对象进行了实证研究，结果发现团队领导的互动公平感会正向影响团队的互动公平氛围，进而激励了团队公民行为的发生和团队偏差行为的减少。此外，Aryee、Chen、Sun 和 Debrah（2007）以某通信企业的 47 名主管和 178 名下属为调查对象，在研究互动公正、辱虐管理、组织承诺和组织公民行为之间的关系时，构建了互动公正的垂滴模型。虽然该研究并没有检验垂滴效应，但是研究结果显示，上级如果互动公平感较低，则会表现出辱虐管理行为，这种管理行为会影响到员工对上级和组织的认知；而下级的组织公正感知较低时，就会降低组织承诺和减少组织公民行为，因此可以推论上级的互动公正感对下级互动公正感是存在垂滴效应的。

综上可知，虽然管理学领域垂滴效应的研究已经起步，但应用于组织公正的研究还是比较少见的，且该范式下的组织行为研究主要以西方文化背景展开，研究对象大多是两个层级的垂滴影响。因此有必要在这一范式下，探讨中国企业组织内更多层级员工之间公正感知是否存在垂滴影响。

第三节　组织公正与建言行为、
创造力关系研究回顾

一　建言行为研究回顾

建言行为是员工为改善组织现状，针对与工作相关的问题主动提出个人观点的行为，这种行为的发生或源自组织内存在的不公平和不合理的状态，或基于未来导向提出的重要组织战略问题。一般而言，作为组织内部的员工必须履行好工作职责，也就是说，组织所要求的作为常规绩效基础的角色内行为，员工有义务将之完成；而除此之外的行为则由员工自愿为之。Dyne、Cummings 和 Parks（1995）认为建言行为是角色外行为的一种，而角色外行为的特征有三：一是不在岗位描述中所列；二是即便有所作为也不被正式绩效奖励体系所认可；三是不履行或者履行有误不会招致惩罚（Dyne & Le Pine，1998）。显然，建言行为并不是雇主与员工在劳动契约中约定的工作范围内的职责，但是随着开放的社会技术、信息系统对企业组织这一社会子系统效能影响作用的日益显化（段锦云、钟建安，2004），组织却越来越需要更多的、更为敏感的触角直接触及社会、政治、经济、文化发展等领域，以帮助企业在信息更为对称的环境下做出战略发展的决策并制定合理的运营战术。于是，组织能否促进员工与组织进行交流合作，充分利用好员工建言行为所带来的各种观点和想法的资源，对动态复杂环境下的企业来说具有十分重要的意义。本书基于此对建言行为的概念内涵、发展历程、结构维度以及影响变量等内容进行文献梳理，为实证研究中探索建言行为的发生机理奠定理论基础。

（一）建言行为的内涵界定

建言行为（Voice 或 Voice Behavior），也称进谏行为或呼吁行为（本书采用建言行为）。1970 年，Hirschman 最早提出了"建言"（Voice）一词，他认为当员工对组织感到不满时，可能会伴有离职或建言两种行为，其中建言主要表现为积极的反应，即通过努力而非逃避、抗议或其他公众活动，促使对组织管理内容和程序施加变革。在此后的四十余年，学者们对建言行为进一步研究，对其内涵和外延不断地挖掘与拓展，识别出建言行为可以作为独立的组织变量，并在组织管理研究领域引起了更为广泛的关注。

表 2 - 2 列举了近年来组织研究文献中学者们对建言行为所做的内涵界定，从不同角度分析了建言行为的重要特征，基本上对建言行为的本质达成了共识，即作为一种个人自愿向他人发出某种信息的意思表达，建言行为绝非仅仅出于发泄或者抱怨，其目的或是就现有制度本身提出改良意见，或是为组织发展提出创新性的建议。

表 2 - 2　　　　　　　　　　　　建言行为的内涵

代表人物	主要观点
Hirschman（1970） Farrell（1983）	建言是员工对工作不满或组织存在的问题做出的积极反应，为从根本上改变现状而付出的各种努力，其本质是致力于改善组织现状的具有建设意义的行动。
Athanassiades（1973） Roberts & O'Reilly（1974）	建言是沿着组织层级自下而上的信息传递，包括上下级之间就与完成任务有关的信息所做的任何交流。
Brief & Motowidlo（1986）	建言行为是一种亲社会行为，组织成员针对与己相关的个人的、团队的或组织的不恰当目标、程序和政策，提出改进建议。
Rusbult, Farrell, Rogers & Mainous（1988） Withey & Cooper（1989）	建言是对工作不满意的反应，试图积极地和建设性地去改变而不是逃避自己所关心的那些不令人满意的状态。
Miceli & Near（1992, 2008）	建言是一种举报行为，主要因雇主对个人或者组织产生不良影响的、违法的、不道德的、非法实践活动而引发，广义的建言不仅包括组织内部，还包括组织外部。

续表

代表人物	主要观点
Dyne, Cummings & Parks（1995）	建言行为是从挑战的或促进的角色外行为的框架模型中析出的一种行为，它是为改变或改善现状基于合作而主动提出建设性观点的行为，其中挑战性的行为聚焦于改变现状，促进性的行为意味着具有建设性的意图。
Dyne & LePine（1998） LePine & Dyne（1998）	建言行为不仅仅是为了批判，它是一种旨在改善组织，具有挑战性的、建设性的自发行为，即使面临反对，也仍然会对变革提出创新性建议或对标准化程序提出修改意见。这种行为并不是组织角色内任务的要求，而是主动有意为之的岗位职责以外的行为。
Dutton, Ashford, O'Neill & Lawrence.（2001）	建言是关注于影响组织绩效的组织层面的战略问题、发展机会与趋势而发出的一系列呼吁。
Parker, Williams & Turner（2006） Grant & Ashford（2008）	建言行为被视为一种前摄行为或主动行为，是一种自发的、未来导向的，以改善自我或环境为目的的行为。
Detert & Burris（2007）	建言是为了提高组织的运营效率，对组织内权威提出改善组织和解决组织问题的措施，即使这将挑战当权者的地位或者在一定程度上使组织处于暂时性的混乱状态。
Takeuchi, Chen & Cheung（2012）	在不确定环境下，可将员工建言行为定义为：员工为了提高组织或工作团队效能，出于自身兴趣而参与决策制定，自愿向组织提供的一系列想法和建议，这一内涵与组织公平文献中的建言或过程控制的意思相近。

资料来源：作者整理。

综合既往学者对建言的界定，本书认为，建言行为是组织内的工作交流或者对与工作相关管理事务提出的想法和建议，这种以改善组织和团队运营效率为目的的自愿交流行为既可能发生于对上级或者老板，也可能发生于对同事或者团队其他成员；既可能是普遍性的员工心声的表达，也可能是带有压力的不同于他人观点的诉求；既可能谋求改变现状，亦可能旨在终止某一管理实践。在日新月异的市场变化和竞争环境日趋激烈的今天，企业要生存、发展，就必须对外界的机遇与挑战做出快速反应，因此需要组织上下不断提出未来导向的、建设性的意见，以促使组织改进。可见，员工建言行为的研究无论在理论界，还是在组织的管理实践中都处于不断的演进状态。

（二）建言行为的研究历程

建言行为在组织管理文献中并非是一个新术语，发展到今天所认知的概念范畴经历了四十余年的研究与探索，故此有必要理清建言行为的发展脉络，揭示建言行为研究历程中关注要点的变化，在分析与总结其演进过程的同时推动这一学术构念的深入研究。

第一阶段：建言概念的提出。

对建言行为的研究最早应追溯至 Hirschman（1970）分析顾客对公司业绩恶化反应的关系模型。为了更准确地理解员工对与其相关的工作问题究竟是如何应对的，Hirschman 提出了当员工在工作满意感低的情况下会做出两种反应：其一是建言（Voice），其二是换岗或离职（Exit）。员工到底会做出何种选择依赖于其对组织的忠诚程度，若忠诚度较高，那么员工更可能选择积极的行为，即建言而不是离职或者换岗。此后沿着建言行为这一概念化的研究成果，衍生出了 EVLN 模型（Farrell & Rusbult，1992；Rusbult，Farrell，Rogers & Mainous，1988；Withey & Cooper，1989），即退出（Exit），员工出于对组织的不满意而离开了组织；建言（Voice），虽然员工有不满意情绪，但是依然能够致力于改善组织现状，而做出具有建设性意义的行动；忠诚（Loyalty），员工愿意继续留在组织内，对不满意的现状保持缄默，并不会提出反对意见或者积极的建议；漠视（Neglect），员工虽然留在组织内，但对组织中存在的问题视而不见，表现出消极撤退的状态。在这一模型中，建言依然被视为员工对于工作不满意的一种反应，只是有别于其他反应，是唯一主动的、建设性的行为，它更多地表现为员工试图通过努力来改善现状，如向主管反映问题、要求优化工作环境、更加勤勉地工作、向其他同事征求工作建议甚至向外部机构寻求改善工作条件的帮助等。

在这一阶段，建言已被确立为一种积极的、有益于组织的员工行为；其形式不仅仅限于口头呼吁，而且也可以表现为采取行动；它源自员工对工作的不满意，但员工并没有因此而选择逃避，而是试图通过努力对组织管理现状施加变革。这一概念的提出为后续将建言行为作为独立构念进行研究奠定了重要的基础（樊耘、马贵梅、颜静，2014）。但是此期的研究主要集中于建言行为的结构定义和可操作性的广度上，因而导致其涵盖内容过于宽泛的问题；而且由于测量量表的不统一造成了预测结果出现了一些混乱的状况（Morrison，2011）；另外，建言行为的实证研究局限于横向设计，其预测变量的研究较为匮乏，作为单一维度的建言行为，通过实证研究仅仅证明了会受到工作满意度、改善的可能性、工作投入、选择的质量等几个因素的影响。

第二阶段：建言行为成为独立构念。

伴随建言行为研究的不断深入，亟须从诸多员工行为中将之析出并作为一个独立的构念，在实证研究中需要被普遍认可的、较为统一的测量量表，以探索建言行为的真实内涵以及相关影响因素，并通过研究成果的不断累积实现建言行为研究的演进。

这一时期，相关研究成果从概念界定到量表开发，印证了建言行为可以作为独立构念而存在。自建言概念提出之后，该范畴的界定依然不甚清晰，而且变量的测量也有待改进。Dyne、Cummings 和 Parks（1995）提出了一个具有二维结构的角色外行为概念模型，其中一个维度是抑制行为（Prohibitive Behavior，即促使某事停止的行为）和促进行为（Promotive Behavior，即促使某事发生的行为）；另一个维度是亲和行为（Affiliative Behavior，即促进合作并加强关系的人际互动行为）和挑战行为（Challenging Behavior，即聚焦于观点和问题以改变导向的行为），在这一模型分析中学者们将建言行为划分到促进的、挑战的行为一类，从而将之区别于其他形式的角色外行为。在这一研究中学者们还发现建言行为与组织异议（Organizational Dissent）（Graham，1986）、检举（Whistle Blowing）（Miceli & Near，1992）等角色外行为在概念上也是有明显区别的。无论检举行为还是组织异议，都是基于高层组织的利益而鼓励员工报告违法或者违反道德的行为，这种行为的发生未必对组织的效能有益。相对而言，抑制性建言行为虽然也表现为对组织有异议，但是其目的是如何更好地实现组织目标。另外，学者们还在理论和实证研究中发现了具有挑战性的建言行为与其他合作性行为，如助人行为（Helping Behavior）和尽责行为（Conscientiousness）之间的区别（e. g.，LePine & Dyne，2001；Stamper & Dyne，2001）。综上可以看出，虽然建言行为与其他角色外行为在内涵上存在一定的重叠，但是依然能够明显地识别出它们之间是存在差异的。在对建言行为概念化研究的基础上，Dyne 和 LePine（1998）进一步将建言行为定义为以改善为目的，并非仅仅为了批评，强调建设性的、挑战性的促进行为，这种行为主要包括基于合作动机而表达的与工作有关的观点、信息、意见的行为（Dyne，Ang & Botero，2003）。至此，建言行为的范畴边界基本确定。

建言行为整体结构概念的提出为其测量奠定了理论基础，它传递了量表的结构维度应选择哪些信息，有利于清晰地确定测量项目应该或不应该反映哪些内容（LePine，Erez & Johnson，2002）。鉴于以往建言行为的测量量表和内容范围未被满意地提出，Dyne 和 LePine（1998）开发了一套单一维度的建言行为量表。通过实证研究验证了建言行为可以作为独立的构念，这一量表直至今天也广为使用，这使得建言行为不仅在概念上可以区别于其他角色外行为，而且在实证研究结果上也被验证了其构念的独立性。

综上可知，这一时期的研究成果将建言行为界定得更为具体明确；同时，不再将建言行为视为主要出于对工作不满意而引发动机的结果，而是作为一种亲社会行为，这为建言理论的发展找到了更广阔的研究前景。建言行为作为独立构念的有效确立，为其发展以及多维度、多视角的研究提供了坚实的基础；此外，在实证研究中开始关注调节变量的切入，如公正违背、程序公正、认知风格和管理方式等对建言行为的调节影响（Turnley & Feldman，1999；Janssen，Vries & Cozijnsen，1998）。但是也应看到，单一维度的建言构念仅仅强调了积极的、建设性行为，而忽视了现实中可能存在的其他的建言类型，并且有关建言的前因研究虽有所增加，如工作动机、上级支持、领导风格、人格等（LePine & Dyne，1998；Frese，Teng & Wijnen，1999），但仍比较有限。

第三阶段：建言行为研究探索。

在这一阶段，建言行为的研究在广度和深度上都有了长足的发展，主要体现在三个方面：其一，建言行为的内涵被扩展，在构念维度上也实现了创新，由单一维度发展到二维、三维（Dyne，Ang & Botero，2003；Liu，Zhu & Yang，2010；Liang，Farh & Farh，2012）。这不仅从理论上丰富了建言行为的研究，使得研究内容更加精细也更为符合组织管理现实，而且为后续的实证研究奠定了更为广泛的基础。其二，在建言行为前因变量探索方面，学者们聚焦于积极的、建设性的建言行为的挑战性特征，提出假设并验证了员工做出建言决策之前会受到哪些因素的影响，并从组织情境、工作特征、个性因素以及领导风格等方面探索了建言行为的预测变量和作用机理（Islam & Zyphur，2005；Fuller，Marler & Hester，2006；Farh，Hackett & Liang，2007），从多视角、多领域丰富了建言行为影响因素的研究。其三，开始关注于建言行为的结果变量研究，主要集中于主管评价员工的绩效决策、员工自愿离职率等个体层面因素的分析，对组织产生的结果影响尚未有关注。

伴随建言构念本身更为深入、更为充分的讨论，引发了学术界对建言的目的、动机和性质等方面界定的进一步探究。那些非组织导向，且不具备积极性、挑战性、建设性特征的员工意思表达是否可以归于建言范畴；关于建言行为的研究设计是否只能囿于横截面研究，沿组织层级的纵向研究所揭示的建言行为前因是否能够解释其形成的过程；建言的结果是否因建言对象、内容、策略和形式等不同而有所差异；群体建言行为又能够从哪些方面影响组织效能，这些问题都有待于研究的进一步展开来解释。

（三）建言行为的结构维度

关于建言行为的结构维度，早期学者认为建言行为只具有一个维度，在 Dyne 和 LePine（1998）编制的量表中，验证了包含六题项的建言行为量表是单维度构念。此后，学者们在进行建言行为的实证研究中，发现由于研究设计中变量选择不同、研究情境不同，需要对单维度量表进行修订。Hagedoorn、Yperen、Vliert 和 Buunk（1999）从建言的利益受众出发，将建言分为众利的建言行为（Considerate Voice）和自利的建言行为（Aggressive Voice）两个维度，并验证了工作满意感有利于促使众利建言的发生，而抑制了自利建言行为。Dyne，Ang & Botero（2003）在对建言行为的进一步研究中，提出建言应该是一个多维度概念，由于行为的性质和目的不同，建言可以分为亲社会型建言（Prosocial Voice），即员工自发主动地表达益于组织的建议；防御型建言（Defensive Voice），即出于自我防御的心理而表达的观点或意见，目的是保护自己的利益，客观上却不一定有益于组织；默许型建言（Acquiescent Voice），出于怀疑自己真实想法表达后未必会有效果，而消极地表示赞同的观点。Liu、Zhu 和 Yang（2010）在研究变革型领导行为、社会或自我认同与建言行为之间的关系时，将建言的目标对象进一步细化，为了避免同源方差问题，在测量过程中收集了员工自我报告及同事报告两种数据，验证了建言行为包括员工指向主管的建言行为和员工指向同事的建言行为。综上可知，学者们在研究中不断开发多维建言行为量表，一方面深度剖析了建言行为的内涵，另一方面诠释了因建言行为引发的缘由不同所带来的组织价值亦有差别。

建言行为作为组织公民行为的一种，是员工基于合作动机表达与工作有关的观点和想法的行为，这种个体层面的积极行为具有明显的自发性和未来导向的特征，其目的不是为谋得私利，而是为改善工作环境、促使组织改进（Parker，Williams & Turner，2006）。因此，深入研究建言行为的形成机制是具有重要价值的。Liang、Farh 和 Farh（2012）在研究心理因素是否是建言行为的前因变量时，结合 Dyne 和 LePine（1998）编制的量表与 Farh、Zhong 和 Organ（2004）编制的中国情境下组织公民行为量表中建设性意见部分的题项，开发了具有两个维度的建言行为量表，通过实证研究验证了建言行为包括促进性建言（Promotive Voice）与抑制性建言（Prohibitive Voice）。促进性建言是未来导向的，是员工为改善组织或者工作团队整体的运作效能而提出的新观点、新想法的行为集合，促进性建言的目的是使组织绩效或实践等变得更好；抑制性建言既是过去导向的、也是未来导向的，它由一组向上级反映组织工作实践中功能性失调等方面的建议行为组成，如对损害组织或团队利益的行为、陈旧的工作程序、规则和政策进行建言等。这类行为的目的是阻止反生产行为或减弱对组织整体功能的负面影响，与早期对建言行为界定中强调的个人因不满情绪而反映问题有相似之处。

表2-3列举了学者们对建言行为结构维度的划分与主要观点，可以看出，建言行为从单一维度的研究，逐渐细化，已经发展到以动机、目的、性质、方向、内容等多方面为依据的多维度研究，这不仅仅是对建言行为维度内容的描述，更是为不同类别建言行为的作用机制进行区别研究提供了基础，而且更利于清晰地反映建言行为发生的实际情况。

（四）建言行为的前因变量研究

建言行为研究中的一个关键问题就是建言行为的激发原因是什么？即为什么员工为组织提供各种信息并表达对组织发展的关心，主动提出建设性的观点或想法？学者们从不同的研究视角展开分析，试图揭示建言行为的形成机制。

表 2 - 3   建言行为的结构维度

理论	结构维度	代表文献	主要观点
单维度论	角色外行为	Dyne & LePine (1998, 2001)	建言行为作为独立构念，可以区别于其他角色外行为，特指员工即使面对相反的声音，仍能以变革为导向，提出创新性建议或对标准化程序提出修改意见，它是一种致力于改善现状的建设性沟通。
二维度论	自利的建言 众利的建言	Hagedoorn, Yperen, Vliert, & Buunk(1999)	从建言的利益出发点来看，可以分为众利的建言行为（Considerate Voice）和自利的建言行为（Aggressive Voice）。
	指向同事的建言 指向领导的建言	Liu, Zhu & Yang (2010)	指向同事的建言（Speaking Out）：发生在组织同一等级员工之间针对工作的意见和观点的交换；指向领导的建言（Speaking Up）：沿组织层级向上反映对组织变革、规章和政策的意见和想法。
	促进性建言 抑制性建言	Liang, Farh & Farh (2012)	促进性建言：员工为了提升团队或组织的业绩或效能而表达的想法或建议；抑制性建言：员工针对团队工作或组织实践中已经存在的或可能发生的不利事件和行为提出自己的看法。
三维度论	亲社会型 防御型 默认型	Dyne, Ang & Botero (2003)	亲社会型建言：基于协作动机，以使他人受益为目的，提供信息或表达对工作有利的想法和观点。防御型建言：由于担心出现对自己不利的情况，出于自保目的，表达与自己工作相关的观点和建议。默认型建言：基于顺从的初衷，附和别人的观点，对意义重大的组织变革表现出低效能的一致性表达和支持。

资料来源：作者整理。

　　学者们有关建言动机的研究基于这样一种推测，即建言的引发动机在于帮助组织或者工作团队运作更为有效或者实现积极的改善（Grant & Ashford，2008），而且这种主动的愿望或者动力没有被其他保持沉默的动机所影响。在通常情况下，员工在产生帮助组织改善的自发意愿之后，是否建言会考虑两个因素：其一，判断自己的建议是否会对决策结果产生影响；其二，评估建言之后可能出现的风险或者潜在的负面结果是否会影响到自己的安全。也就是说，如果建言能够得到组织的重视或者认可，甚至会对组织决策和发展产生实质的影响，同时这种进谏行为又不会使自己陷入不利的境地，那么员工会更倾向于表现建言行为。

　　基于上述两个判断因素，Morrison（2011）通过图示描述了建言动机演变为建言行为或被强化或被减弱的作用过程，如图 2－1 所示。从图中可以看出影响员工代价/安全、有效/徒劳的认知判断的因素主要有组织背景因素，如组织架构、组织文化、团体规模与结构、管理者开放程度以及与其关系、集体信仰、领导风格、高层领导人数等（Milliken，Morrison & Hewlin，2003）；和个人因素，如工作态度、个性特征、工作经历、任职年限、职位、绩效、角色定位等（e.g.，Milliken et al.，2003；Pinder & Harlos，2001；Withey & Cooper，1989）。而员工建言动机转化为现实的建言行为还会受到员工对行为结果的判断，即是否会产生有利于组织决策、纠正偏差、促进组织学习和团体和谐的组织结果（Detert & Trevino，2010；Pinder & Harlos，2001），以及绩效评估、压力感知、工作态度等个人结果（Morrison & Milliken，2000；Kish - Gephart，Detert，Trevino & Edmondson，2009）。

　　综上可知，学者们通过实证研究的结果识别了员工主动建言的诸多影响因素，这些因素将会影响建言发生的频次；接下来，通过梳理文献，将各前因变量的研究进行整合，为后续研究设计奠定理论基础。

　　第一，组织情境。既然适宜的组织情境有利于员工建言行为的发生（Dutton，Ashford & O'Neill et al.，1997；Dutton，Ashford & Lawrence et al.，2002），那么就需要关注哪些组织情境会促使或抑制这种积极行为，并且深入研究能够产生高频次员工建言的组织情境的特点。（1）组织结构对建言行为的影响。Glauser（1984）指出组织低官僚结构并且非正式的向上沟通机制（如申诉程序和建议系统）能够促进向上沟通的发生，因为当员工认为建言是一件不那么烦琐的事情时，他们才会

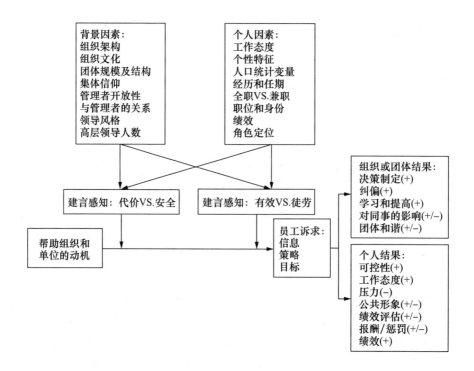

图 2 - 1　建言行为的动态机制模型

资料来源：Morrison, E. W. , 2011, "Employee Voice Behavior: Integration and Directions for Future Research", *The Academy of Management Annals*, Vol. 5, No. 1, pp. 373 - 412。

更愿意主动向组织建言。但也有研究得到相反的结论，认为正式的向上反馈通道的缺乏是造成员工保持缄默的重要原因（Morrison & Milliken, 2000），检举行为就是典型的一例，只有在特殊的通道被提供之后，这种行为才能够出现（Miceli, Near & Dworkin, 2008）。（2）员工在组织层级中的地位也会影响到建言。通常高层级的管理者建言行为发生的概率更大，因为他们相信自己的建议被重视的可能性更高（Morrison & Rothman, 2009）。（3）组织文化的类型对建言行为会产生影响。当员工识别组织文化是支持型的、开放的、民主的，且认为高层管理者是愿意倾听的，那么员工就会表现出更高水平的建言（Milliken, Morrison & Hewlin, 2003）；此外，充满创新氛围的组织文化特征也会促使员工建言（Choi, 2007）。（4）工作群的规模对建言也会有影响。当组织内部各工作群规模较小，且具有自治程度高、内部评价、轮流任职等特征

时，其内部成员之间的交流将更容易进行（Le Pine & Dyne，1998；Is-
lam & Zyphu，2005）。综上可以看出，组织情境是建言行为十分重要的
影响因素，低权力距离、支持的、民主的组织更有利于鼓励员工建言
（Botero & Dyne，2009）。

　　第二，个体影响。员工建言与否除了与组织情境有关以外，还会受
到员工的态度和个性特征的影响。由于个体差异，每个人对于组织的感
知会有所不同，故而个人对组织或者团队是否会对自己提出的建议予以
认可的判断就会有所差异。研究证明：（1）个性特征（e. g.，LePine &
Dyne，2001；段锦云、王重鸣和钟建安，2007）与员工建言相关。具
体而言，外向、责任心强的员工更愿意主动建言；而容易接受别人的意
见或者情绪稳定性较低的员工通常很少会建言。（2）工作满意度
（LePine & Dyne，1998）会影响到建言发生。早期研究成果认为员工不
满意会引起员工提出自己的意见；而近期研究也有相左的验证结果，即
当员工对组织较为满意时，为了组织的改善和发展也会主动提出促进性
的建议。（3）个人控制（Tangirala & Ramanujam，2008）与建言行为成
U 形关系。如果员工工作自主性较强，自我效能感高，出于对组织的期
望（Expectancy – Based）会进行建言；如果员工个人可控感低，则会出
于对组织的不满（Dissatisfaction – Based）而建言，但是个人控制感处
于中等水平时通常建言行为最少。（4）认知风格（Janssen，Vries & Co-
zijnsen，1998）与建言的内容相关。创新型认知风格的员工（Innova-
tor）更倾向提出一些新的观点，而适应型认知风格的员工（Adaptor）
一般会提出常规型的建议。除此之外，心理托付于工作环境、自尊、主
管的信任（Premeaux & Bedeian，2003）、工作投入（Rusbult，Farrell，
Rogers & Mainous，1988）、工作状态（Stamper & Dyne，2001）、工作识
别（Venkataramani & Tangirala，2010），以及性别、任职时间、民族等
人口统计变量（Farrell & Rusbult，1992；Detert & Burris，2007）等都
会对建言行为产生影响。总之，在外界变量相似的情况下，员工因个体
差异，具体的建言情况会有较大的不同。究其原因，主要在于每个人认
知组织时所选取的信息要素是不同的，故而感知到的外界就会有所差
别。可见，个体因素，无论是主观认知，还是客观的人口统计变量都会
成为影响建言的重要因素。

　　第三，领导行为。由于建言行为一般发生于员工与自己的直属上级

之间，如果员工在与自己的管理者发生交互关系的过程中，认为管理者（即建言对象）是值得信任的，自己的建议能够得到对方的关注与认可，并且建言并不会对自己的工作结果、工作安排、报酬支付和绩效评价等方面产生负面影响，那么员工更愿意向自己的上级提出自己的想法或观点。郑晓涛、柯江林和石金涛等（2008）研究了在中国背景下员工对领导信任同样会减少沉默行为的发生。段锦云、王重鸣和钟建安（2007）的研究表明领导者创设了公平的组织氛围也有利于建言行为的产生。也就是说，管理者的领导行为会影响建言行为。相关研究文献已经验证：领导的管理开放性（Saunders, Shepard & Knight et al., 1992；Detert & Burris, 2007），领导—部署交换（Leader – Member Exchange）（Burris, Detert & Chiaburu, 2008；Dyne, Kamdar & Joireman, 2008），变革型领导（Transformational Leadership）（梁建、唐京, 2009；Liu, Zhu & Yang, 2010；周浩、龙立荣, 2012），道德领导（Ethical Leadership）（Walumbwa, Morrison & Christensen, 2011；Walumbwa & Schaubroeck, 2009）等变量会影响建言行为。可见，开放的、支持的、亲近的领导者与被领导者之间的关系，会使员工更倾向于做出建言行为是安全且有效的认知判断，源自对领导行为的感知而形成的员工心理安全或认同感将影响建言行为（Detert & Burris, 2007；Liu, Zhu & Yang, 2010）。

综上可知，学者们主要从组织层面、个体因素以及领导行为等三个角度探讨了建言行为的前因变量，对环境不确定性、个体因素、领导力、资源变量、工作流程等方面与建言行为的关系进行了横截面分析，对建言行为发生机制的研究具有重要贡献。

（五）建言行为的结果变量

建言行为对于组织和工作团队在战略制定、组织决策、组织学习与创新等方面具有重要的意义。已有研究表明，建言行为有利于组织作出更为有效的决策、及时进行勘误（Morrison and Milliken, 2000）以及改善工作流程并解决实践中存在的问题（Detert & Burris, 2007；Dutton & Ashford, 1993；Tangirala & Ramanujam, 2008）。

建言行为对员工个人来讲也是具有积极影响的，建言行为可以提高自我控制感，进而增加满意度和动力（Greenberger & Strasser, 1986；Parker, 1993），形成积极的态度（Morrison & Milliken, 2000）。但也有学者得出与此相反的结果，认为建言会导致形成抱怨者或麻烦制造者的不良公众印象，也可能会因此被上级制裁（如给予较低的绩效评价或者不好的工作安排）（e. g. , Milliken, Morrison & Hewlin, 2003；Pinder & Harlos, 2001），尤其是举报行为经常会招致报复（Miceli, Near & Dworkin, 2008）。近年来的研究成果虽然不能完全确定地证实建言行为对个人就是具有积极作用的，但是 Whiting、Podsakoff 和 Pierce（2009）还是得到了积极的结论，即建言较比履行职责行为或助人行为更能够提高组织对自己的绩效评价。至于建言行为能否对自己产生有利的影响，关键在于员工与管理者是否对所建之言持有相同的认知。也就是说，如果彼此认知相似，那么更利于公平感的产生（Brockner, Ackerman & Greenberg et al. , 2001），也容易与同事或上级建立更为和谐的关系。综上研究可知，建言行为对员工个人和组织效能均具有一定的影响作用。

（六）建言行为的中介与调节作用研究

经过文献梳理，关于建言行为的中介变量和调节变量主要包括：（1）责任意识（Felt Responsibility for Change）。Fuller, Marler 和 Hester（2006）在其研究中指出，责任意识在层级地位、资源使用与建言行为间具有中介作用。（2）心理安全（Psychological Safety）。Detert 和 Burris（2007）验证了心理安全在领导者行为（Openness，开放性）与建言行为之间具有中介作用，并受到下属绩效（Subordinate Performance）的调节影响。李锐、凌文辁、柳士顺（2009）在中国情景下验证了心理安全感在不当督导与抑制性建言之间起完全中介作用。梁建（2014）也证实了责任知觉和心理安全感在道德领导和建言行为间具有中介作用。（3）成功概率（Probability of Successes）。Muller、Judd 和 Yzerbyt（2005）指出成功概率高会使员工更愿意提出问题。（4）认知风格（Cognitive Style）。Janssen、Vries 和 Cozijnsen（1998）研究证明认知风格在领导有效性、工作满意度与建言行为之间具有调节作用，创新者比接纳者更愿意提出新观点。（5）个人主义（Individualism）。个人主义在员工工作满意度和选择质量与建言行为之间具有调节作用（Thomas & Au, 2002）。（6）组织文化（Organizational Culture）。组织文化在工作状态（全职或兼职）与建言行为间具有调节作用（Stamper & Dyne, 2001）。（7）自我管理（Self - Monitoring）。自我管理调节着主管信任、高管开放、自尊与建言之间的关系（Premeaux & Bedeian, 2003）。（8）

权力距离（Power Distance）和传统（Traditionality）。这两个变量在组织支持与建言行为间具有负向调节的作用（Farh, Hackett & Liang, 2007）。梁建（2014）检验了权力距离在道德领导与员工建言之间间接效应的调节作用，即认可高权力距离的员工，道德领导对于责任知觉和心理安全感的影响更加明显，进而会引发建言行为。周浩、龙立荣（2012）指出传统性在组织心理所有权对向上司建言、向同事建言的影响中具有负向调节效应，即员工的传统性越高，组织心理所有权对建言的影响越小。综上可知，学者们进行了中介与调节变量的研究，在动态作用过程中，发掘了一些因素会增强或抑制员工主动提出组织导向的新观点或者想法的行为，一些因素会成为直接作用的中介变量，试图以更为细致的研究揭示建言行为的发生机制。

（七）建言行为相关研究述评

综合上述国内外学者对于建言行为的研究成果，可知建言行为作为一种以促进组织变革、提高组织运行效率为目的的亲社会行为，备受理论界和企业管理实践的关注。在将基本概念范畴理清的基础上，学者们通过实证研究对建言行为的结构维度、前因变量、中介和调节变量、结果变量均作了较为丰富的研究，但由于目前研究横截面设计居多，研究变量选择比较分散甚至结果并不一致，故而有一些现象没有被很好地解释，对其形成机制还有待进一步探索。尤其在组织层面上，基于组织层级影响、团队构成特征、组织心理特点等对建言行为的影响研究非常缺乏，纵向跨层次的研究成果十分少见。

建言行为的发生，关键在于员工愿意继续留在组织内，并希望通过建言能够改善目前的状况或者帮助企业变得更好，那么员工对组织的认知和判断将成为员工是否愿意建言的重要前因。如果在员工的认知系统中，认为企业是开明的、公正的、重视建言的组织，那么很可能员工主动提出观点和建议的行为就会频繁发生。问题是组织很难传递信息给员工，对组织良好印象的识别依赖于员工在组织中根据与其上级或者同事之间发生的关系来判断，因此跨层次分析建言行为就显得十分必要。因此以激发员工建言为目标，从分析这一积极行为的作用机制入手，基于组织公正的角度对建言的形成开展本土化研究，以跨层次的研究方法来丰富建言行为的理论与实践。

二　组织公正与建言行为关系研究回顾

从组织方面讲，组织提高员工组织公正感将有利于形成良好的组织环境，并激发员工的积极行为；而从员工方面看，组织公正将有利于改善员工对组织的看法，进而表现出更多积极的行为。建言行为是对组织有利的员工的积极行为，因此根据理论推演，可以推理认为组织公正将有利于建言行为的发生。事实上，在实证研究方面，已有一些学者做了相关研究。

在雇佣关系和人力资源管理的研究成果中，学者们认为建言不仅仅是一种员工的行为，而且已经内化到组织系统之中，成为一系列正式的组织运行机制，如申诉程序、建议系统、监控管理、质量追踪、参与决策等（Boroff & Lewin，1997；Dundon，Wilkinson，Marchington & Ackers，2004）。因而有效激发建言行为对组织而言是具有重要意义的。然而员工的建言行为并不是角色内行为，也就是说激发员工积极的建言是不能通过所谓的义务或者职责的裹挟来强迫员工表现的。因此就有必要去了解是什么原因激励或者抑制员工发表自己的建议或者观点，到底需要创造怎样一种环境，才能促使员工愉悦地直抒胸臆、阐明观点。鉴于此，在组织公正研究领域，学者们开始关注建言行为是否能够作为组织公正结果变量这一重要课题。Dyne 和 LePine（1998）指出建言行为与组织公正之间存在着互动的关系。实际上，建言反映了员工通过表达自己的观点而获得了参与决策的机会（Tyler，Rasinski & Spodick，1985；Bies & Shapiro，1988），当建言行为被组织接受，实际上就是组织在向员工传达鼓励员工参与组织决策的意思表示，员工会因此而提升对组织公正的判断和对领导的满意度（e. g.，Folger，Rosenfield，Grove & Corkran，1979；Tyler，Rasinski & Spodick，1985）。建言的机会越多，员工对组织是公正的感知就会越为明显和强烈，继而更愿意为组织的决策而建言（e. g.，Cropanzano，Byrne，Bobocel & Rupp，2001）。

虽然员工公正感知会减少对环境不确定性的判断，从而增加对管理者的信任，更易于激发建言（Morrison，2011），但是关于组织公正与建言行为关系的实证研究，早些年并没有得出直接的明确的结论，仅可以从相关文献的研究结果中推论出组织公正对建言行为是具有积极影响的。但近些年伴随学者们研究的不断深入已经能够找到肯定部分关系存在的实证检验结论。

第一，关于组织公正、组织公民行为与建言行为的研究。有学者指出组织公正与组织公民行为之间存在直接的因果关系（e. g.，Brebel，Cremer & Dijke，2014），进而学者们对组织公正的不同维度对组织公民行为的影响效果强度进行了分析。Moorman（1991）研究报告指出程序公正影响了组织公民行为测量维度中的 4 个，而分配公正则没有影响任何一个维度。Coyle - Shapiro 和 Conway（2004）研究结果显示，程序公正和互动公正直接引发雇员扩大个人工作范围并与组织公民行为直接相关。另外，Walumbwa、Wang 和 Schaubroeck 等（2010）以 815 名员工和 123 名直接主管为样本，探讨了公仆型领导、程序公正氛围、服务氛围、员工态度与组织公民行为之间的关系，结果发现程序公正氛围在公仆型领导与组织公民行为关系中发挥部分中介作用。Jiang 和 Law（2013）发现员工程序公正感知通过社会交换关系与个人导向的组织公民行为直接相关，通过组织认同对组织导向的组织公民行为直接作用。可见，组织公正感知的提高易于引发组织公民行为。而建言行为可以被视为组织公民行为中的一种，这一观点已经得到了学者们的一致认同（e. g.，Zhou & George，2001），于是我们可以推论，组织公正对于建言行为可能具有正向影响关系。

第二，关于组织公正、工作满意度与建言行为的研究。学者们验证了员工满意度与建言行为之间是具有正向关系的，当员工对组织运行中的一些方面不满意时，员工向上建言的态度就会发生变化，建言意愿会受到负面影响（Rusbult，Farrell，Rogers & Mainous，1988；Withey & Cooper，1989）。这其中隐含这样一种假设，如果员工对组织满意，那么他们会认为在这种组织背景下的建言是安全的且有效的（Dutton，Ashford，O'Neill，Hayes & Wierba，1997；Edmondson，2003）。由此可以得出员工整体满意度对建言行为是具有积极影响的。而组织公正可以有效提高员工满意度，关于组织公正各维度与工作满意度之间的关系问题，Alexander 和 Ruderman（1987）发现，与分配公正相比，程序公正可以更好地解释工作满意度。Lowe 和 Vodanovich（1995）却认为只有分配公正影响工作满意度。McFarlin 和 Sweeney（1992）也指出分配公正对工作满意度的影响更大。此后，Skarlicki 和 Latham（1996）指出了程序公正和互动公正均与工作满意度成正相关的关系；Viswesvaran 和 Ones（2002）得出程序公正和分配公正对工作满意度具有相似影响程度的结论。我国学者卢嘉（2001）以中化国际有限公司、红牛饮料有限公司职工为样本进行研究，也得出了相似的结论：程序公正与分配公正都对工作满意度具有影响作用。Colquitt（2001）在验证组织公正各维度与员工工作满意度之间关系时发现，分配公正与员工满意度之间的相关关系最显著，其他相关度依次是程序公正、信息公正及人际公正。既然工作满意度是建言行为的重要前因变量，而组织公正又对工作满意度具有显著的正向影响，那么由此可以得出推论，组织公正对激发建言行为是具有积极意义的。

　　诚然，上述研究成果都没有对组织公正与建言行为关系做直接研究，而是部分地研究了组织公正与一些变量之间的关系，这些变量或是建言行为的上位概念，或是建言行为的前因变量，因此可以推论出组织公正对建言行为是具有积极的正向影响的。但是也有学者提出了二者之间是具有直接关系的，如程序公正感知更有利于建言准确地表达；当个人感知到的程序公正感很低时，其结果或者否认建言机会的存在，或者认为在组织内建言是没有价值的，所以建言机会、建言行为和建言的意义与程序公正均正相关（Avery & Quinones，2002）。而关于企业组织公正与建言行为之间的直接影响的实证研究确实十分少见，目前可查阅到的文献仅有二篇，其一，中国学者佟丽君、吕娜（2009）以325名企业员工作为研究对象，考察了组织公正、心理授权与员工进谏行为之间的关系，结果表明：程序公正对进谏行为具有显著的预测作用，并且心理授权的自主性、自我效能感与工作影响在程序公正对进谏行为的影响过程中起部分中介作用。其二，Takeuchi、Chen 和 Cheung（2012）依据不确定性管理理论，基于395组经理与员工配对样本，对组织公正的三个维度与建言行为之间的关系做了实证研究。结果发现，互动公正与建言行为具有积极的正向关系；程序公正在其二者之间起到调节作用，具体而言，程序公正感知高时互动公正对建言行为的影响就会弱一些；分配公正进一步调节其间的关系，当分配公正感知较低时，互动公正、程序公正对建言行为影响的两条路径关系都将不太明显。

　　综上所述，无论从理论推演还是鉴于实证研究结论，都可以做出这样的研究假设，即组织公正对建言行为具有正向预测作用。

三　创造力研究回顾

在科技发展、市场变化日新月异的今天，创造力已经日益成为提高组织绩效、保证组织生存与发展的决定性因素。一个组织是否能够源源不断地从其员工那里获得点子和建议，将成为组织能否获得竞争优势的重要前提（Anderson，De Dreu & Nijstad，2004；Zhou & Shalley，2003）。为了比其他竞争组织更早地获取新的不断改善的工作方式所带来的利益，组织越来越重视创造力的培养与激发。纵观近些年来的研究成果，主要包括从个人、团队、组织以及综合分析等四个方面展开。创造力本是依赖于个体内自发性精神而引起的创新性活动，但创造力动机的引发则同样需要合适的外部强化机制。因此，需要进一步研究揭示引发创造力的组织因素或者个人背景因素到底有哪些？从激发或者强化个人特质与创造力之间关系的角度分析创造力的引发过程和具体发生机制，以丰富创造力的理论研究成果。

（一）创造力的内涵界定

创造力（Creativity），是指员工能够在工作领域内，以改进制造方法或管理过程、开发新产品或服务为目的，对生产流程和工作结果提出新颖且有价值的观点（Oldham & Cummings，1996；Amabile，1998）。有关创造力的内涵，学者们从不同的角度进行了阐释，如表2-4所示。具体包括以下几个方面：（1）从创造力的发挥过程来看，创造力是一个独特的思维过程（Stein，1967）。一般要经历界定问题、充分收集信息、萌生新的想法、对初始想法进行持续的评价与修改的过程。（2）从个性特质来看，创造力的主体应该是具有有别于旁人的差异性特征的（Nicholls，1972），个体创造力不同很可能的原因是他们所具备的特质并不相同，因此创造力在个体之间存在高创造力和低创造力的差别。（3）从结果来看，创造力是在人格特质、认知模式和环境因素等诸多因素共同作用下，组织内的某一个体或者群体提出新颖、适合而且有价值的想法的能力（Amabile，1996）。（4）从创造力的起点和类别来看，Unsworth（2001）对结果观点提出了质疑，他认为创造力并非是一个单一的整体，应该基于创造力行为的起点以及新颖性、有用性的类型进行区分。由此，他根据个体动机不同区分出内部动机和外部动机两类；根据需要解决的问题类型不同划分出开放的、发现性问题和封闭的、呈现性问题；借此将创造力分为四类，即反应性创造力、期望性创造力、促成性创造力与主动性创造力。（5）从内容上来看，创造力和创新所带来的成果内容新颖性程度是不一样的。创造力通常是指产生了真正意义的、绝对新颖的东西；而创新却未必，它可能仅仅是就某个组织而言是新颖的，而在其他组织中可能已经被践行过了，因此具有相对新颖的特征（Anderson，De Dreu & Nijstad，2004）。（6）从主体来看，Rank、Pace 和 Frese（2004）指出创造力主要指个体内的认知过程，而创新主要表现为个体之间在工作场所交互作用下的社会过程。（7）从发生阶段来看，有学者指出创造力与创新是内涵完全不同的两个概念，创造力主要指新奇的且有价值的观点的产生，而创新则包括设想观点和具体实施两个阶段（Oldham & Cummings，1996；Shalley & Zhou，2008）。持有上述观点的学者试图在创造力研究的过程中能够对创造力给予更为清楚的界定，然而至今能够清晰地界定创造力和创新之间临界点的研究成果尚未得见。事实上，如果强调创造力仅发生在观点产生阶段，而创新主要发生在实施阶段，借此来区别二者的关系是很困难的。当创造力萌发出一个想法之后，这个新颖的点子会在实施过程中继续发芽、成长，也就是说，因创造力而产生的念头或主意每隔一定的周期就会接连发生一些变化。也有学者通过实证研究加以证实：创新过程的展开随着时间的推移是混乱的、反复的，各个方面都有可能出现曲折前进的情形，在这样一种时而前行、时而后退的过程中，难以清晰地划分出此阶段是创新，而彼阶段是创造力（King，1992）。

表 2 - 4 创造力内涵界定

观点	代表文献	主要内容
过程论	Stein（1967）	创造力的发挥是一个过程，从定义问题，到收集信息，进而产生创新性的想法，此后还需要对创新性的想法进行评价和修改。
特质论	Nicholls（1972）	创造力依赖于创造主体所具有的特质，可根据个体特质把创造力主体区分为高创造力个体和低创造力个体，由于创造力特质高低不同，故而创造能力也会有所不同。
结果论	Amabile（1996）	创造力是一种结果变量，是组织内的个体或者群体提出新颖且有用想法的能力。
综合论	Unsworth（2001）	创造力行为并非是单一的，可根据主体进行创造性活动的动机（内部和外部动机）、需要解决问题的类型（开放的、发现性问题和封闭的、呈现性问题）来定义创造力。因此，创造力可分为4类：反应性创造力、期望性创造力、促成性创造力与主动性创造力。

续表

观点	代表文献	主要内容
阶段论	Oldham & Cummings (1996) Shalley & zhou (2008) King (1992)	学者们有两种观点：其一，认为创造力是创新的前置阶段，创造力主要指产生了新奇且有价值的观点，而创新则包括设想观点和具体实施两个阶段。其二，认为创造力会周期性的接连发生，不会在某个具体的时间点停下来。而创新过程的展开也会随着时间的推移反复、曲折前进，难以用时间点清晰地划分出哪一阶段是创新，哪一阶段是创造力，因此没有必要、也不可能做具体的区分。
主体论	Rank，Pace & Frese(2004)	创造力主要指个体内的认知过程，而创新则主要表现在工作场所内个体之间相互作用的社会过程。
内容论	Anderson，De Dreu & Nijstad (2004)	创造力和创新在内容上新颖程度是不一样的。创造力一般认为是真正意义的、绝对的新颖，而创新却未必，它可以是仅仅就某个组织而言是新颖的，即具有相对新颖的特征。

资料来源：作者整理。

综上可知，从本质上说，创造力与创新在时间过程上既可能衔接也可能相互交叉，新观点的产生并不一定是创新的前置阶段，也可能发生在创新的过程之中（Zhou & Shalley，2010）。因此，只要员工有意识地提出或者应用新点子、新方法、新实践，都可以被视为在从事创新（Anderson et al.，2004；West & Farr，1990）。可见，学者们越来越倾向于不再严格区分二者。因此，一个综合的创造力的定义也许更加有利于研究组织内新元素或新实践的产生方法。于是，创造力的内涵可以将之界定为，在工作场所内，具有一定特质的个人或者群体，在内外部因素的综合影响下，针对特定的问题通过收集信息，进而产生创新性的想法，并不断在实践中加以修改与评价，最终形成具有新颖性和有用性的观点、想法或实践的过程。

（二）创造力的研究视角

有关创造力的研究，研究学者们设计了不同的研究框架以分析创造力的激发机制，从现有文献来看主要包括有四个研究视角（Anderson，Potočnik & Zhou，2014），具体内容如下：

第一，成分要素视角。

在这一视角下，学者们试图通过揭示激发创造力的要素，来解释创造力的发生过程。研究中发现，工作环境中确实存在着各种因素会对创造力产生影响（Amabile，1997），而这一论断是成分要素视角下进行创造力研究的重要前提。学者们的研究结果验证了，激发个人或者小团队创造力的影响因素主要有三个，即专业、创新思维技能和内在动机；而在组织规模较大的工作环境下，影响员工创造力的因素却与此不同，包括：创新动机、可控资源（包括充足的资金、时间可支配性和人力资源）以及管理实践（如挑战性的工作、上级的激励等）（Amabile，Amabile & Conti，1999）。综上可以看出，无论是个人、小团队还是较大规模的组织，激发创造力的共同因素是动机。也就是说，在引发某种行为或产生某种想法的心理作用机制中，动机是最为重要的因素。因而挖掘能够引起员工动机的工作环境中的潜在动力源，对激发员工创造力是具有重要意义的（Shalley，Zhou & Oldham，2004；Zhou & Shalley，2010）。

第二，交互作用视角。

该视角强调创造力不是个体自发产生的，而是在一定环境下，在与各种人或事彼此影响的过程中产生的，因此创造力是一个复杂的交互作用的过程。有学者指出创造力是个人与其所在组织中的不同层面的工作环境之间相互作用的结果（Woodman，Sawyer & Griffin，1993）。具体来讲，在个体层面，个人创造力是个人在成长过程中或者工作过程中，逐渐形成的认知风格和能力（如发散思维）、个性特征（如自尊）、相关知识、动机，以及受社会反馈（如奖励）和组织背景（如物理环境）等因素的共同影响下形成的能力。在团队层面，创造力是个人在与团队成员的互动过程中表现出的创造性行为，这与所在团队的特征、组织文化、组织的报酬体系以及团队的流程等方面密切相关。在组织层面，创造力是个人与团队共同作用的结果。一些学者验证了背景因素和个人因素相互作用在引发创造力方面的意义，并提出了激发或抑制创造力的概念模型，这一模型已经被广泛认可和应用（Shalley，Gilson & Blum，2009；Yuan & Woodman，2010；Zhou & Shalley，2010）。

第三，个人行为视角。

一个人选择什么样的行为方式，打算做什么类型的事都需要决策与实施的过程。员工在工作场所中，选择发挥创造力做挑战性的工作，还是选择做流程化、循规蹈矩的工作，一定有其行为发生的内在机制。就此，学者们进行了分析并得出影响员工做出何种决策行为的原因，一般包括：意会的过程、动机、知识与技能等三个方面（Anderson，Potočnik & Zhou，2014）。也就是说，个人创造力的激发是这三个因素联合作用的结果，缺少任何一个因素，个人都将可能不会从事创造性行为。而在这三个方面的研究中最多的是动机。有研究表明创造力动机的产生原因包括目标和信念（如期望自己的创造力是有价值的或者创造行为是有回报的）（Janssen & Yperen，2004）、自我效能感（认为自己具有创造力并对自己的创造力有信心）（Gong，Huang & Farh，2009；孙彦玲、杨付、张丽华，2012）、情感（对某事感兴趣或者憎恶）（Raja & Johns，2010）。Janssen（2005）通过实证研究验证了如果员工感知到主管会支持员工的创造力行为，那么他们就会被鼓励在工作中努力发挥创造力；反之亦然。也就是说主管支持在员工感知到的影响与创造力（或创新）的水平之间具有调节作用。Unsworth 和 Clegg（2010）通过半结构化访谈的方式，探索创造力展开的影响因素和过程，指出一般工作动机、创造力需求、支持型的组织文化、时间资源和自主权是决定是否展开创造力行为的线索要素，如果根据以往的经历判断创造力是有价值的，那么接下来员工会继续表现创造行为。

第四，文化差异视角。

创造力文化差异视角的研究提供了一个新的创造力分析框架，主要集中于全球化背景下，不同文化背景的创造力是否有所不同。这类研究对于跨国公司，以及涉及跨文化管理的企业具有重要的意义（Zhou & Su，2010）。关于创造力方面的东西方文化对比分析的研究成果甚微，亟须对文化差异带来的创造力影响进行深入研究（Morris & Leung，2010）。就现有研究文献来看，（1）关于个人创造力。文化的不同确实对个体的创造力是有影响的，任务和社会背景会调节个体文化价值观（个人主义、集体主义、权力距离和对不确定性的规避）与创造力之间的关系（Erez & Nouri，2010；张鹏程、刘文兴、廖建桥，2011）；文化也会调节领导、主管、同事和社会网络对创造力的影响（Zhou & Su，2010）；此外，文化也会影响到创造力的评估（Hempel & Sue – Chan，2010）和创造力发生的过程（Chiu & Kwan，2010）。近期学者证实，来自严苛文化背景国家（Tight cultures）的个体与来自宽松文化背景国家（Loose cultures）的个体相比，更加不愿意接受、也很少能够完成国外的创新性任务（Chua，Roth & Lemoine，2015）。（2）关于团队的创造力。Zhou（2006）在家长式领导的控制模型中，分析了东西方文化差异带来工作团队内部文化的不同，进而会影响到创造力。具体而言，在东方国家，对人事或者与任务相关的决定采用家长式领导模式的组织有利于培育内在动机和创造力；而在西方国家则完全相反，家长式的控制必成为抑制创造力的因素。另外，团队文化的多样性对创造力也具有积极的影响，因为文化多样性会引发团队分歧，分歧会促使创造力的萌生（Stahl，Maznevski，Voigt & Jonsen，2009）。此外，有学者指出不同国家间的文化距离也会成为影响创造力的重要因素。在一个团队中，如果其成员来自同一个国家，或者虽然所属国不同但国家间的文化背景较为相近，那么严苛的文化会促使创造力的成功，由此可以推断聚敛思维在严苛文化背景下是有利于创造力发挥的，而不是如以往研究中所确认的那样——只有发散思维才是创造力表现的先决条件（Chua，Roth & Lemoine，2015）。

综上可知，通过文献回顾，学者们从不同的视角研究了创造力的发生机制，现有的概念模型对组织不同层面进行了分析，一些研究集中于团队层面（输入输出过程），一些研究集中于个人层面（个人创造力行动模型）。但由于创造力的发生不仅仅源自个人的特质，而在很多情况下会受到外界环境的影响，包括组织层级间的影响，因此在进一步研究中需要设计跨层次概念模型，在综合模型下研究从想法产生到创意的实施整个过程的发生机制。

（三）创造力影响因素研究

关于创造力的研究，无论是个人层面，还是组织层面，都需要明确地阐释到底有哪些因素会对创造力具有促进或抑制的作用。张燕、怀明云、章振、雷专英（2011）根据以往文献归纳出一个有关创造力的综合研究框架，如图2-2所示。本书通过文献回顾，概括了影响创造力的主要因素，包括个人因素、任务背景、社会环境、组织关系。

第一，个人因素。

影响创造力的个人因素主要反映了个体间差异的影响，当员工的心理感受、认知或能力有所不同，其可能发挥创造力的概率和水平就会有所差异。

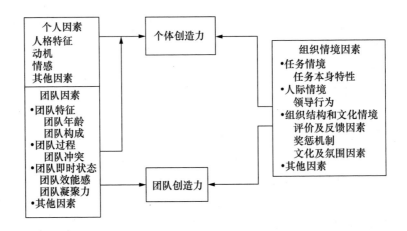

图 2 - 2　组织内创造力的综合研究框架

资料来源：张燕、怀明云、章振、雷专英：《组织内创造力影响因素的研究综述》，《管理学报》2011 年第 2 期。

（1）个性特质

一些学者针对大五人格的各个维度在与组织背景因素相互作用之下，是否会对创造力有提升或抑制作用的问题进行了研究。George 和 Zhou（2001）研究构建了关于大五人格与创造力之间关系的复杂模型，其结论包括当工作职责要求较高时，外向性和情绪稳定性与创造力均呈现负相关关系；当工作职责较低时，开放性对创造力具有积极的影响；宜人性、责任心与创造力之间的关系不显著。此外，一些研究成果对大五人格中的部分维度与创造力之间的关系进行了验证，如，开放性与个体创造力之间存在正相关关系（Baer & Oldham，2006；Feist，1998）；Madjar 和 Ortiz - Walters（2008）又进一步指出来自无工作关系的个人情感支持对于低开放性员工（与高开放性员工相比）的创造力具有更强的作用；而有关责任心与创造力的关系，Raja 和 Johns（2010）指出责任心对创造力的作用会受到主管、同事与员工关系的影响，当高责任心的员工遇到主管密切监控且同事对其工作不支持时创造力就会比较低。因此，虽然人格特质与创造力关系的研究成果并不是很多，但是依然可以看出个性与创造力还是存在一定关系的。

（2）自我概念

有关创造力与自我概念的研究，包括分析自我效能（即一个人通过自我审视，认为自己能够发挥创造力的程度）（Tierney & Farmer，2002）、角色认同（Farmer, Tierney & Kung–McIntyre，2003）、个人形象（Jaussi, Randel 和 Dionne，2007）对创造力的影响研究。Farmer, Tierney&Kung–McIntyre（2003）指出当个体从事一些具有挑战性的或者复杂性的工作时，就会产生强烈的内在动机，对工作的兴趣也会有所增强，此时很容易激发较高的创造力。Jaussi、Randel 和 Dionne（2007）关注于角色认同在创造力方面的预测力，通过跨层次回归分析，支持了主体创造力自我效能的角色认同对创造力具有显著影响。Tierney 和 Farmer（2011）指出员工创造力的角色认同感提高以及相关主管对创造力抱以积极期待的感知提升，都会增强员工创造力的自我效能感，而随着时间的推移，自我效能的提升将会带来创造力的提升。此外，还有学者通过研究验证了具有多重身份且能够高水平地协调不同身份角色冲突的员工更有意愿进行创造，原因是他们能够将不同身份和不同经历加以兼容并完成有效说服他人的工作（Cheng, Sanchez–Burks & Lee，2008；Mok & Morris，2010）。总之，当员工认为自己是具有创造力的，或者认为自己可以发挥出优秀的创造力，或者认为自己的创造力能够得到正面认可，那么创造力都将更易于发生。

（3）动机

内部动机是激发创造力的一个重要的因素（Amabile，1996）。作为一种心理机制，一些学者研究验证了任务和社会背景的影响，以及他们与个人动机差异互动过程的影响（Shin & Zhou，2003；Zhang & Bartol，2010）。Grant 和 Berry（2011）指出当亲社会动机较高时，内部动机和创造力之间的积极关系是较强的。

此外，还有一些学者通过研究验证了其他个人因素对创造力的影响，如价值观（Shin & Zhou，2003；Zhou, Shin & Brass, et al.，2009）、思维方式（Clegg, Unsworth, Epitropaki & Parker，2002；Miron–Spektor, Erez & Naveh，2011）、知识和技能（Howell & Boies，2004；Choi, Anderson & Veillette，2009；Baer，2012）、目标导向（Hirst, Knippenberg & Zhou，2009）以及心理状态（Amabile, Barsade, Mueller & Staw，2005）等个人因素对创造力的影响，这些研究成果将有利于揭示创造力的发生过程。

第二，任务背景。

员工作为组织的一员，嵌于组织内部为完成一定的工作任务而存在，因此其创造力的发挥会受到工作任务本身直接或间接的影响。（1）工作的复杂性与创造力之间是具有关系的（e. g. , Oldham & Cummings, 1996；Tierney & Farmer, 2004）。Hackman 和 Oldham（1980）对工作复杂性作了界定，认为当工作的承担者所接受的工作具有技术多样性、有意义且明确、具有自主性并可反馈，那么便可将之界定为工作复杂性，工作复杂性对创造力的发挥具有积极的意义。（2）工作要求与工作目标对创造力具有积极影响（Shalley, 2008；Unsworth & Clegg, 2010；Unsworth, Wall & Carter, 2005），当工作内容要求清晰，工作目标明确，那么会激发员工创造力。马君、张昊民、杨涛（2015）研究了成就目标导向、团队绩效控制对员工创造力的影响，结果表明，在高绩效控制情境下，高精熟（Mastery Orientation）目标导向抑制员工创造力；而表现导向（Performance Orientation）并非总是导致创造力缺乏；提高表现——回避导向个体的绩效控制程度或者降低表现—趋近导向个体的绩效控制程度是可以促进创造力的。（3）时间的压力对创造力具有积极的影响（Ohly & Fritz, 2010；张剑、刘佳, 2010）。但也有学者提出了不完全相同的观点，Baer 和 Oldham（2006）指出工作压力与创造力的关系呈倒 U 形，过高或过低的时间压力都不会产生较高的创造力，而适度的时间压力才会在有组织支持并且开放的组织情境下对创造力产生促进作用。（4）报酬对创造力的贡献，目前研究成果并没有一致的结论。Eisenberger 和 Rhoades（2001）指出绩效报酬的预期会通过提高员工自决意识和工作兴趣进而提升创造力。Baer、Oldham 和 Cummings（2003）指出在员工持有适应性认知，并且工作的复杂性水平较低时，报酬与创造力之间具有积极的关系，而在其他情况下报酬和创造力之间的关系并不明显。Eisenberger 和 Aselage（2009）指出存在视绩效而定的外部报酬（尤其是组织曾经承诺过的外部报酬）将不会减低员工的内部动机，而是会提升与绩效报酬强化相联系的创造力。Yoon、Sung 和 Choi 等（2015）研究了无形报酬和有形报酬与创造力之间的关系，结论显示基于创造力而得到的无形报酬对员工完成任务的内在和外在动机都有积极的影响；员工的创造力与外部任务动机存在正相关关系，有形报酬形式与外在任务动机呈负相关关系。可见，无形报酬对于创造力以及工作动机的引发更具有意义。

综上可知，由于工作任务和背景各不相同，员工在工作中对工作本身、工作过程或者工作结果情况的认知反馈和行为反馈会在一定程度上影响其是否发挥创造力的决心和行为。

第三，社会环境。

创造力虽然是员工个体行为，但是外界环境也会影响创造力内因的发生。具体而言，可以从以下因素来分析背景环境的作用与影响。（1）领导风格。虽然领导风格对创造力具有重要的影响在理论界基本形成了共识（Tierney，2008），但实证研究的结论却并不同一。一些研究表明变革型领导对创造力具有积极的正向作用（Bono & Judge，2003；Pieterse，Knippenberg，Schippers & Stam，2010；刘景江、邹慧敏，2013）。而 Hirst、Dick 和 Knippenberg（2009）研究结论显示，变革型领导对创造力并不存在直接作用，即非主效应；变革型领导中的四个维度，只有感召力在员工团队认同感与创造力之间具有调节作用。围绕变革型领导对创造力是否始终具有正向影响这一课题，中国学者也进行了相关研究。实证研究结果显示：变革型领导是具有"光明面"和"阴暗面"的，即不同形式的压力感知在变革型领导与员工创造力关系中所起的作用并不是一致的，由挑战性工作产生的压力会起到正向中介作用，而由负荷性感知带来的压力则产生了负向中介作用（蔡亚华、贾良定、万国光，2015）。除变革型领导以外，有学者研究了魅力型领导与员工创造之间的关系，结果显示魅力型领导通过心理安全机制，以及员工的知识共享行为对员工的创造力起到正向促进的作用（张鹏程、刘文兴、廖建桥，2011）。王永跃、叶佳佳（2015）研究了伦理型领导与创造力之间的关系，通过对 308 名员工配对样本的问卷调查，研究伦理型领导对员工创造力的影响机制，在这一机制中创造力自我效能感具有中介作用，员工绩效在其间具有调节作用。（2）监督管理。一些学者关注于主管监管行为对创造力的影响，包括主管支持（Madjar，Oldham & Pratt，2002）、对创造力的期望（Carmeli & Schaubroeck，2007）、授权行为（Zhang & Bartol，2010）、监督仁慈（Wang & Cheng，2010）、辱虐管理（Liu，Liao & Loi，2012）等变量都对创造力具有积极作用。（3）工作反馈。Zhou（2003）指出工作进展反馈对创造力具有正向作用；De Stobbeleir、Ashford 和 Buyens（2011）发现反馈调查与创造力具有直接的正向关系。除上述三个背景因素之外，学者们还对组织公正感知的各维度以及社会网络中员工地位对创造力的影响进行了研究，但尚未有明确的结论（Khazanchi & Masterson，2011；Baer，2010）。

综上可知，近年来关于创造力作为结果变量的研究成果已日渐丰富，分别从个人因素、工作背景因素和社会因素等方面分析了对创造力的影响情况，为深入研究创造力的发生机制奠定了坚实的基础。但是应该看到，目前所涉及的个人因素和背景因素前因变量还是比较有限的，比如组织公正感知等一些十分重要的背景变量对创造力的影响并没有得到确定的研究结论，因此还需要进一步验证。

第四，组织关系。

组织层面下的分析，就是将创造力置于组织内，采用跨层次分析方法对其影响因素加以研究，以在更加完整的情境下分析创造力的形成过程。（1）自主支持或自主定向。Liu、Chen 和 Yao（2011）调查组织内三个层级的数据，探讨了高层及团队层面的自主支持和个人的自主定向对个人工作创造力的影响，发现其间是具有积极正向作用的。（2）学习导向。Hirst、Knippenberg 和 Zhou（2009）试图揭开学习导向与创造力之间是否存在关系，研究表明二者之间存在积极的作用关系，并且这种关系会受到团队学习行为的调节。具体而言，二者之间的关系在团队层面调节作用较强，而在高层和基层，其调节作用较弱。此后，Hirst、Knippenberg、Chen 和 Sacramento（2011）继续就此问题展开研究，又发现学习导向对个人创造力的积极影响，要求员工所在的组织具有低集权化和规范化的特征。（3）身份认同。Thatcher 和 Greer（2008）验证了团队层面的身份认同（Identity Comprehension）与个人的创造力之间具有积极的关系。（4）变革型领导。Wang 和 Rode（2010）在员工对领导者的认同度较高并且创新氛围很浓的情况下，变革型领导与个人创造力存在很强的关系。（5）团队认知多元化。Shin、Kim、Lee 和 Bian（2012）发现当员工自我效能感高时，团队认知多元化与团队创造力显著正向相关；当员工所在团队处于高水平的变革领导之下，团队认知多元化与团队成员创造力显著正向相关。综上可知，在组织内通过跨层次分析方法分析创造力问题，有利于揭示在组织内不同层级间如何借助媒介传递促使创造力发生的过程。

（四）创造力相关研究述评

现有关于创造力影响因素和组织内形成机制的研究成果较多，基于个人和组织层面的分析框架，已经证实了创造力与个人特质、价值观、思维方式等个人因素（Raja & Johns，2010；Zhou，Shin & Brass et al.，2009；Miron - Spektor，Erez & Naveh，2011），与工作复杂性、目标要求等任务内容因素（Shalley，Gilson & Blum，2009；Unsworth & Clegg，2010），与领导风格、顾客影响、公正氛围等组织背景因素（Tierney，2008；Madjar & Ortiz - Walters，2008），以及与知识网络、组织规模等组织层面因素（Damanpour，2010；Phelps，Heidl & Wadhwa，2012）密切相关。这些研究成果或从单一层面分析，或跨层级分析，为创造力的理论研究与管理实践的进一步发展和跃升准备了厚实的基础。通过归纳和整理已有研究文献发现，从研究发展来看，创造力的研究框架逐渐由单一因素转向多因素分析，重心从横截面分析转向跨层级分析；分析层面逐渐由个人层面转向团队或组织层面。可见，创造力的研究在被不断地丰富与推演。但也应该看到，现有研究依然存在一些问题有待解决。

第一，国内有关创造力的研究相对不足。目前大部分有关创造力的研究成果均是以西方文化为背景的，在中国特殊的组织背景下的研究十分有限。中西方文化和社会环境存在着较大的差异，西方的研究成果是否能直接迁移至中国情景下指导实践是需要加以验证的。因此，在本土化背景下对中国企业员工的创造力因何而发生加以进一步的思考和研究，并通过实证研究加以验证是目前理论研究所必需的；而民营企业作为中国市场化特征最为明显的企业组织，将之作为研究对象将具有更为现实而重要的意义。

第二，不同层级间变量的相互作用对创造力的影响研究甚少。组织本身是一个嵌套结构。也就是说，员工个体存在于团队之中，而团队又处于组织之中。创造力的发生机制并不是孤立的由员工个体特质决定，也不是某一组织层面的分析就能够清晰揭示的，它是一个复杂的作用过程，即不同层级的不同要素之间交互影响可能会从不同的方面引发创造力。但是由于跨层次研究需要嵌套于组织一定数量的内部团队数据以及嵌套于团队的员工数据，收集难度较大，因此这方面的研究十分有限。

第三，尚有一些创造力的研究结果没有得出一致的结论。虽然有关影响创造力的前因变量的文献很多，但由于前因变量与创造力的关系可能还会受到其他因素的影响，因此所得结论在很多情况下并不是完全相符的。比如组织公正这一影响因素，虽然学者们认为其对于创造力的影响是客观存在的，但是，并没有直接的、积极的证据加以证明。因此，组织公正的四个维度对创造力的影响研究和检验需要进一步深入。

综上可知，在中国的文化背景下，建立理论模型研究创造力的形成机制，是否与西方研究成果之间存在不同是具有重要意义的。因此本书进行本土化的研究，探讨哪些组织因素会对中国民营企业员工创造力起作用，以及这些要素是如何影响创造力的？组织内各层级之间人际互动情况的变化是否会通过组织层级实现传导，进而影响到员工的个体创造力？以往研究成果已经证实，创造力是由个体创新性活动动机引发，而这种动机的产生需要合适的外部机制强化。那么，在跨层次理论模型下，通过调查研究获得组织内不同层级组织公正感知和员工创造力的数据，考察二者之间的作用与影响，验证创造力在组织内部环境下的发生过程，通过跨层次方法进行其间主效应的研究，揭示高层变量是否会影响中层研究变量，中层变量是否会影响基层员工的创造力，以此为民营企业激发员工创造力的企业管理实践提供理论基础。

四　组织公正与创造力关系研究回顾

社会交换理论认为，员工与组织之间的关系依赖于各方能够遵守互惠规则进行交易（Blau，1964）。因此，当员工为企业做出贡献时，他们期望企业能够提供与其付出相当的报酬。如果组织以不公正的方式对待，那么这种互惠的模式就会被破坏（Gouldner，1960）。Adams（1966）研究发现当一个人产生较强的不公正感时，会采取认知调整、态度变化或行为改变等一系列方式来缓解认知上的不平衡。因此如果组织可以减少或者消除不公正的感知，将有助于提高其员工的工作效率，增加工作投入，减少消极行为的发生。基于此，从20世纪70年代中期起，研究者们已经积极地展开了对组织公正感的效果研究。本书进一步探讨组织公正各维度能否产生员工创造力的后继效果，对现有相关文献成果进行梳理，研究并拓展影响员工创造力的前因变量。

Colquitt 和 Greenberg（2003）在进行组织研究中指出，对组织公正与否的判断影响着员工与其所在组织间的关系。而组织公正是组织重要的背景变量，员工对组织公正与否的感知与员工态度和行为等变量直接相关（Rhoades，Eisenberger & Armeli，2001；Rhoades & Eisenberger，

2002；Anderson，Potočnik & Zhou，2014），而创造力是典型的员工积极行为，因此可以理论推演得出组织公正感知对创造力具有正向影响的结论。

在实证研究中，一些学者通过研究证明了组织为员工提供公平的培训机会、鼓励员工平等地参与组织管理实践、支付绩效薪酬、赋予员工工作自主权等，这些都将对员工高水平创新行为具有重要影响（e.g.，Shipton，West & Parkes et al.，2006）。而参与管理实践、支付绩效薪酬等恰恰是组织公正应有之意。此外，对创造行为公平的且具有支持性的评价对创造力的正向影响也是存在的，这一观点已被许多学者证实（Amablie et al.，1996；Shalley et al.，2000；Woodman et al.，1993）。近些年来，学者们已开始在理论框架下致力于组织公正不同维度对创造力的影响研究。George 和 Zhou（2007）进一步指出只要主管能够通过提供发展反馈、给予信任，或者创设互动公正的支持型的组织背景，无论员工的情绪是积极的还是消极的，高水平的情绪状态都将促使员工展示出最大的创造力。可见，互动公正与创造力存在正向关系。Hyo - Sook Kim（2009）在其研究中还证实了信息公正正向影响员工对组织产生积极反应的论点。而创造力就是员工对组织做出积极反应的一种表现。因此，信息公正对于创造力具有正向作用应该是成立的，但需要通过进一步研究加以验证。有关组织公正与创造力关系的直接研究文献并不多见。Du、Choi 和 Hashem（2012）指出个人的程序公正感知被证实是员工创造力和帮助行为的积极预测变量。中国学者在这方面研究中也取得了突破性的进展，谢俊、汪林、储小平、黄嘉欣（2013）通过对234 名员工及其直属上级的配对样本进行问卷调查，从组织公正的视角探讨了员工创造力的形成机制。研究结果表明，程序公正及人际公正对员工创造力有显著正向影响；心理授权在程序公正与员工创造力的关系中起部分中介作用，在人际公正与员工创造力关系中起完全中介作用。综上，根据文献梳理的结果提出假设：组织公正的四个维度对创造力具有积极的影响。

五　组织公正与建言行为、创造力关系研究现状述评

关于组织公正理论，国外研究比较成熟，已有 40 余载的发展历程；而国内研究起步时间较晚，但近年来这一领域的研究价值已得到广泛关注。国内外学者们为组织公正理论的发展积累了丰富的资料，获得大量的研究成果和诸多有价值的结论。概括来看，组织公正的研究主要围绕以下几个方面展开：（1）何为组织公正？组织公正的结构维度包括哪些？它们彼此关系是否独立？（2）组织公正感对员工的心理和行为是否会产生影响？会产生怎样的影响？（3）员工因何关心组织公正？如何才能提高员工组织公正的感知？目前，组织公正范畴本身的研究日渐成熟，开发并验证了多种测量组织公正各维度的量表，研究重心逐渐转向前因变量与结果变量的探索。从总体上看，对组织公正的研究，不仅有理论性研究，也有实证性研究；不仅有探索性研究，也有验证性研究；不仅有单一层面研究，也有多层次研究；不仅有组织内纵向研究，也有不同文化下的横向比较研究。

诚然，组织公正的研究成果已然相当丰富，但纵观组织公正理论的研究文献，依然可以看到现有研究尚有需要完善之处。（1）组织公正范畴尚需完整科学的界定，概念本身是问题研究的逻辑起点，组织公正概念决定了其构成维度、测量、影响因素以及后果变量等后续研究，然而现有定义基于组织员工个人感受，局限于四个概念维度的分别界定，在一定程度上割裂了彼此关系，缺少作为整体内涵的概括。从组织理论的应用性研究发展来看，应该从对组织整体感知角度去拓展公正理论。（2）组织公正感各维度与建言行为和创造力等结果变量之间的关系尚未有统一认识。虽然在不同的研究文献中证实了分配公正、程序公正和互动公正与组织行为和态度之间存在密切联系，在缺乏公正感的情况下，员工会产生不满情绪、离职倾向，将采取减少劳动付出并出现各种消极行为，但由于研究者们在公正感维度的选择及测量工具等问题上的不同，使得公正感与此二结果变量之间的关系依然不够明确。因此研究结论并不能推及各种情境之中，也无法得到比较一致的结论，因而尚需要在不同情境下不断验证其间的作用关系。（3）国内外组织公正的研究，大多从组织公正某一二个维度的感知与建言行为和创造力变量关系角度进行实证研究。这些研究成果呈现出的问题：其一，把组织公正各维度割裂开来，分别研究了与结果变量的关系，却没有将组织公正四个维度囊括在一个调查研究之中；其二，有关组织公正各维度与建言行为和创造力的研究甚为少见，需要进一步丰富这方面的成果。虽然从大量文献中可以通过理论推演的研究方法，得出组织公正与建言行为和创造力之间在理论上存在关系的结论，但是毕竟实证研究结果非常少见且结论并不一致。也就是说，组织公正与建言行为和创造力的研究，目前仅有一些推论性、描述性和零散的解释，缺少整合的、直接的验证性研究成果。（4）国内学术界对组织公正问题日益重视，但组织公正的垂滴效应研究成果却比较有限。目前对组织公正效果变量的研究成果，总体来看大多是横截面研究；事实上，员工组织公正感知形成于同组织各层级进行交换的过程，因此需要考虑不同层级间的相互作用是否会影响员工对组织公正与否的判断，而目前国内外的研究成果基于组织公正视角的跨层次分析是极为少见的，垂滴效应的研究更是寥寥无几。基于以上的讨论，本书着重探讨组织公正四个维度与建言行为和创造力之间的直接效应，对组织公正与建言行为和创造力间的作用机制进行系统研究，通过组织内不同层级的实证数据分析，验证组织公正各个维度是否存在垂滴影响，以及其对两个结果变量的影响强度，以丰富组织公正理论。

第四节 组织支持相关研究回顾

近年来，伴随人力资源自由流动特征的显化，在组织中如何保持员工对组织的忠诚，如何能吸引并留住优秀人才，成为组织管理实践的重要课题。在这一背景下，组织支持日益引起组织行为与人力资源管理领域学者们的关注。在员工对组织支持感知较高的组织中，员工心理上更愿意相信他们获得了来自组织自上而下的承诺，上下级彼此能够交换意见和看法，并可以敞开心扉化解各种矛盾。员工对自己和企业的未来发展都会抱有更高的期望，因此在这种积极的认知支配下，更容易激发出促进组织发展的持续动力；然而，在组织支持感较低时，员工极易形成积极工作行为衰减的状况，同时还可能发生离职等终止雇佣关系的负面行为。

一 组织支持的内涵界定

组织支持理论（Organizational Support Theory, OST）最早由 Eisenberger（1986）提出，这一理论建立在社会交换理论（Blau, 1964）基础之上。从本质上讲，组织与员工之间的关系是一种基于互惠原则的交换关系，在交换过程中，组织希望员工做好组织成员角色的本分工作，提高对组织的承诺感；员工则希望实现个人利益最大化，回报给予自己支持或帮助的个人或组织。因此组织要维系交换关系的持久与和谐，需要开辟一个新的思路，即单靠某一方主体目标的达成是不够的，组织在期望员工奉献的同时，需要关注对员工工作成果的认可和利益的分享。于是基于组织拟人性化的观点（Levinson，1965），组织支持理论认为，既然员工常常将上级视为组织的代言人，并将他们的意图和行为归结为是组织发出的，那么就可以通过上级表现出对下级的关心与重视，来大大增强员工的组织支持感，进而改善雇佣关系。事实上，只有当组织首先给予员工支持之后，员工才会产生对组织的承诺，进而愿意留在组织内部并反哺组织，这是员工认知形成和行为变化的一般过程。

那么何谓组织支持感呢？组织支持感（Perceived Organizational Support，POS）是员工对于组织重视其贡献和关注其幸福感的全面看法，这一概念包括两个核心要点：其一，员工对组织是否重视其贡献的感受；其二，员工对组织是否关注其利益的感受（Eisenberger，Huntington，Hutchison & Sowa，1986）。其实，组织支持是员工的社会情感需求，在与组织交换的过程中逐渐形成的感知系统里，员工会对组织如何看待自己的贡献以及是否关心自己的幸福做出识别，从而形成对组织的判断，一旦形成了正面的知觉与看法，员工就会愿意为组织的利益付出更多的努力。

二 组织支持的结构

如前所述，在正式的或者非正式的组织中，代理人能否采取支持性的措施是员工判断组织对其关注与否的依据。当员工怀有较高的组织支持感时，在互惠交换原则的作用下，员工内心会无形地产生回报组织的心理压力，从而促使其增加工作投入并改善绩效表现。于是，一个关键的问题需要探讨，即组织需要为员工提供哪些支持，员工才会产生积极的心理预判呢？因此，对组织支持结构维度的研究就显得尤为重要。然而，目前学术界对组织支持的结构维度并没有达成统一的认识，本书通过梳理现有相关文献，将已有的组织支持维度划分观点列举如下，详见表2-5。

根据学者们关于组织支持结构划分的阐述，可以看出组织支持的维度大致可以分为四种观点，其一，认为组织支持是一维结构，这种观点强调组织对员工的支持主要是情感支持，当员工在感情上认可组织了，那么就会更忠诚于组织，并在行为上表现得更为积极；其二，认为组织

表 2 – 5　　　　　　　　　　　组织支持的结构维度划分

维度	学者	观点
单维度	Eisenberger, Huntington, Hutchison & Sowa（1986）	所开发的组织支持感测量问卷是一个包括 36 个题项的自陈式量表。主要从员工所反映的组织情感性支持来建构量表维度，认为员工将来自组织代理人的关心、尊重和支持等对待方式作为依据，来评价组织是否认可他们的贡献以及是否关心他们的福利。
二维度	Mcmillin（1997）	员工完成工作除了需要情感支持之外，还需要工具性支持，以保证工作正常开展。基于此提出了组织支持的整合模型，即包括工具性支持和社会情感支持两个维度，工具性支持包括资讯、物质和人员等方面的功能性支持；社会情感支持包括亲密的、尊重的支持和网络整合支持。
	Rousseau & Tijoriwala（1998）	组织支持包括社会或情感支持和与职业相关的工作支持两个维度。
	凌文辁、张治灿、方俐洛（2001）	组织支持包括来自生活的支持和来自工作的支持两个维度。
	Muse & Stamper（2007）	组织支持包括与人的关系相关的因素和与工作相关的因素。
	Pazy（2011）	基于任务——人性二元性，组织支持包括聚焦任务的组织支持和聚焦个人的组织支持。
三维度	Kraimer & Wayne（2004）	针对外派员工的调查，发现组织支持主要包括感知适应性支持、感知事业性支持和感知经济性支持三维度。
	杨海军（2003）	将企业员工的组织支持感区分为工作支持、关心利益和价值认同等三个方面。
多维度	Chong, White & Prybutok（2001）	组织支持包括高层管理者支持、中层管理者支持、一线直接上级支持、生产员工间的相互支持和行政管理人员支持等五个维度。
	刘智强（2005）	在其博士论文中将组织支持感区分为职业协助支持、上级支持、公正性支持、工作保障支持、尊重支持、亲密支持和社群支持等方面。

资料来源：作者整理。

支持应该是二维结构的，持有这种观点的学者虽然在维度名称的选择上略有差异，但是究其实质，主要强调对员工的支持不仅仅是感情上的，还需要技术层面上的。具体而言，感情支持虽然有助于员工满足社会和心理的需要，但如果在工作中没有给予物质的、技术层面的支持，即无法满足员工完成工作的客观要求，那么正所谓"巧妇难为无米之炊"，员工有好的意愿也未必能够实现好的期望结果；其三，认为组织支持是三维的，学者主要从经济方面、精神层面和发展方面划分组织支持的维度；其四，认为组织支持可以是多维的，持有这类观点的学者或从支持的主体划分，将组织支持分为高层、中层、直接上级、员工和行政管理者等提供的支持，或从支持的客体划分，即组织具体提供了哪些方面的支持，可见组织支持的维度划分得越来越细致。综上可知，虽然学者们对于组织支持的结构维度并没有形成一致性观点，但是从已有的关于组织支持结构分析的成果来看，组织支持可以在内容上是多维的、给予支持的主体也可以是多维的，这不仅拓宽了组织支持的研究范畴，而且使研究能够在更为广泛的视野下进行分析。后续研究可以聚焦于组织提供怎样的支持才会对员工产生影响，并探讨支持的背后会对员工的哪些行为具有积极的或者消极的作用，同时也可以有效地分析组织支持感形成的原因。

三　组织支持的影响因素

基于人际交往的互惠性原则，Stinglhamber 和 Vandenberghe（2003）认为组织支持感会使员工产生以更高的工作积极性回报组织，并为组织做出贡献的责任感。在组织背景下研究组织支持感是一项颇具价值的任务，因此需要探讨到底哪些因素会引发组织支持感，以及员工认同组织支持会对组织产生怎样的影响？目前，关于组织支持感的前因变量和结果变量的研究已经成为组织支持感研究中的重点内容，并已取得了较为丰富的研究成果。

第一，组织支持的前因变量研究。

在影响组织支持感生成的预测变量研究中，诸多学者发表了不同的观点。（1）组织公平。西方学者或通过元分析的方法、或通过实证分析的方法，验证了程序公正是组织支持的重要前因（Rhoades & Eisenberger，2002；Ambrose & Schminke，2003）。Loi，Hang yue 和 Foley（2006）指出程序公正和分配公正都有利于组织支持感形成。中国学者也验证了组织公平有利于促进员工 POS 的形成（秦志华、傅升、蒋诚潇，2010）。（2）上级支持感。由于直接管理者对员工技能发展、工作开展和绩效认可有着重要的影响，因而上级是否关心和重视自己是尤为重要的。因此一些学者研究了上级支持感与 POS 之间的关系，印证了上级支持感对 POS 具有正向影响（Rhoades & Eisenberger，2002；Shanock & Eisenberger，2006；Islam，Ahmed & Nawaz，2015）。（3）人力资源管理实践。企业员工与组织发生关系是借助各种人力资源管理实践实现的，于是探索 POS 前因时，可以通过实证研究的方法将人力资源管理实践与 POS 进行相关分析，以验证二者之间的关系。Allen、Shore 和 Griffeth（2003）为了探索 POS 的前因变量，构建了 POS 对自愿离职的影响模型。通过对两个不同组织的样本进行调查研究，结果显示：参与决策、分配公正和成长机会等支持性的人力资源管理实践对 POS 的形成具有积极的影响。在中国文化背景下，对 149 名来自不同形式企业的员工进行了调查研究，发现精神上的关怀、物质生活上的关心、良好的工作环境、工作保障、培训和职业发展等六个具体的人力资源管理实践对 POS 具有直接影响。与此类似的研究结论还有，Wang、Zhong 和 Farth（2000）通过关键事件法，基于员工的描述进行了严格的内容分析，得出 POS 与员工健康福利、薪酬和边缘福利、家庭的福利、权利、尊严和成长发展机会相关。陈志霞、陈传红（2010）指出支持性人力资源管理实践，具体包括上级支持、参与决策、组织公正等，都对提高员工 POS 具有积极的影响。Armstrong‐Stassen 和 Ursel（2009）通过实证研究方法检验了两个不同的样本，测试组织职业生涯因素与老员工续留组织意图关系的概念模型，结果表明培训与开发实践对 POS 具有正向影响，而工作高原和晋升停滞对 POS 具有显著负相关关系。

此外，还有学者指出待遇和良好的工作条件、工作自主性、社会策略化（Socialization Tactics）、组织认同、员工个性特征、责任心、上级的身份地位以及年龄、性别、受教育程度和任期等人口统计学特征也是影响 POS 的重要因素（许百华，2005；Allen & Shanock，2013）。综上可知，根据已有的研究成果对组织支持的形成过程所做的概括，组织支持的形成可以从两种角度来加以解释：另一种是基于社会交换过程，如上级支持、人力资源管理的实施等管理实践；一种是员工对组织特征的感知，如组织公正与否的认知。

第二，组织支持的结果变量研究。

组织支持感对与员工工作关联的态度和行为均起着重要的影响作用，一些学者研究了组织支持会带来一系列的结果影响。（1）感情承诺。Stinglhamber 和 Vandenberghe（2003）指出 POS 能够通过三条路径影响员工对组织的感情承诺。其一，组织支持感会引起员工的责任感，进而形成员工为组织利益和组织目标以更高的组织承诺和更多的努力加以回报的感情基础；其二，组织支持感会帮助员工形成自我尊重、组织认同、强归属意识，这种情感需求的满足会提升其对组织的感情承诺；其三，组织支持感还有利于员工获得被组织成员支持、理解和认可等一系列积极的情绪体验，从而产生更为深刻的感情承诺。此后，一些学者也证实了 POS 对感情承诺的积极影响（Bishop，2005；吴继红，2006）。（2）工作满意度。一些学者证实了 POS 与员工满意度之间存在正相关关系（Nye & Witt，1993；Riggle，Edmondson & Hansen，2009；苗仁涛、孙健敏、刘军，2012；Islam，Ahmed & Nawaz，2015）。（3）工作绩效。企业员工的组织支持感对任务绩效有显著的正向影响（Kraimer，2001；吴继红，2006；陈志霞，2006）。Kawai 和 Strange（2014）又进一步证明了工作调整在组织支持和任务绩效之间具有完全中介作用。（4）消极工作行为。Allen、Shore 和 Griffeth（2003）对 POS 与离职意向、消极怠工、缺勤等消极行为之间的关系进行了研究，研究表明较高的 POS 可以提高员工的组织承诺、出勤率以及工作准时率等积极行为，POS 与消极行为负相关。还有一些学者指出 POS 会使员工产生支持组织目标实现的责任感，进而会减少消极行为和反生产行为的发生（Wayne，2003；Allen & Shanock，2013；郭文臣、杨静、付佳，2015）。（5）创造力。关于组织支持感与创造力之间的关系，学者们从组织支持的某一个或者某几个维度进行相关分析。Choi 和 Chang（2009）指出管理者的支持与创造力具有积极关系。Raja 和 Johns（2010）证明员工得到的所在单位以及有工作关系的个人情感支持和来自单位以及无工作关联个人的信息支持对创造力是具有积极影响的。王端旭、洪雁（2010）研究证明了领导支持行为对员工创造力有显著正效应，内部动机和心理投入在其间具有中介作用。Yu 和 Frenkel（2012）通过对中国 206 名银行职员进行调查，实证研究结果显示，组织支持以团队认同和成功预期为中介对创造力具有正向影响。其他学者也进行了组织支持与创造力之间关系的研究，均得到 POS 对创造力具有正向影响的结论（Frese，Teng & Wijnen，1999；Farh，Hackett & Liang，2007）。（6）建言行为。Turnley 和 Feldman（1999）曾指出，当组织背景被员工认知为缺少支持的时候，员工就会得出自己的建言行为是徒劳的，甚至还会因此而得出可能会影响到他或她的形象和职业发展的预判，因此潜在的建言动机就会被抑制。孙锐、石金涛、张体勤（2009）指出支持性同事关系有助于提高企业内的建议气氛，鼓励员工表达他们与工作有关的看法和建议。李锐、凌文辁、方俐洛（2010）验证了上司支持感知对下属的促进性建言和抑制性建言均具有显著的正向影响；组织心理所有权在上司支持感知与促进性建言之间起部分中介作用，上司信任和组织心理所有权在上司支持感知与抑制性建言之间起完全中介作用。（7）组织公民行为。有研究验证了企业员工的组织支持感对组织公民行为有正向影响（Chen，Aryee & Lee，2005；宗文、李晏墅、陈涛，2010）。Chiaburu、Chakrabarty、Wang 和 Li（2015）又进一步指出较高程度的集体主义、权力距离、不确定性回避和女性气质等文化因素会强化组织支持对组织公民行为的影响。（8）心理契约违背。袁勇志、何会涛（2010）通过对中国 342 名员工的调查数据进行实证研究，结果表明，POS 和领导成员交换关系（LMX）对心理契约违背都产生了显著的负向影响。

第三，组织支持作为中介变量的研究。

一些学者针对组织支持作为中介变量的关系模型进行了研究。Rhoads、Eisenberger 和 Armeli（2001）通过对 367 名来自不同组织的员工进行调查，研究结论显示 POS 在组织报酬、程序公正、主管支持与感情承诺之间具有中介作用。Allen、Shore 和 Griffeth（2003）在研究中证明 POS 在组织承诺和工作满意度关系间具有中介作用。Loi、Hang-yue 和 Foley（2006）建立了一个假设模型，以 514 名香港执业律师为样本进行多层回归分析，结果表明，POS 在组织承诺和员工离职意愿之间具有中介作用。刘慧萍（2009）指出组织支持在薪酬公正对组织公民行为的作用机制中具有中介作用。李锐、凌文辁、柳士顺（2009）验证了 POS 在不当督导与促进性建言之间具有完全中介效应。陈志霞、陈传红（2010）验证了 POS 在支持性人力资源管理实践与员工工作绩效之间起着重要中介作用。苗仁涛、周文霞、侯锡林、李天柱（2012）

通过对 483 对下属与直属上司配对样本进行调查，研究发现 POS 在分配公平、程序公平、互动公平与组织公民行为之间，以及与绩效结果之间起部分中介作用。林声洙、杨百寅（2013）通过问卷调查某韩国在华跨国公司的 356 名普通员工，运用回归分析对假设进行了检验。实证结果显示，员工组织支持感在仁慈领导、德行领导与员工工作满意度之间起部分中介作用。Khan，Mahmood 和 Kanwal 等（2015）发现组织支持感在主管支持与工作偏差行为之间起到部分中介作用。可见，已有研究表明组织支持感可以作为感知与感知之间，感知与行为之间的中介变量，因此可以建立以组织支持为中介的组织公正感知对建言行为和创造力影响的概念模型。

第四，组织支持作为调节变量的研究。

近年来，国内外学者开始关注组织支持作为调节变量的研究。Butts、Vandenberg 和 DeJoy 等（2009）在研究高工作卷入过程时，使用结构方程建模技术，通过实证检验得出结论，组织支持在心理授权与工作满意度、组织承诺、工作绩效和工作压力四个结果变量之间均具有调节作用。Wikhamn 和 Hall（2014）在研究 POS 在责任感与工作满意度之间作用机制时，通过两个样本验证了 POS 调节着责任感对工作满意度的作用关系，在较高组织支持感下，责任感与满意度积极相关，反之亦然。Scott，Zagenczyk 和 Schippers 等（2014）指出组织支持在同事排斥（Co – Worker Exclusion）与绩效结果间具有调节作用。Malik 和 Noreen（2015）以 210 名教师为样本，验证了 POS 在情感福祉与职业压力之间具有调节作用。黄海艳（2014）以 331 个有效样本作为实证分析数据，结果发现：组织中的非正式网络对个体创新行为有显著的正向影响；POS 正向调节非正式网络与创新行为之间的关系。陈浩（2011）通过 296 个有效样本进行实证验证，研究结果表明：工作要求与创新工作行为显著正相关；员工感知的组织支持在工作要求与创新工作行为之间具有正向调节作用；在工作要求压力下，员工感知到较高组织支持时更容易产生创新工作行为。

可见，随着关系双方积极交往的加深，员工对组织提供支持的认知程度会提高，彼此之间产生行为损失的可能性会逐渐降低，进而有利于员工行为水平和方式的改善。员工组织支持感程度高，易主动获取或接受各种工作信息并产生合作动机，因此组织支持感将更可能带来积极的工作行为、强烈的工作动机以及优良的绩效结果。

另外，组织支持在社会交换关系的改善中起到十分重要的作用。当一个主体为另一个主体提供了福利，另一方本着互惠的原则也提供了相应的给予；这样的交换关系才能够良性地持续下去，组织支持的实质意义正在于此。一般而言，人们会根据以往形成的一种确定的信念和态度来评价各种事件，当员工认为组织会认可他们的贡献、关注他们的幸福、给予工作的各种支持等，那么这种积极的信念会在一定程度上影响他们对不公平待遇产生原因的判断；也就是说，怀有组织支持感的员工将趋于将不公正的对待视为可忍受的偶发性问题，而不会过于苛责组织甚至产生极端的负面行为来报复组织。

总之，从理论上讲，组织支持作为社会交换的表现形式，可以帮助员工形成更为积极的心理预期，或者减少缘于不公正感知所带来的消极影响。从实证研究结果来看，组织支持感已被证实在影响员工工作态度和行为方面具有中介效应。

四　组织支持相关研究述评

随着对组织支持的日益关注，组织支持感的研究日益增多。从多维度对组织支持加以界定，到特定于组织情境下对其前因变量的分析，再到组织支持后果变量的理论分析和实证研究，大量的研究成果为组织支持研究的进一步深入奠定了坚实的基础。从文献回顾中可以看到，理论研究方面，学者们从结构维度、形成机制、作用影响等不同方面对组织支持进行了研究，出现了较多的组织支持与相关组织变量关系的研究成果；在应用研究方面，近年来对人力资源管理实践与组织支持关系的研究也日趋丰富。

但是，从本书的研究视角来看，现有组织支持的研究尚存有一定的局限性，具体表现如下：

（1）组织支持感的前因变量研究较少

现有文献对组织支持感前因变量的研究，大部分是从人力资源管理实践展开研究，也有部分是从其结构维度本身来加以分析的。但总体来说，对具体作用机制的研究是比较有限的。事实上，组织支持的构成是多层次的，其内涵既可以理解为人际间的感情支持，即员工与员工的彼此支持、上司对员工的支持等；也可以理解为组织内工具性支持，即组织提供员工工作与发展所需的资源等。目前研究中关于感情支持作为直接的前因变量的研究成果较少，而员工如果形成了积极的情感认知就更加易于组织支持性判断的形成。虽然已有研究表明程序公正对组织支持具有积极影响，但是组织公正的其他维度并没有印证是否也会正向影响组织支持。因此，有必要针对组织公正与组织支持问题展开研究，并探究其间的作用机制。

（2）组织支持与结果变量间的作用机制研究有限

目前大多研究集中于组织支持感结果变量的研究，但对组织支持感与其结果变量之间具体作用机制以及中介变量的研究并不多见。因此本书期望从员工角度出发，研究员工对组织支持的反应以及对创造力和建言行为是如何发生影响的，借此丰富这方面的研究成果。

（3）组织支持作为中介变量的研究较少

由于组织支持的"前因变量与后果变量"和"组织投入与产出"密切相关，故而，现有文献关于组织支持前因变量与后果变量的理论和实证研究的内容较为丰富，将组织支持作为中介变量研究的文献还十分有限。因此将组织公正各个维度设为前因变量，考察组织支持作为中介变量，是否会对创造力和建言行为具有积极影响的研究是具有价值的。

总之，虽然组织支持问题日益引起国内外学者的关注，但目前国内有关组织支持的研究依然较为有限。因此，本书期望通过整理有关组织公正、组织支持和员工行为的研究成果，在中国文化背景下研究中国民营企业员工在垂滴效应的作用下，自高层传递到基层的组织公正对员工行为的影响，并探讨组织支持作为中介变量对创造力、建言行为的影响，以实证研究成果推进该领域的研究。

第五节　本章小节

综合已有的组织公正、建言行为、创造力和组织支持等变量的相关研究文献，会发现有些问题尚待解决和讨论：

国外组织公正的研究成果是否在我国同样适用？中国民营企业员工组织公正感各维度结构及其对创造力、建言行为的影响是否与国外研究结论相一致？这些问题需要得到进一步验证，不同文化背景下组织公正感知的影响结果研究值得深入探讨。

组织公正是员工对组织的一种积极的主观感知，它会影响到员工与组织间交换关系互惠与否的评价。组织公正感是否会影响员工主动提出新颖的、有益于组织的好点子的意愿，是否会针对组织内部程序和制度等提出建设性观点，进而改善组织运营，帮助组织实现可持续发展？这已经成为组织管理中备受关注的议题。

若组织公正对创造力、建言行为确实存在影响，那么是否存在一些变量在其间发挥中介作用？合同关系和心理预期是组织与员工间进行持续交换的基础，而当员工认为组织缺少精神或者物质层面的支持时，会对员工的认知和行为产生负面作用，这些负面影响不仅会因为员工的消极而阻碍了个人的成长和发展，同时还会制约企业的进一步发展。那么，组织支持可否被认为是组织公正感知与创造力、建言行为间的中介变量呢？因此需要系统的研究加以证明组织支持在组织公正与员工积极行为之间的关系。

企业组织其架构形式无论是扁平化的还是垂直型的，都会涉及组织层级间文化的渗透、信息的传递、工作的协调和行为的影响，因此企业内部的组织管理研究是不能仅仅在一个层面上进行的；而是应该置于组织系统之中，研究企业内部各层级间相互作用影响下的管理实施过程和实践效果。从管理学角度基于垂滴效应对组织公正与员工建言行为和创造力间的关系进行分析，可以基于一种关系的研究结果，透视出组织管理在层级间的传递状态和影响强度，并借此提出参考建议指导企业的管理实践，实现组织可持续性的、创新性的发展模式。

针对相关研究的不足，本书在对既往的研究成果进行梳理的基础上，对中国民营企业内不同层级员工展开调查，将组织公正、组织支持、创造力与建言行为置于同一个研究框架中，建构组织公正对创造力和建言行为影响的垂滴效应模型，研究中国民营企业不同层级的员工组织公正感知对其积极行为是否具有正向影响，以及上级的感知和行为对下级是否产生影响。本书探讨了建言行为和创造力的影响因素试图验证组织支持在组织公正对建言行为和创造力的影响中扮演的中介变量角色，期望揭示垂滴效应下这一具有中介作用关系模型的形成机制，以此从组织背景角度丰富组织公正、组织支持、创造力和建言行为等研究内容，并提出激发员工创造力和鼓励员工建言的具体管理措施，以理论研究指导实践为我国企业的创新发展提供建议和参考。

第三章 组织公正对建言行为、创造力影响的直接效应研究

第一节 概念模型与研究假设

组织公正会影响到员工的态度和行为，这在组织行为与管理研究领域已经达成共识，但是对于组织公正各维度对建言行为、创造力产生作用的结果却尚没有明确的结论。

从社会交换理论来看，组织公正能够增加企业内部信息的透明度、提升员工工作安全感，并对组织层面和员工层面的结果具有较强的预测力。已有大量文献证实组织公正与组织中的个体行为表现显著相关，如工作绩效、工作满意度、组织承诺、工作卷入、组织公民行为、信任等等（LePine & Dyne，1998；Bies & Shapiro，1988；Karriker & Williams，2007）。由于组织公正感知存在非对称性，因此组织创设公正氛围需要解决"组织公正感或不公正感如何形成？"以及"哪些组织变量会受到组织公正的影响？"等问题。鉴于组织公正感知的提高会激发员工产生忠诚于一家企业并回报组织的意愿，并表现出组织导向的积极行为，因此本章将分析组织公正四个维度是否均对建言行为和创造力产生正向影响，建立概念模型如图 3-1 所示。

以往组织公正研究已经证实，员工在组织各个方面获得的公正感知将有利于减低他们对上级信任的不确定性，进而更愿意做出向上级建言的行为。换言之，公正感知与建言行为会相互作用并决定建言行为的发生程度。故而，本章首先建立了组织公正对建言行为影响的直接效应假设模型，如图 3-2，并提出假设，在企业内三个层级员工的组织公正感知对其建言行为均具有正向的直接影响，具体假设如下：

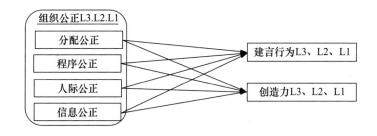

图 3 - 1　组织公正各维度对建言行为、创造力影响的直接效应概念模型

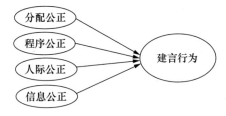

图 3 - 2　组织公正各维度对建言行为影响的直接效应假设模型

H1：基层组织公正对基层建言行为具有正向作用。

H2：中层组织公正对中层建言行为具有正向作用。

H3：高层组织公正对高层建言行为具有正向作用。

创造力作为一种积极的组织行为，在组织环境正向干预员工心理反应时发挥的可能性更大。近年来，一系列关于组织公正对员工创造力影响的研究逐渐展开，并有文献证实员工创造力是上级公正、同事反馈和顾客评价整合作用的结果，当主管通过提供积极反馈，给予员工信任，并创设互动公正氛围等方式构建起良好的组织环境时，员工会表现出更大的创造力。因而，本章建立了组织公正对创造力影响的直接效应假设模型，如图 3 - 3，并提出假设，在企业内三个层级员工的组织公正感知对其创造力均具有直接影响作用。具体假设如下：

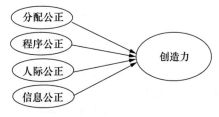

图 3 - 3　组织公正各维度对创造力影响的直接效应假设模型

H4：基层组织公正对基层创造力具有正向作用。

H5：中层组织公正对中层创造力具有正向作用。

H6：高层组织公正对高层创造力具有正向作用。

第二节 研究设计

一 量表选择

1. 组织公正量表选择

组织公正的维度存在"二维论""三维论"和"四维论"，相应的比较典型的测量量表有三种：两维量表（分配公正以及程序公正）；三维量表（分配公正、程序公正以及互动公正）；四维量表（分配公正、程序公正、人际公正和信息公正）。各种具有代表性组织公正测量量表如表3-1所示。

表3-1   具有代表性的组织公正测量量表列举

量表维度	研究者	各维度题项数	信度系数 α
二维量表	Howard（1999）	分配公正6个题项	0.93
		程序公正5个题项	0.88
	Goldman（2001）	分配公正6个题项	0.91
		程序公正6个题项	0.91
	Ambrose & Cropanzano（2003）	分配公正2个题项	0.98
		程序公正6个题项	0.95
三维量表	Moorman（1991）	分配公正5个题项	0.94
		程序公正7个题项	0.94
		互动公正6个题项	0.93
	Niehoff & Moorman（1993）	分配公正5个题项	0.74
		程序公正6个题项	0.85
		互动公正9个题项	0.92
	Welbourne, Balkin & Gomez Mejia（1995）	分配公平的规则和管理执行5个题项	0.86
		程序公平的规则和管理执行7个题项	0.90
		建议委员会的程序公平3个题项	0.60

续表

量表维度	研究者	各维度题项数	信度系数 α
四维量表	Colqultt（2001）	分配公正 4 个题项	0.92
		程序公正 7 个题项	0.78
		人际公正 4 个题项	0.79
		信息公正 5 个题项	0.79
	刘亚、龙立荣和李晔（2003）	分配公正 6 个题项	0.90
		程序公正 6 个题项	0.91
		领导公正 6 个题项	0.90
		信息公正 4 个题项	0.89
	皮永华（2006）	分配公正 10 个题项	0.95
		程序公正 7 个题项	0.91
		人际公正 7 个题项	0.93
		信息公正 6 个题项	0.93

资料来源：作者整理。

　　由于国外有关组织公正的研究较早，所开发的各种测量工具的信度效度较高，因此，从掌握的相关成果所使用的工具来看，组织公正感研究多是以国外的理论和工具为依据。但是由于组织公正维度目前尚有争论，组织公正的测量存在多种测量方式，目前还没有一个比较权威的测量量表。因此每一位研究者都会根据研究设计选择相应维度的量表进行测量。近年来，组织公正的四维度结构逐渐获得了学者们广泛的研究和论证，实证研究也证明四维结构具有较好的信度和效度。为测量分配公正、程序公正、人际公正和信息公正是否均对本书设计中的结果变量具有影响，本书亦采用了国外四维度测量量表研究组织公正感与建言行为和创造力之间的直接效应。本书所选择的 Colquitt（2001）测量量表题项如表 3 - 2 所示。

表 3 - 2　　　　　　　　　　组织公正测量量表

维度	编号	观测变量（题项）
分配公正	DJ1	我的报酬能反映我在工作中所付出的努力
	DJ2	我的报酬与我所完成的工作相比是适当的
	DJ3	我的报酬能够反映我为组织做的贡献

维度	编号	观测变量（题项）
程序公正	PJ1	在组织里我可以表达我的观点
	PJ2	我认为在组织里，我可以影响决策结果
	PJ3	一般来说，组织内各种程序有章可循、前后一致
	PJ4	组织做决策时毫无偏见
	PJ5	决策基于精确的信息而做出
	PJ6	存在对决策进行申诉的机会
	PJ7	组织内各种程序符合伦理和道德标准
人际公正	IPJ1	我的上司以礼貌的方式对待我
	IPJ2	我的上司给我足够尊严
	IPJ3	我的上司维护我的尊严和人格
	IPJ4	我的上司避免不当的言辞或评价
信息公正	IFJ1	我的上司与我进行坦诚和公开的沟通
	IFJ2	我的上司为我完整地说明各种工作流程
	IFJ3	我的上司给予我有关程序的合理解释
	IFJ4	我的上司会及时地与我沟通各种信息细节

2. 建言行为量表选择

建言行为，本书采用 Liang、Farh 和 Farh（2012）10 题项量表，包括两个维度，具体题项如表 3 - 3 所示。测量员工是否能够向上级或者同事提出良性建议，包括促进性建言（Promotive Voice）与抑制性建言（Prohibitive Voice）。促进性建言是为改善组织或者工作团队整体的运作效能而提出的新观点、新想法的行为集合；而抑制性建言是向上级反应组织工作实践中功能性失调等方面的建议行为。

表 3 - 3　　　　　　　　建言行为测量量表

维度	编号	观测变量（题项）
促进性建言	PMV1	对影响组织的事件能够积极地提出建议
	PMV2	积极提议对企业有利的项目
	PMV3	为改进组织工作流程能够积极地提出建议
	PMV4	积极地提出结构性建议以帮助组织达成目标
	PMV5	对组织改进经营提出结构性建议

续表

维度	编号	观测变量（题项）
抑制性建言	PHV1	建议同事对抗束缚工作绩效的不良行为
	PHV2	即使有反对意见，也能够坦诚地指出对组织可能造成重大损失的问题
	PHV3	即使会使某些人难堪，也依然会指出可能影响单位效率的问题
	PHV4	即使可能会破坏与同事的关系，也依然会指出单位中存在的问题
	PHV5	向管理层积极地报告工作协调上存在的问题

3. 创造力量表选择

创造力，本书采用了 Zhou 和 George（2001）13 题项量表，该量表为单一构念维度，以测量员工创造力程度，如 3 - 4 所示。

表 3 - 4　　　　　　　　　　创造力测量量表

维度	编号	观测变量（题项）
创造力	CR1	提出新的方法来实现目标或目的
	CR2	想出新的且可行的点子来改善绩效
	CR3	研究出新技术、新工艺、新技能、和/或新产品的点子
	CR4	提出新的方法来提高质量
	CR5	自己是创意想法的重要来源
	CR6	不害怕冒险
	CR7	带动或引导他人提出创意
	CR8	一旦有机会就会展示出创造力
	CR9	提出实施新思路的翔实计划和日程表
	CR10	经常有新颖的和革新性的想法
	CR11	提出创造性地解决问题的方案
	CR12	经常有处理问题的新方法
	CR13	提出执行工作任务的新方法

二　数据收集

本书样本主要来自辽宁、吉林、湖北、四川、安徽、广西等地区民营企业，调查主要通过研究人员现场发放、现场回收问卷的方式，数据搜集时间为 2015 年 7 月至 2016 年 3 月，每份调查问卷都强调匿名填写和调查结果的保密性。调查对象包括 38 家民营企业，涉及制造业、建筑业、金融业、服务业等 8 个行业，年销售收入在 2000 万元以上企业的 18 家，员工人数在 150 人以上的企业 15 家，企业样本情况详见表 3 - 5。

表 3 - 5　　　　　　　　企业调查样本基本情况描述（N = 38）

名称	类别	人数（人）	百分比（%）
所属行业	制造业	13	34.2
	房地产	2	5.3
	服务	8	21.0
	教育	1	2.6
	互联网、通信、电子	5	13.2
	建筑业	3	7.9
	贸易	5	13.2
	金融	1	2.6
从业人员数量	1—50 人	11	28.9
	51—150 人	12	31.6
	151—250 人	6	15.8
	251 人以上	9	23.7
年销售收入	500 万以下	6	15.8
	500 万—2000 万	14	36.8
	2000 万—5000 万	2	5.3
	5000 万—1 亿	14	36.8
	1 亿以上	2	5.3

　　调查中一共发出高层员工问卷 54 份，回收问卷 48 份，回收率为 88.9%；发出中层员工问卷 162 份，回收问卷 138 份，回收率为 85.2%；发出基层员工问卷 672 份，回收问卷 599 份，回收率为 89.1%。因本书包括横截面研究和垂滴研究两个方面的内容，而以往研究成果认为，跨层次研究进行配对调查时，上下层级样本数的对应关系应该保证 1 名上级至少对应 3 名下属（Colquitt, Noe & Jackson, 2002；Richardson & Vandenberg, 2005），另外，根据跨层次分析组内一致性（Rwg, Within - Group Interrater Agreement）检验要求，Rwg 值需高于

0.70（Kozlowski & Hattrup，1992），因此本书最终确定企业样本数为38 家，其中高层问卷 38 份（有效率为 79.2%），中层 114 份（有效率为 82.6%），基层 534 份（有效率为 89.1%），每家企业高层与中层人员的比例关系均为 1：3，中层管理者的下属为 3—5 人。在有效样本中，高层 86.8% 为男性，84.2% 任期在 3 年以上，7.9% 年龄在 30 岁以下；中层 63.2% 为男性，75.5% 任期在 3 年以上，28.9% 年龄在 30 岁以下；基层 49.6% 为男性，42.7% 任期在 3 年以上，66% 年龄在 30 岁以下。高、中、基层员工样本分布情况见表 3－6、表 3－7、表 3－8。

表 3－6　　　　　高层员工调查样本基本情况描述（N = 38）

名称	类别	人数（人）	百分比（%）
性别	男	33	86.8
	女	5	13.2
年龄	25 岁以下	0	0.0
	26—30 岁	3	7.9
	31—40 岁	15	39.5
	41—50 岁	17	44.7
	51 岁以上	3	7.9
教育程度	硕士及以上学历	7	18.4
	本科学历	24	63.2
	大专学历	6	15.8
	中专及以下学历	1	2.6
任职年限	不足 1 年	0	0
	1—3 年	6	15.8
	4—10 年	14	36.8
	11—20 年	16	42.1
	21 年以上	2	5.3

表 3－7　　　　　中层员工调查样本基本情况描述（N = 114）

名称	类别	人数（人）	百分比（%）
性别	男	72	63.2
	女	42	36.8

续表

名称	类别	人数（人）	百分比（%）
年龄	25 岁以下	0	0.0
	26—30 岁	33	28.9
	31—40 岁	57	50.0
	41—50 岁	20	17.5
	51 岁以上	4	3.6
教育程度	硕士及以上学历	9	7.9
	本科学历	53	46.5
	大专学历	44	38.6
	中专及以下学历	8	7.0
任职年限	不足 1 年	3	2.6
	1—3 年	25	21.9
	4—10 年	61	53.5
	11—20 年	21	18.4
	21 年以上	4	3.6

表 3 - 8　　　　　　基层员工调查样本基本情况描述（N = 534）

名称	类别	人数（人）	百分比（%）
性别	男	265	49.6
	女	269	50.4
年龄	25 岁以下	84	15.7
	26—30 岁	268	50.3
	31—40 岁	133	24.9
	41—50 岁	36	6.7
	51 岁以上	13	2.4
教育程度	硕士及以上学历	28	5.2
	本科学历	209	39.2
	大专学历	234	43.8
	中专及以下学历	63	11.8

续表

名称	类别	人数（人）	百分比（%）
	不足 1 年	62	11.6
	1—3 年	244	45.7
任职年限	4—10 年	180	33.7
	11—20 年	34	6.4
	21 年以上	14	2.6

在正式施测过程中，第一步，与受调查企业总经理接洽，首先由其确定配合调查的高管人员，接着由高管人员确定其 3 名直属下级，即中层管理人员；然后由中层管理人员指定与其有直接管理关系的 3—5 名下属员工，至此，一家企业调查对象被确定下来；第二步，与调查企业的高管确定调查时间，研究者进入企业并对问卷序号进行编码，保证问卷的及时发放与回收，以利于问卷的后期整理与统计；第三步，向受测对象详细说明研究目的和问卷的填答要求，当场填写，完毕后即刻收回。如遇企业无法同一时间聚齐所有受测者的情况，则收回现场作答的问卷，其他问卷邮寄回收，以此最大限度地提高回收率和问卷填答质量。

三　变量测量

根据上述量表所设计的题项，对量表进行正式测试。为了避免语意差异对问卷质量的影响，本书所涉及的国外研究量表中的题项均进行了双向翻译。测量采用员工自陈报告和上级评价两种方式，可以有效避免同源方差的问题。组织公正感知由被试对象报告自己的情况；关于创造力和建言行为的测量，高层由自己做出评价，其他层级由其直属上级管理者评价。研究量表的各题项采用李克特五点量表法，反应范围从 1（完全不同意）到 5（完全同意）逐渐增加，要求调查对象表明其同意程度。被试数据 Cronbach's Alpha 值大多接近或超过 0.9，个别变量的信度稍低，但也超过 0.7，表明信度达到可接受水平，可以做进一步研究，具体数值如表 3 - 9 所示。

表 3 - 9   各研究变量信度值

层级 \ 变量	Cronbach's Alpha						
	分配公正	程序公正	信息公正	人际公正	抑制性建言	促进性建言	创造力
高　层	0.940	0.883	0.733	0.829	0.888	0.732	0.919
中　层	0.889	0.852	0.845	0.825	0.899	0.892	0.940
基　层	0.720	0.886	0.864	0.867	0.895	0.898	0.961

注：高层 N = 38，中层 N = 114，基层 N = 534。

四　分析方法

首先，本章应用 AMOS17.0，对组织公正和建言行为、创造力进行验证性因子分析。然后，应用 AMOS17.0 进行结构方程全模型分析，对假设进行检验，最终得到组织公正各维度对建言行为和创造力影响的直接效应模型。

第三节　研究结果

研究中分别对三个层级的组织公正、建言行为和创造力的数据进行验证性因子分析，以检验各变量间的区分效度。然后，通过结构方程验证各层组织公正对同级建言行为、创造力是否具有直接影响效应，并在模型中通过标准化路径系数显示组织公正各个维度对促进性建言、抑制性建言、创造力的影响程度。

一　基层组织公正对建言行为和创造力影响的直接效应分析

（一）基层组织公正对建言行为直接效应分析结果

在被调查的民营企业中，基层员工的组织公正感知对其建言行为是否具有正向影响呢？通过利用 AMOS17.0 软件，对基层相关变量进行验证性因子分析和全模型分析，以对组织公正各维度与建言行为间的直接效应假设进行检验。

1. 基层组织公正各维度对建言行为影响模型各变量验证性因子分析

根据验证性因子分析结果，可以看出：基层 6 因子结构的拟合度最

好，明显优于其他因子模型，相关结果见表 3－10，6 因子模型中的
GFI、*NFI*、*RFI*、*IFI*、*CFI* 等拟合指数都接近 0.9 或超过 0.9，拟合度
较好；*RMSEA* 为 0.071，数值小于 0.8，χ^2/df 为 3.724，小于 5，达到
可接受水平。这证明基层分配公正、程序公正、人际公正、信息公正、
抑制性建言、促进性建言等 6 个因子是不同的构念，具有良好的区分
效度。

表 3－10   基层组织公正各维度对建言行为直接影响模型各
变量验证性因子分析结果   （N＝534）

指标	df	χ^2	χ^2/df	P	GFI	NFI	RFI	IFI	CFI	RMSEA
1 因子模型	350	4503.540	12.867	0.000	0.523	0.594	0.562	0.614	0.613	0.149
2 因子模型	349	3431.710	9.833	0.000	0.643	0.691	0.665	0.713	0.712	0.129
3 因子模型	347	1625.465	4.684	0.000	0.804	0.854	0.840	0.881	0.881	0.083
4 因子模型	344	1594.238	4.634	0.000	0.821	0.856	0.842	0.884	0.883	0.083
5 因子模型	340	1346.192	3.959	0.000	0.834	0.879	0.865	0.906	0.906	0.075
6 因子模型	335	1247.379	3.724	0.000	0.832	0.888	0.873	0.915	0.915	0.071

注：1 因子模型：分配公正＋程序公正＋人际公正＋信息公正＋促进性建言＋抑制性建言
2 因子模型：分配公正＋程序公正＋人际公正＋信息公正＋促进性建言，抑制性建言
3 因子模型：分配公正＋程序公正＋人际公正＋信息公正，促进性建言，抑制性建言
4 因子模型：分配公正＋程序公正＋人际公正，信息公正，抑制性建言，促进性建言
5 因子模型：分配公正＋程序公正，人际公正，信息公正，抑制性建言，促进性建言
6 因子模型：分配公正，程序公正，人际公正，信息公正，抑制性建言，促进性建言

2. 基层组织公正对建言行为影响效应的结构方程分析

（1）结构方程分析

该部分主要探讨组织公正中的四个维度，即分配公正、程序公正、
人际公正和信息公正对促进性建言、抑制性建言的直接影响效应，按照
上文假设建立的组织公正与建言行为的全模型，使用基层 534 个样本数
据，应用 AMOS17.0 进行结构方程分析。

模型 Model0 将基层组织公正四个维度设为前因变量，抑制性建言
和促进性建言设为结果变量，该全模型拟合结果比较理想（具体拟合
指标见表 3－11），*GFI*、*NFI*、*RFI*、*IFI*、*CFI* 均高于 0.8，*RMSEA* 为
0.084，接近 0.08，χ^2/df 分别为 4.724，介于 1—5 理想值之间。因

此，可以此模型验证基层组织公正对建言行为的直接影响效应。

表 3 – 11   基层组织公正各维度对建言行为直接影响效应
分析拟合指数   （N = 534）

模型	Df	χ^2	χ^2/df	P	GFI	NFI	RFI	IFI	CFI	RMSEA
Model0	349	1648.755	4.724	0.000	0.822	0.851	0.839	0.879	0.879	0.084

注：Model0 为基层组织公正对建言行为直接影响效应模型。

（2）假设检验

基于前文假设，验证基层组织公正与建言行为间的作用关系。利用结构方程对基层组织公正四个维度与促进性建言和抑制性建言之间的关系路径进行分析，观察表 3 – 12，数据显示：分配公正、程序公正、人际公正和信息公正对促进性建言和抑制性建言均具有显著的正向影响。因此假设 H1 基层组织公正对建言行为具有正向影响效应得到了验证。基层组织公正对促进性建言、抑制性建言的直接影响效应模型如图3 – 4、图 3 – 5 所示。

表 3 – 12   基层组织公正各维度对建言行为直接影响效应假设检验（N = 534）

路径	变量间关系	标准化路径系数	标准误	T 值	P	假设检验结果
1	分配公正→促进性建言	0.370	0.046	7.956	＊＊＊	接受
2	程序公正→促进性建言	0.722	0.075	9.667	＊＊＊	接受
3	人际公正→促进性建言	0.402	0.061	6.572	＊＊＊	接受
4	信息公正→促进性建言	0.438	0.056	7.751	＊＊＊	接受
5	分配公正→抑制性建言	0.489	0.060	8.163	＊＊＊	接受
6	程序公正→抑制性建言	0.970	0.095	10.235	＊＊＊	接受
7	人际公正→抑制性建言	0.487	0.070	6.955	＊＊＊	接受
8	信息公正→抑制性建言	0.524	0.067	7.874	＊＊＊	接受

注：路径系数为标准化值，＊＊＊表示 $P < 0.001$。

（二）基层组织公正对创造力直接效应分析结果

继而，需要考察基层员工的组织公正感知对其创造力是否具有正向影响？通过利用 AMOS17.0 软件，对基层相关变量进行验证性因子分析和全模型分析，以对基层组织公正各维度与创造力间的直接效应假设进行检验。

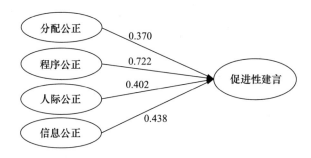

图 3 - 4　基层组织公正各维度对促进性建言直接影响效应模型

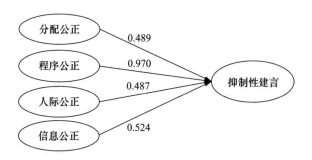

图 3 - 5　基层组织公正各维度对抑制性建言直接影响效应模型

1. 基层组织公正各维度对创造力影响模型各变量验证性因子分析

根据验证性因子分析结果，可以看出：基层 5 因子结构的拟合度最好，明显优于其他因子模型，相关结果见表 3 - 13，5 因子模型中 *GFI*、*NFI*、*RFI*、*IFI*、*CFI* 等拟合指数都接近 0.9 或超过 0.9，拟合度较好；*RMSEA* 为 0.066，数值小于 0.8，χ^2/df 为 3.314，小于 5，达到可接受水平。这证明基层分配公正、程序公正、人际公正、信息公正、创造力等 5 个因子是不同的构念，具有良好的区分效度。

表 3 – 13　　基层组织公正各维度对创造力直接影响模型各变量
验证性因子分析结果　　（N = 534）

指标	df	χ^2	χ^2/df	P	GFI	NFI	RFI	IFI	CFI	RMSEA
1 因子模型	434	6101.930	14.060	0.000	0.502	0.546	0.513	0.564	0.531	0.157
2 因子模型	433	1776.986	4.104	0.000	0.821	0.868	0.858	0.897	0.896	0.076
3 因子模型	431	1748.967	4.058	0.000	0.856	0.870	0.859	0.899	0.898	0.076
4 因子模型	428	1509.537	3.527	0.000	0.829	0.888	0.878	0.917	0.917	0.069
5 因子模型	424	1405.240	3.314	0.000	0.907	0.925	0.885	0.895	0.924	0.066

注：1 因子模型：分配公正 + 程序公正 + 人际公正 + 信息公正 + 创造力
　　2 因子模型：分配公正 + 程序公正 + 人际公正 + 信息公正，创造力
　　3 因子模型：分配公正 + 程序公正 + 人际公正，信息公正，创造力
　　4 因子模型：分配公正 + 程序公正，人际公正，信息公正，创造力
　　5 因子模型：分配公正，程序公正，人际公正，信息公正，创造力

2. 基层组织公正对创造力影响效应的结构方程分析

（1）结构方程分析

该部分主要探讨组织公正中的四个维度，即分配公正、程序公正、人际公正和信息公正对创造力的直接影响效应，按照上文假设建立的组织公正与创造力的全模型，用基层 534 个样本数据，应用 AMOS17.0 进行结构方程分析。

模型 Model0 将基层组织公正四个维度作为前因变量，创造力作为结果变量，该全模型拟合结果比较理想（具体拟合指标见表 3 – 14），GFI、NFI、RFI、IFI、CFI 均大于 0.8，RMSEA 为 0.076 小于 0.08，χ^2/df 为 4.104，介于 1—5 理想值之间。因此，可以此模型验证基层组织公正对创造力的直接影响效应。

表 3 – 14　　基层组织公正各维度对创造力直接影响效应
分析拟合指数　　（N = 534）

模型	df	χ^2	χ^2/df	P	GFI	NFI	RFI	IFI	CFI	RMSEA
Model0	433	1776.986	4.104	0.000	0.842	0.868	0.858	0.897	0.896	0.076

注：Model0 为基层组织公正对创造力直接影响效应模型。

（2）假设检验

基于前文假设，验证基层组织公正与创造力间的作用关系。利用结

构方程对基层组织公正四个维度与创造力之间的关系路径进行分析，观察表 3 - 15，数据显示：基层分配公正、程序公正、人际公正和信息公正均对创造力具有显著的正向影响。因此假设 H4 基层组织公正对创造力具有正向影响得到了验证。基层组织公正对创造力的直接影响效应模型如图 3 - 6 所示。

表 3 - 15　基层组织公正各维度对创造力直接影响效应假设检验　（N = 534）

路径	变量间关系	标准化路径系数	标准误	T 值	P	假设检验结果
1	分配公正→创造力	0.207	0.032	6.395	***	接受
2	程序公正→创造力	0.277	0.031	8.858	***	接受
3	人际公正→创造力	0.262	0.044	6.018	***	接受
4	信息公正→创造力	0.265	0.040	6.554	***	接受

注：路径系数为标准化值，＊＊＊表示 P < 0.001。

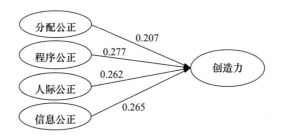

图 3 - 6　基层组织公正各维度对创造力直接影响效应模型

二　中层组织公正对建言行为和创造力影响的直接效应分析

（一）中层组织公正对建言行为直接效应分析结果

被调查的民营企业中的中层管理人员的组织公正感知对其建言行为是否具有积极影响？通过利用 AMOS17.0 软件，对中层相关变量进行验证性因子分析和全模型分析，以对中层组织公正各维度与建言行为间的直接效应假设进行检验。

1. 中层组织公正各维度对建言行为影响模型各变量验证性因子分析

根据验证性因子分析结果，可以看出：中层 6 因子结构的拟合度最好，相关结果见表 3 – 16，其 *GFI*、*NFI*、*RFI*、*IFI*、*CFI* 等拟合指数都超过 0.7，拟合度达到可接受水平；6 因子模型 *RMSEA* 为 0.093，优于其他因子模型，χ^2/df 为 1.968，介于 1—5 之间，接近于理想值。这证明中层分配公正、程序公正、人际公正、信息公正、抑制性建言、促进性建言等 6 个因子是不同的构念，具有良好的区分效度。

表 3 – 16　　中层组织公正各维度对建言行为直接影响模型各变量
验证性因子分析结果　　（N = 114）

指标	df	χ^2	χ^2/df	P	GFI	NFI	RFI	IFI	CFI	RMSEA
1 因子模型	350	1367.977	3.909	0.000	0.431	0.472	0.430	0.546	0.540	0.160
2 因子模型	349	1138.731	3.263	0.000	0.523	0.561	0.524	0.648	0.643	0.142
3 因子模型	347	772.674	2.227	0.000	0.641	0.702	0.675	0.810	0.808	0.104
4 因子模型	344	740.190	2.152	0.000	0.634	0.714	0.686	0.824	0.821	0.101
5 因子模型	340	701.083	2.062	0.000	0.708	0.729	0.699	0.840	0.837	0.097
6 因子模型	335	659.340	1.968	0.000	0.711	0.746	0.713	0.856	0.853	0.093

注：1 因子模型：分配公正 + 程序公正 + 人际公正 + 信息公正 + 促进性建言 + 抑制性建言

2 因子模型：分配公正 + 程序公正 + 人际公正 + 信息公正 + 促进性建言，抑制性建言

3 因子模型：分配公正 + 程序公正 + 人际公正 + 信息公正，促进性建言，抑制性建言

4 因子模型：分配公正 + 程序公正 + 人际公正，信息公正，抑制性建言，促进性建言

5 因子模型：分配公正 + 程序公正，人际公正，信息公正，抑制性建言，促进性建言

6 因子模型：分配公正，程序公正，人际公正，信息公正，抑制性建言，促进性建言

2. 中层组织公正对建言行为影响效应的结构方程分析

（1）结构方程分析

该部分主要探讨中层组织公正四个维度，即分配公正、程序公正、人际公正和信息公正对促进性建言、抑制性建言的直接影响效应，按照上文假设建立的中层组织公正与建言行为的全模型，使用 114 个中层样本数据，应用 AMOS17.0 进行结构方程分析。

模型 Model0 是中层组织公正与建言行为直接效应全模型，但是拟合结果不理想，具体拟合指标见表 3 – 17。于是在研究中分别构建了中层组织公正四个维度与建言行为两个维度的直接效应模型，共八个模型，具体拟合指标见表 3 – 18，除了 Model2 和 Model6 的拟合指数欠佳以外，其他各模型的拟合指数均较好，达到可接受水平。因此，可以根

据这八个模型来分别验证中层组织公正四个维度对促进性建言、抑制性建言行为的直接影响效应。

表 3-17　　　　中层组织公正各维度对建言行为直接影响效应
分析拟合指数　　（N = 114）

模型	df	χ^2	χ^2/df	P	GFI	NFI	RFI	IFI	CFI	RMSEA
Model0	336	669.456	1.992	0.000	0.716	0.742	0.709	0.852	0.849	0.094

注：Model0 为中层组织公正对建言行为直接影响效应模型。

表 3-18　中层组织公正各维度对抑制性建言、促进性建言直接影响
效应分析拟合指数　　（N = 114）

模型	df	χ^2	χ^2/df	P	GFI	NFI	RFI	IFI	CFI	RMSEA
Model1	19	25.253	1.329	0.152	0.922	0.954	0.933	0.988	0.988	0.054
Model2	53	114.751	2.165	0.000	0.837	0.840	0.801	0.907	0.905	0.102
Model3	26	38.610	1.485	0.053	0.906	0.927	0.898	0.975	0.974	0.065
Model4	26	35.100	1.350	0.023	0.901	0.907	0.889	0.974	0.974	0.056
Model5	19	27.735	1.460	0.089	0.923	0.951	0.927	0.984	0.984	0.064
Model6	53	105.258	1.986	0.000	0.783	0.823	0.796	0.904	0.902	0.093
Model7	26	27.791	1.069	0.369	0.907	0.947	0.926	0.996	0.996	0.025
Model8	26	39.988	1.538	0.002	0.863	0.893	0.872	0.960	0.959	0.069

注：Model1 为分配公正对促进性建言直接影响效应模型；Model2 为程序公正对促进性建言直接影响效应模型；Model3 为人际公正对促进性建言直接影响效应模型；Model4 为信息公正对促进性建言直接影响效应模型；Model5 为分配公正对抑制性建言直接影响效应模型；Model6 为程序公正对抑制性建言直接影响效应模型；Model7 为人际公正对抑制性建言直接影响效应模型；Model8 为信息公正对抑制性建言直接影响效应模型。

（2）假设检验

基于前文假设，验证中层组织公正与建言行为间的作用关系。利用结构方程对中层组织公正四个维度与促进性建言和抑制性建言之间的关系路径进行分析，观察表 3-19，数据显示：中层分配公正、程序公正、人际公正和信息公正对促进性建言行为和抑制性建言均具有显著的正向影响。因此假设 H2 中层组织公正对建言行为具有正向影响效应得到了验证。中层组织公正四个维度对促进性建言、抑制性建言的直接影

响效应模型如图 3 - 7、图 3 - 8 所示。

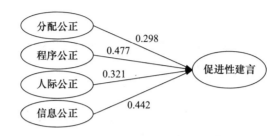

图 3 - 7　中层组织公正各维度对促进性建言直接影响效应模型

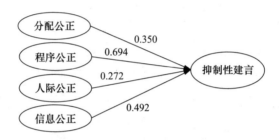

图 3 - 8　中层组织公正各维度对抑制性建言直接影响效应模型

表 3 - 19　中层组织公正各维度对建言行为直接影响效应假设检验（N = 114）

路径	变量间关系	标准化路径系数	标准误	T 值	P	假设检验结果
1	分配公正→促进性建言	0.298	0.074	4.046	***	接受
2	程序公正→促进性建言	0.477	0.107	4.455	***	接受
3	人际公正→促进性建言	0.321	0.106	3.033	0.002**	接受
4	信息公正→促进性建言	0.442	0.108	4.077	***	接受
5	分配公正→抑制性建言	0.350	0.105	3.334	***	接受
6	程序公正→抑制性建言	0.694	0.185	3.749	***	接受
7	人际公正→抑制性建言	0.272	0.136	2.008	0.045*	接受
8	信息公正→抑制性建言	0.492	0.152	3.232	0.001**	接受

注：路径系数为标准化值，*** 表示 $P < 0.001$；** 表示 $P < 0.01$；* 表示 $P < 0.05$。

（二）中层组织公正对创造力直接效应分析结果

继而，需要考察中层员工的组织公正感知对其创造力是否具有正向影响？通过利用AMOS17.0软件，对中层相关变量进行验证性因子分析和全模型分析，以对中层组织公正各维度与创造力间的直接效应假设进行检验。

1. 中层组织公正各维度对创造力影响各变量验证性因子分析

根据验证性因子分析结果，可以看出：中层5因子结构的拟合度最好，明显优于其他因子模型，相关结果见表3－20，5因子模型的 *GFI*、*NFI*、*RFI*、*IFI*、*CFI* 等拟合指数都接近或超过0.7，相对于其他模型拟合度相对较好；*RMSEA* 为0.088，数值接近于0.8；χ^2/df 为1.867，介于1—5之间，接近于理想值。这证明中层分配公正、程序公正、人际公正、信息公正、创造力等5个因子是不同的构念，具有良好的区分效度。

表3－20　中层组织公正各维度对创造力直接影响模型各变量验证性因子分析
拟合指数（N＝114）

指标	df	χ^2	χ^2/df	P	GFI	NFI	RFI	IFI	CFI	$RMSEA$
1因子模型	434	1567.443	3.612	0.000	0.417	0.438	0.398	0.519	0.513	0.152
2因子模型	433	903.605	2.087	0.000	0.634	0.676	0.652	0.800	0.798	0.098
3因子模型	431	871.096	2.021	0.000	0.627	0.688	0.663	0.813	0.811	0.095
4因子模型	428	832.435	1.945	0.000	0.705	0.702	0.676	0.829	0.826	0.091
5因子模型	424	791.675	1.867	0.000	0.706	0.716	0.689	0.845	0.842	0.088

注：1因子模型：分配公正＋程序公正＋人际公正＋信息公正＋创造力

2因子模型：分配公正＋程序公正＋人际公正＋信息公正，创造力

3因子模型：分配公正＋程序公正＋人际公正，信息公正，创造力

4因子模型：分配公正＋程序公正，人际公正，信息公正，创造力

5因子模型：分配公正，程序公正，人际公正，信息公正，创造力

2. 中层组织公正对创造力影响效应的结构方程分析

（1）结构方程分析

本部分主要探讨组织公正中的四个维度，即中层分配公正、程序公正、人际公正和信息公正对创造力的直接影响效应，按照上文假设建立的中层组织公正与创造力的全模型，使用114个中层样本数据，应用

AMOS17.0 进行结构方程分析。

模型 Model0 是中层组织公正与创造力直接效应全模型，但是拟合结果不理想，具体拟合指标见表 3 – 21。于是在研究中分别构建了中层组织公正四个维度与创造力的直接效应模型，共四个模型，模型 Model1、Model2、Model3、Model4 拟合结果均比较理想（具体拟合指标见表 3 – 22），四个模型的 *GFI*、*NFI*、*RFI*、*IFI*、*CFI* 均大于 0.8，RMSEA 分别为 0.056、0.070、0.068、0.057，均小于 0.08，χ^2/df 分别均介于 1—5 理想值之间。因此，可以此四个模型分别验证中层组织公正各个维度对创造力的直接影响效应。

表 3 – 21　　　中层组织公正各维度对创造力直接影响效应分析
拟合指数　　（N = 114）

模型	df	χ^2	χ^2/df	P	GFI	NFI	RFI	IFI	CFI	RMSEA
Model0	424	791.675	1.867	0.000	0.700	0.716	0.689	0.845	0.842	0.088

注：Model0 为中层组织公正对创造力直接影响效应模型。

表 3 – 22　　　中层组织公正各维度对创造力直接影响效应
分析拟合指数　　（N = 114）

模型	df	χ^2	χ^2/df	P	GFI	NFI	RFI	IFI	CFI	RMSEA
Model1	103	140.022	1.359	0.000	0.867	0.887	0.868	0.967	0.967	0.056
Model2	169	261.960	1.550	0.000	0.805	0.816	0.793	0.926	0.925	0.070
Model3	118	179.858	1.524	0.000	0.838	0.854	0.823	0.945	0.944	0.068
Model4	118	160.862	1.363	0.005	0.849	0.870	0.851	0.962	0.961	0.057

注：Model1 为分配公正对创造力直接影响效应模型；Model2 为程序公正对创造力直接影响效应模型；Model3 为人际公正对创造力直接影响效应模型；Model4 为信息公正对创造力直接影响效应模型。

（2）假设检验

基于前文假设，验证组织公正与创造力间的作用关系。利用结构方程对中层组织公正四个维度与创造力之间的关系路径进行分析，观察表 3 – 23，数据显示：中层分配公正、程序公正、人际公正和信息公正均对创造力具有显著的正向影响。因此假设 H5 中层组织公正对创造力具有正向影响得到了验证。中层组织公正对创造力的直接影响效应模型如图 3－9 所示。

表 3 – 23　中层组织公正各维度对创造力直接影响效应假设检验　（N = 114）

路径	变量间关系	标准化路径系数	标准误	T 值	P	假设检验结果
1	分配公正→创造力	0.320	0.082	3.913	＊＊＊	接受
2	程序公正→创造力	0.425	0.113	3.757	＊＊＊	接受
3	人际公正→创造力	0.279	0.116	2.398	0.016＊	接受
4	信息公正→创造力	0.401	0.119	3.372	＊＊＊	接受

注：路径系数为标准化值，＊＊＊表示 $P < 0.001$；＊＊表示 $P < 0.01$；＊表示 $P < 0.05$。

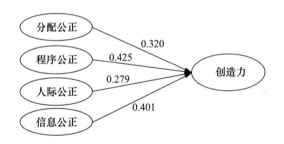

图 3 – 9　中层组织公正各维度对创造力直接影响效应模型

三　高层组织公正对建言行为和创造力影响的直接效应分析

（一）高层组织公正对建言行为直接效应分析结果

高层员工的组织公正感知对其建言行为是否也具有正向影响呢？通过利用 AMOS17.0 软件，对高层相关变量进行验证性因子分析和全模型分析，以对高层组织公正各维度与建言行为间的直接效应假设进行检验。

1. 高层组织公正各维度对建言行为影响模型各变量验证性因子分析

由于高层样本数只有 38 个，数据过少导致各因子模型的验证性因子分析结果均不甚理想，相关结果见表 3 – 24。

但通过比较依然能够看出，高层 6 因子结构的拟合度最好，优于其他因子模型，这证明高层分配公正、程序公正、人际公正、信息公正、抑制性建言、促进性建言等6个因子是不同的构念，具有区分效度。

表3-24 高层组织公正各维度对建言行为直接影响模型各变量验证性因子分析结果 （N=38）

指标	df	χ^2	χ^2/df	P	GFI	NFI	RFI	IFI	CFI	RMSEA
1因子模型	350	721.599	2.062	0.000	0.423	0.420	0.327	0.584	0.557	0.165
2因子模型	349	683.006	1.957	0.000	0.446	0.451	0.361	0.627	0.601	0.157
3因子模型	347	670.942	1.934	0.000	0.459	0.461	0.369	0.639	0.619	0.155
4因子模型	344	670.453	1.949	0.000	0.421	0.461	0.364	0.637	0.610	0.156
5因子模型	340	626.584	1.843	0.000	0.483	0.496	0.399	0.683	0.658	0.147
6因子模型	335	615.968	1.839	0.000	0.432	0.505	0.400	0.691	0.665	0.147

注：1因子模型：分配公正+程序公正+人际公正+信息公正+促进性建言+抑制性建言
2因子模型：分配公正+程序公正+人际公正+信息公正+促进性建言，抑制性建言
3因子模型：分配公正+程序公正+人际公正+信息公正，促进性建言，抑制性建言
4因子模型：分配公正+程序公正+人际公正，信息公正，抑制性建言，促进性建言
5因子模型：分配公正+程序公正，人际公正，信息公正，抑制性建言，促进性建言
6因子模型：分配公正，程序公正，人际公正，信息公正，抑制性建言，促进性建言

2. 高层组织公正对建言行为影响效应的结构方程分析
（1）结构方程分析

本部分主要探讨高层组织公正中的四个维度，即高层分配公正、程序公正、人际公正和信息公正对促进性建言、抑制性建言的直接影响效应，按照上文假设建立的高层组织公正与建言行为的全模型，使用高层38个样本数据，应用AMOS17.0进行结构方程分析。

模型Model0是高层组织公正与建言行为直接效应全模型，但是拟合结果不理想，具体拟合指标见表3-25。于是在研究中分别构建了高层组织公正四个维度与建言行为两个维度的直接效应模型，共八个模型，具体拟合指标见表3-26，各模型的部分拟合指数依然不是太好，这与数据样本过少不无关系，但相比之下还是优于Model0的，并且大多数拟合指数达到可接受水平。因此，可以根据这八个模型分别来验证高层

组织公正四个维度对促进性建言、抑制性建言行为的直接影响效应。

表 3 – 25　　　　　高层组织公正各维度对建言行为直接影响效应

分析拟合指数表　　（N = 38）

模型	df	χ^2	χ^2/df	P	GFI	NFI	RFI	IFI	CFI	RMSEA
Model0	336	622.533	1.853	0.000	0.489	0.500	0.395	0.684	0.658	0.148

注：Model0 为高层组织公正对建言行为直接影响效应模型。

表 3 – 26　高层组织公正各维度对抑制性建言、促进性建言直接影响

效应分析拟合指数　　（N = 38）

模型	df	χ^2	χ^2/df	P	GFI	NFI	RFI	IFI	CFI	RMSEA
Model1	19	23.048	1.213	0.235	0.882	0.884	0.780	0.997	0.975	0.074
Model2	53	80.179	1.513	0.009	0.701	0.703	0.662	0.874	0.858	0.115
Model3	26	46.046	1.771	0.000	0.490	0.551	0.437	0.738	0.641	0.114
Model4	26	29.170	1.122	0.303	0.654	0.686	0.456	0.953	0.934	0.056
Model5	19	27.735	1.460	0.089	0.923	0.951	0.927	0.984	0.984	0.064
Model6	53	81.920	1.546	0.007	0.663	0.756	0.641	0.898	0.888	0.118
Model7	26	29.791	1.145	0.069	0.823	0.883	0.797	0.996	0.986	0.055
Model8	26	32.044	1.232	0.192	0.763	0.809	0.687	0.957	0.951	0.077

注：Model1 为分配公正对促进性建言直接影响效应模型；Model2 为程序公正对促进性建言直接影响效应模型；Model3 为人际公正对促进性建言直接影响效应模型；Model4 为信息公正对促进性建言直接影响效应模型；Model5 为分配公正对抑制性建言直接影响效应模型；Model6 为程序公正对抑制性建言直接影响效应模型；Model7 为人际公正对抑制性建言直接影响效应模型；Model8 为信息公正对抑制性建言直接影响效应模型。

（2）假设检验

基于前文假设，验证高层组织公正与建言行为间的作用关系。利用结构方程对高层组织公正四个维度与促进性建言和抑制性建言之间的关系路径进行分析，观察表 3 – 27，数据显示：高层分配公正、程序公正、人际公正和信息公正对促进性建言行为均具有显著的正向影响；高层分配公正、程序公正、人际公正和信息公正对抑制性建言行为也均具

有显著的正向影响。因此，假设 H3 高层组织公正对建言行为具有正向影响得到了验证。高层组织公正对促进性建言、抑制性建言的直接影响效应模型如图 3 – 10、图 3 – 11 所示。

表 3 – 27　　　　高层组织公正各维度对建言行为直接影响
效应假设检验　　（N = 38）

路径	变量间关系	标准化路径系数	标准误	T 值	P	假设检验结果
1	分配公正→促进性建言	0.469	0.124	3.793	***	接受
2	程序公正→促进性建言	0.688	0.204	3.366	***	接受
3	人际公正→促进性建言	0.327	0.181	1.808	0.041 *	接受
4	信息公正→促进性建言	0.487	0.198	2.452	0.014 *	接受
5	分配公正→抑制性建言	0.545	0.045	12.125	***	接受
6	程序公正→抑制性建言	0.233	0.383	3.219	0.001 **	接受
7	人际公正→抑制性建言	0.494	0.247	2.000	0.046 *	接受
8	信息公正→抑制性建言	0.696	0.829	2.047	0.041 *	接受

注：路径系数为标准化值，*** 表示 $P < 0.001$。

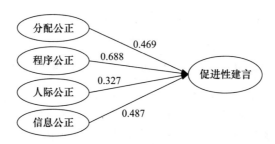

图 3 – 10　高层组织公正各维度对促进性建言直接影响效应模型

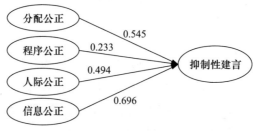

图 3 – 11　高层组织公正各维度对抑制性建言直接影响效应模型

（二）高层组织公正对创造力直接效应分析结果

研究进一步考察高层员工的组织公正感知对其创造力是否具有正向影响？通过利用 AMOS17.0 软件，对高层相关变量进行验证性因子分析和全模型分析，以对高层组织公正各维度与创造力间的直接效应假设进行检验。

1. 高层组织公正各维度对创造力影响模型各变量验证性因子分析

由于高层样本数只有 38 个，数据过少导致各因子模型的验证性因子分析结果均不甚理想，相关结果见表 3 - 28；但通过比较依然能够看出，高层 5 因子结构的拟合度最好，明显优于其他因子模型，这证明高层分配公正、程序公正、人际公正、信息公正、创造力等 5 个因子是不同的构念，具有良好的区分效度。

表 3 - 28　高层组织公正各维度对创造力直接影响模型各变量验证性因子分析结果　（N = 38）

指标	df	χ^2	χ^2/df	P	GFI	NFI	RFI	IFI	CFI	RMSEA
1 因子模型	434	967.644	2.230	0.000	0.298	0.331	0.236	0.473	0.439	0.157
2 因子模型	433	827.183	1.910	0.000	0.426	0.428	0.345	0.611	0.586	0.153
3 因子模型	431	826.453	1.918	0.000	0.425	0.429	0.343	0.611	0.584	0.153
4 因子模型	428	788.728	1.843	0.000	0.434	0.455	0.364	0.646	0.621	0.157
5 因子模型	424	780.842	1.842	0.000	0.457	0.461	0.369	0.651	0.625	0.147

注：1 因子模型：分配公正 + 程序公正 + 人际公正 + 信息公正 + 创造力

2 因子模型：分配公正 + 程序公正 + 人际公正 + 信息公正，创造力

3 因子模型：分配公正 + 程序公正 + 人际公正，信息公正，创造力

4 因子模型：分配公正 + 程序公正，人际公正，信息公正，创造力

5 因子模型：分配公正，程序公正，人际公正，信息公正，创造力

2. 高层组织公正对创造力影响效应的结构方程分析

（1）结构方程分析

本部分主要探讨高层组织公正中的四个维度，即分配公正、程序公正、人际公正和信息公正对创造力的直接影响效应，按照上文假设建立的高层组织公正与创造力的全模型，用所有 38 个高层样本数据，应用 AMOS17.0 进行结构方程分析。

模型 Model0 是高层组织公正与创造力直接效应全模型，但是拟合

结果不理想，具体拟合指标见表 3 - 29。于是在研究中分别构建了高层
组织公正四个维度与创造力的直接效应模型，共四个模型，具体拟合指
标见表 3 - 30，模型 Model1、Model2、Model3、Model4 拟合结果比 Mod-
el0 要好一些，虽然所有拟合指数也未能都达到比较理想的水平（很可
能是样本数据过少的原因导致），但大部分拟合指数可以接受。因此，
可以此模型验证高层组织公正对创造力的直接影响效应。

表 3 - 29　　　　　高层组织公正对创造力直接影响效应
分析拟合指数　（N = 38）

模型	df	χ^2	χ^2/df	P	GFI	NFI	RFI	IFI	CFI	$RMSEA$
Model0	424	780.842	1.842	0.000	0.357	0.461	0.369	0.651	0.625	0.147

注：Model0 为高层组织公正对创造力直接影响效应模型。

表 3 - 30　　　　　高层组织公正各维度对创造力直接影响效应
分析拟合指数　（N = 38）

模型	df	χ^2	χ^2/df	P	GFI	NFI	RFI	IFI	CFI	$RMSEA$
Model1	103	135.628	1.317	0.017	0.717	0.729	0.642	0.918	0.910	0.090
Model2	169	261.960	1.550	0.000	0.805	0.816	0.793	0.926	0.925	0.070
Model3	118	131.393	1.113	0.000	0.701	0.703	0.958	0.938	0.952	0.054
Model4	118	137.850	1.168	0.102	0.660	0.665	0.723	0.932	0.923	0.066

注：Model1 为分配公正对创造力直接影响效应模型；Model2 为程序公正对创造力直接影
响效应模型；Model3 为人际公正对创造力直接影响效应模型；Model4 为信息公正对创造力直
接影响效应模型。

（2）假设检验

基于前文假设，验证高层组织公正与创造力间的作用关系。利用结
构方程对高层组织公正四个维度与创造力之间的关系路径进行分析，观
察表 3 - 31，数据显示：高层分配公正、程序公正、人际公正和信息公
正均对创造力具有显著的正向影响。因此，假设 H6 高层组织公正对创
造力具有正向影响效应得到了验证。高层组织公正对创造力的直接影响
效应模型如图 3 - 12 所示。

表 3 – 31　高层组织公正各维度对创造力直接影响效应假设检验　　（N = 38）

路径	变量间关系	标准化路径系数	标准误	T 值	0	假设检验结果
1	分配公正→创造力	0.595	0.179	3.328	***	接受
2	程序公正→创造力	0.564	0.185	3.046	0.002 **	接受
3	人际公正→创造力	0.461	0.258	1.784	0.034 *	接受
4	信息公正→创造力	0.903	0.411	2.195	0.028 *	接受

注：路径系数为标准化值，*** 表示 $P < 0.001$；** 表示 $P < 0.01$；* 表示 $P < 0.05$。

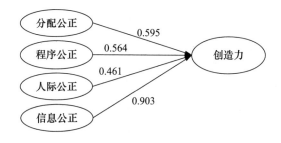

图 3 – 12　高层组织公正各维度对创造力直接影响效应模型

第四节　本章小结

本章在对组织公正理论与建言行为、创造力理论进行推演的基础上，通过实证研究验证了民营企业三个层级组织公正对建言行为、创造力的直接影响效应，得到如下研究发现。

一是，基层组织公正感知对建言行为、创造力均有显著的正向影响。从本章的实证研究结果来看，基层组织公正的四个维度对促进性建言、抑制性建言、创造力均具有正向作用。（1）基层分配公正、程序公正、人际公正和信息公正对促进性建言行为正向影响效应的路径系数分别为 0.370、0.722、0.402、0.438。这一方面说明了组织公正确实对基层员工的促进性建言存在直接的正向影响，即当基层员工感知到企业是公正的，那么便会更加愿意主动地就企业未来发展和现存问题提出自己的观点或想法，基于组织导向表现出积极的角色外行为；另一方面，从路径系数来看，程序公正对促进性建言的影响最大，表明若基层员工意识到组织内是有章可循的，企业分配资源的程序与过程是公正的、各项制度制定得也较为合理，那么建言的倾向就会明显提高。（2）基层分配公正、程序公正、人际公正和信息公正对抑制性建言行为正向影响效应的路径系数分别为 0.489、0.970、0.487、0.524。可见组织公正四个维度对抑制性建言行为具有直接正向影响，且程序公正感知的影响最强。也就是说，对基层员工而言，组织公正各维度的感知情况都会影响其是否做出抑制性建言行为的决定，如果基层员工认为组织是公正的，那么即使需要冒一定的风险或者承担一定的心理压力，他们也会选择提出建议帮助组织改善。（3）基层分配公正、程序公正、人际公正和信息公正对创造力正向影响的路径系数分别为 0.207、0.277、0.262、0.265。说明组织公正感知直接正向影响基层员工的创造力，且程序公正影响相对较强。当基层员工怀有组织公正感知时，会更愿意提出适合且有价值的新点子和新方法。

二是，中层组织公正感知对建言行为、创造力具有显著的正向影响。（1）中层分配公正、程序公正、人际公正和信息公正对促进性建言正向影响的路径系数分别为 0.298、0.477、0.321、0.442。说明组织公正确实对中层员工的促进性建言存在直接的正向作用，且程序公正的影响相对较大。（2）中层分配公正、程序公正、人际公正和信息公正对抑制性建言正向影响的路径系数分别为 0.350、0.694、0.272、0.492。可见组织公正四个维度对中层抑制性建言具有直接正向作用，且程序公正感知的影响最强。（3）中层分配公正、程序公正、人际公正和信息公正对创造力正向影响的路径系数分别为 0.320、0.425、0.279、0.401。说明了组织公正感知对中层员工的创造力存在直接的正向影响，且程序公正影响相对较强。

三是，高层组织公正感知对建言行为、创造力具有显著的正向影响。（1）高层分配公正、程序公正、人际公正和信息公正对抑制性建言正向影响的路径系数分别为 0.545、0.233、0.494、0.696。说明组织公正对高层抑制性建言存在直接的正向影响，且程序公正的影响最小，而信息公正对抑制性建言影响最强。企业高层本身就是企业主要的战略决策人和程序制定者，能否进行建言关键在于高层是否能够获得充分的信息，这将直接影响到其对建言有效性和建言价值的判断，进而影响到他们是否实施建言行为。（2）高层分配公正、程序公正、人际公正和信息公正对促进性建言行为具有正向影响，路径系数分别为0.469、0.688、0.327、0.487。说明组织公正确实对高层员工的促进性建言存在直接的正向影响，且程序公正的影响相对较大。（3）高层分配公正、程序公正、人际公正和信息公正对创造力正向影响的路径系数分别为0.595、0.564、0.461、0.903，说明了组织公正感知对高层员工的创造力存在直接的正向影响，且信息公正的影响最强，说明高层在企业内的信息公正与否将会影响到其创造动机和行为。

总之，企业三个层级员工组织公正感知对建言行为、创造力均具有显著的正向影响，其中程序公正更易影响中层、基层员工的建言行为和创造力，而信息公正对高层抑制性建言和创造力影响强度更大。

第四章 组织支持在组织公正和建言行为、创造力间的中介作用研究

第一节 概念模型与研究假设

组织支持感形成于员工与组织间的既往经历，当员工从与组织交换的经历中知觉到组织在情感上和资源分配上能够给予支持，那么员工会更愿意表现出积极的行为，为所在的组织做出贡献。

何会涛、彭纪生、袁勇志（2009）研究发现，与工作相关的组织支持感能够显著增加知识共享行为和提升共享的有效性。而知识的共享有利于团队创新绩效（李德煌、晋琳琳，2014）。顾远东、文莉、彭纪生（2014）在中国情境下，研究印证了组织支持感对研发人员创新行为有明显的预测力，其中主管支持的预测力最强。可见，组织支持感对创新、创造力是具有积极意义的。此外，学者对组织支持感与建言行为的关系也进行了研究，指出组织支持感对于建言行为具有重要的正向影响（李锐、凌文辁、方俐洛，2010；孙锐、石金涛、张体勤，2009）。既然组织支持感对于员工的组织公民行为等组织导向的积极行为均具有积极影响（吴继红，2006；Piercy，Cravens，Lane & Vorhies，2006），那么当员工怀有较高的组织支持感时，就可能有效地抑制各种消极行为的发生，相应地激发出更多正面的自主性活动。

于是，又一问题需要探讨，即组织支持感是怎样形成的？当组织为员工提供了较为公平的待遇，设置的制度公开透明，维护了员工的尊严，并能够进行充分的信息分享，那么员工就会认为自己的贡献和感情能够为组织所重视，于是组织支持的认知便会慢慢形成。国内外学者通过研究证实了，员工对组织程序公正与否的评价会影响组织支持感的形

成（Rhoades & Eisenberger，2002；Ambrose & Schminke，2003）。Loi、Hang - yue 和 Foley（2006）指出程序公正和分配公正都是组织支持感的重要前因。中国学者也验证了组织公平会有利于提升员工组织支持感（秦志华、傅升、蒋诚潇，2010）。

可见，组织公正与否与组织支持感直接相关，组织公正会提升组织支持的感知水平，消减负面情绪体验，促使员工正面评价自己与组织之间的关系，而较高的组织支持又将促使积极工作行为的产生，于是本章提出组织支持在组织公正与建言行为和创造力之间具有中介作用的概念模型，如图 4 - 1 所示。

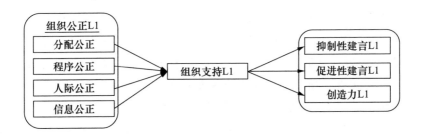

图 4 - 1　组织支持在基层组织公正和建言行为、创造力间的中介作用概念模型

基于前人的研究成果，可以推论组织支持在组织公正与建言行为、创造力之间充当中介变量的角色，据此本章提出如下假设，假设模型见图 4 - 2。

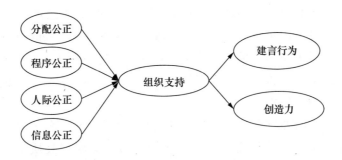

图 4 - 2　基层组织支持在组织公正与建言行为、创造力间的中介效应假设模型

H7：基层组织支持在组织公正与建言行为之间具有中介作用，即分配公正、程序公正、人际公正以及信息公正，均与建言行为发生以组织支持为中介的关系；

H8：基层组织支持在组织公正和创造力之间具有中介作用，即分配公正、程序公正、人际公正以及信息公正，均与创造力发生以组织支持为中介的关系。

第二节　研究设计

一　变量测量

从现有研究来看，组织支持量表的开发有很多种类型，主要有：Eisenberger、Huntington、Hutchison 和 Sowa（1986）开发的一维度包括36 个题项的情感导向的自陈式量表。由于该量表题项过多，而且主要是针对一个维度，所以后来学者会根据研究需要采用简版量表。Mcmillin（1997）开发了两维度量表，包括感情维度和工具维度，该量表也具有良好的信度和效度。学者们在此量表的基础上又增加了测量角度，开发了三个维度的量表（杨海军，2003；Kraimer 和 Wayne，2004）。与此同时，Chong、White 和 Prybutok（2001）根据员工感知到被支持的来源不同，开发了包括高层管理者支持、中层管理者支持、一线直接上级支持、生产员工间的相互支持和行政管理人员支持等五个维度的组织支持量表。

由于本书主要着眼于基层员工组织支持的情感感知是否源于组织公正，以及是否会对其行为产生影响，因此不需要考虑组织工具性支持，也不必要区分不同主体来加以考察。故而，本章采用 Eisenberger 等的简版量表，该量表便于测量，经检验也具有良好的一致性，可以依据该量表的数据结果分析验证：组织支持感在组织公正与建言行为、创造力间是否发挥着中介作用。

本章运用国外研究量表来调查员工对组织支持的感知，从员工整体感知的角度来测量组织支持。为了避免语意差异对问卷质量造成的影响，对国外研究量表中的题项进行了双向翻译。简版 Eisenberger 组织支持量表见表 4 - 1，该量表包括 5 个题项，为单维构念。量表应用 Likert 5 点量法，1 代表非常不同意，5 代表非常同意。Cronbach's Alpha 值为 0.922。

表 4 - 1 组织支持量表

维度	编号	观测变量（题项）	来源
组织支持	POS1	我的组织在意我的意见。	Eisenberger（1986）
	POS2	我的组织确实关心我的身体和心理健康。	
	POS3	我的组织会充分考虑我的目标和价值。	
	POS4	当我有难处的时候组织会给我帮助。	
	POS5	我的组织会站在我的立场原谅我承认了的错误。	

二　样本选择与数据收集

本章样本主要来自辽宁、吉林、湖北、四川、安徽、广西等地区民营企业，调查主要通过研究人员现场发放、现场回收问卷的方式，数据搜集时间为 2015 年 7 月至 2016 年 3 月，每份调查问卷都强调匿名填写和调查结果的保密性。调查对象包括 38 家民营企业，涉及制造业、建筑业、金融业、服务业等 8 个行业，年销售收入在 2000 万元以上的企业 18 家，员工人数在 150 人以上的企业 15 家。本章研究依据基层员工组织公正、组织支持与建言行为、创造力的调查数据展开。涉及 38 家企业 534 份基层员工问卷，其中男性占 49.6%，任期在 3 年以上的占 42.7%，年龄在 30 岁以下的占 66%。

三　分析方法

首先，本章应用 AMOS17.0 进行验证性因子分析和结构方程全模型分析，对假设进行检验；最终，得到组织支持在组织公正与建言行为、创造力之间的中介作用模型。

本章关于中介作用成立的判断方法依据 Muller、Judd 和 Yzerbyt（2005）对于中介作用判定的观点①，这一观点已经得到管理学领域实证研究学者的公认和广泛应用。因此，本章将应用这一中介作用成立的

---

① 判断是否存在中介作用，必须同时满足以下四个条件：一是，自变量对因变量的作用显著；二是，自变量对中介变量作用显著；三是，中介变量对因变量作用显著；四是，当中介变量进入时，自变量对因变量的作用消失了或是减小了。若中介变量进入时，自变量对因变量的作用不显著，则称为完全中介；若中介变量进入时，自变量对因变量的作用显著，但作用减小，则称为部分中介。

判断方法检验组织支持感在组织公正与建言行为、创造力之间的中介作用。

第三节 研究结果

本部分对基层员工组织公正、组织支持、建言行为和创造力的数据进行验证性因子分析，以检验各变量间的区分效度；然后，通过结构方程验证基层组织支持在组织公正与建言行为、创造力间是否具有中介作用，检验假设是否成立；并在模型中显示组织公正各个维度、组织支持、促进性建言、抑制性建言、创造力间的关系。

一 基层组织公正与建言行为间组织支持的中介作用分析

1. 组织支持在组织公正与建言行为之间中介作用各变量验证性因子分析

本章应用基层全部 534 个样本数据对组织支持在组织公正与建言行为之间中介作用模型进行验证性因子分析，模型中包括分配公正、程序公正、人际公正、信息公正、组织支持、促进性建言和抑制性建言等 7 个因子。根据验证性因子分析结果，可以看出：基层 7 因子结构的拟合度最好，明显优于其他因子模型，相关结果见表 4 - 2，GFI、NFI、RFI、IFI、CFI 等拟合指数均超过 0.8，拟合度较好；$RMSEA$ 为 0.067，数值小于 0.8，χ^2/df 为 3.402，小于 5，达到可接受水平。这证明基层分配公正、程序公正、人际公正、信息公正、组织支持、抑制性建言、促进性建言等 7 个因子是不同的构念，具有良好的区分效度。

2. 基层组织公正与建言行为间组织支持的中介影响效应的结构方程分析

（1）结构方程分析

本部分主要研究组织支持在组织公正四个维度与建言行为间的中介作用。按照上文图 4 - 2 建立的组织支持在组织公正与建言行为间的中介效应假设模型，用所有 534 个基层样本数据，应用 AMOS17.0 进行结构方程分析。

表 4 – 2　基层组织支持在组织公正与建言行为间中介作用模型各变量

验证性因子分析结果　（N = 534）

指标	df	χ^2	χ^2/df	P	GFI	NFI	RFI	IFI	CFI	RMSEA
1 因子模型	495	5186.666	10.478	0.000	0.437	0.603	0.577	0.627	0.626	0.133
2 因子模型	494	4878.585	9.876	0.000	0.442	0.627	0.601	0.652	0.651	0.129
3 因子模型	492	3799.107	7.722	0.000	0.600	0.710	0.688	0.737	0.737	0.112
4 因子模型	489	1992.855	4.075	0.000	0.789	0.848	0.835	0.881	0.880	0.076
5 因子模型	485	1959.385	4.040	0.000	0.794	0.850	0.837	0.883	0.883	0.076
6 因子模型	480	1710.990	3.565	0.000	0.825	0.869	0.856	0.902	0.902	0.069
7 因子模型	474	1612.370	3.402	0.000	0.833	0.877	0.863	0.910	0.909	0.067

注：1 因子模型：分配公正 + 程序公正 + 人际公正 + 信息公正 + 促进性建言 + 抑制性建言 + 组织支持

2 因子模型：分配公正 + 程序公正 + 人际公正 + 信息公正 + 促进性建言 + 抑制性建言，组织支持

3 因子模型：分配公正 + 程序公正 + 人际公正 + 信息公正 + 促进性建言，抑制性建言，组织支持

4 因子模型：分配公正 + 程序公正 + 人际公正 + 信息公正，抑制性建言，促进性建言，组织支持

5 因子模型：分配公正 + 程序公正 + 人际公正，信息公正，抑制性建言，促进性建言，组织支持

6 因子模型：分配公正 + 程序公正，人际公正，信息公正，抑制性建言，促进性建言，组织支持

7 因子模型：分配公正，程序公正，人际公正，信息公正，抑制性建言，促进性建言，组织支持

　　初始模型 Model0 是组织支持在组织公正与建言行为间中介作用的全模型，拟合指数一般（具体拟合指标见表 4 – 3）。于是研究中试图构建拟合更好的分析模型，Model1—8 是将组织公正四个维度与促进性建言、抑制性建言分别构建以组织支持为中介的模型。模型拟合结果显示，除程序公正作为自变量的模型以外，其他各模型 GFI、NFI、RFI、IFI、CFI 都在 0.9 以上，拟合度非常理想，χ^2/df 均小于 3，RMSEA 值接近于 0.05 或小于 0.05 这一理想值，而程序公正作为自变量的模型拟合指数也达到了可接受水平。因此，组织公正四个维度与促进性建言、抑制性建言分别构建的以组织支持为中介的模型成立。

表 4 – 3　　　　**组织支持在组织公正与建言行为间中介作用**
分析拟合指数　（N = 534）

指标	df	χ^2	χ^2/df	P	GFI	NFI	RFI	IFI	CFI	RMSEA
Model0	335	1266.637	3.781	0.000	0.842	0.879	0.863	0.908	0.908	0.072
Model1	62	154.757	2.496	0.000	0.958	0.958	0.947	0.974	0.974	0.053
Model2	116	401.360	3.460	0.000	0.856	0.886	0.903	0.905	0.909	0.061
Model3	74	186.269	2.517	0.000	0.953	0.957	0.947	0.974	0.973	0.053
Model4	74	190.230	2.571	0.000	0.951	0.955	0.945	0.972	0.972	0.054
Model5	62	146.965	2.370	0.000	0.961	0.960	0.950	0.976	0.976	0.051
Model6	116	401.592	3.462	0.000	0.852	0.887	0.905	0.903	0.905	0.061
Model7	74	162.354	2.194	0.000	0.959	0.962	0.954	0.979	0.979	0.047
Model8	74	175.838	2.376	0.000	0.955	0.959	0.949	0.976	0.976	0.051

注：Model0 组织支持在组织公正与建言行为间的中介作用模型；Model1 组织支持在分配公正与促进性建言间的中介作用模型；Model2 组织支持在程序公正与促进性建言间的中介作用模型；Model3 组织支持在人际公正与促进性建言间的中介作用模型；Model4 组织支持在信息公正与促进性建言间的中介作用模型；Model5 组织支持在分配公正与抑制性建言间的中介作用模型；Model6 组织支持在程序公正与抑制性建言间的中介作用模型；Model7 组织支持在人际公正与抑制性建言间的中介作用模型；Model8 组织支持在信息公正与抑制性建言间的中介作用模型。

（2）假设检验

本章根据 Muller、Judd 和 Yzerbyt（2005）关于中介作用成立条件的判断依据，对假设进行检验，验证组织支持在组织公正与促进性建言之间是否起到中介作用，组织支持在组织公正与抑制性建言之间是否也起到中介作用。

通过结构方程分析，结果显示组织支持在分配公正、人际公正和信息公正与促进性建言之间具有中介作用，而组织支持在程序公正与促进性建言间不具有中介作用。如表 4 – 4 所示，Model1、Model3、Model5、Model7 分别是未加入中介变量组织支持时，自变量分配公正、程序公正、人际公正和信息公正对因变量促进性建言的直接影响效应模型，结果显示直接路径系数分别为 0.370、0.722、0.402 和 0.438，均在 0.001 水平上显著。Model2 是组织支持在分配公正与促进性建言间中介效应模型，在加入中介变量组织支持后，经结构方程模型分析，自变量

表 4 - 4 **基层组织支持在组织公正与促进性建言间的中介作用**
路径系数及显著性检验 （N = 534）

模型	变量间关系	标准化路径系数	标准误	T 值	P	显著性水平
Model1	分配公正→促进性建言	0.370	0.046	7.956	***	显著
Model2	分配公正→组织支持	0.687	0.048	14.288	***	显著
	组织支持→促进性建言	0.273	0.060	4.547	***	显著
	分配公正→促进性建言	0.174	0.059	2.956	**	显著
Model3	程序公正→促进性建言	0.722	0.075	9.667	***	显著
Model4	程序公正→组织支持	0.878	0.078	14.369	***	显著
	组织支持→促进性建言	0.074	0.073	1.018	0.309	不显著
	程序公正→促进性建言	0.554	0.106	5.218	***	显著
Model5	人际公正→促进性建言	0.402	0.061	6.572	***	显著
Model6	人际公正→组织支持	0.886	0.072	14.008	***	显著
	组织支持→促进性建言	0.392	0.072	5.422	***	显著
	人际公正→促进性建言	0.003	0.093	0.035	0.972	不显著
Model7	信息公正→促进性建言	0.438	0.056	7.751	***	显著
Model8	信息公正→组织支持	0.922	0.065	14.269	***	显著
	组织支持→促进性建言	0.299	0.073	4.099	***	显著
	信息公正→促进性建言	0.150	0.087	1.722	0.085	不显著

注：路径系数为标准化值，*** 表示 P < 0.001；** 表示 P < 0.01；* 表示 P < 0.05。

分配公正对中介变量组织支持影响显著，中介变量组织支持对结果变量促进性建言影响显著，自变量分配公正对因变量促进性建言的影响依然显著，但路径系数变为 0.174，小于未加入中介变量组织支持时其间的路径系数 0.370，因此，可以说明组织支持在分配公正与促进性建言之间起到部分中介作用。Model4 是组织支持在程序公正与促进性建言间的中介效应模型，在加入中介变量组织支持后，经结构方程模型分析，自变量程序公正对中介变量组织支持影响显著，中介变量组织支持对结果变量促进性建言影响不显著，自变量程序公正对因变量促进性建言的影响显著，因此，可以说明组织支持在程序公正与促进性建言之间没有起到中介作用。Model6 是组织支持在人际公正与促进性建言间的中介效应模型，在加入中介变量组织支持后，经结构方程模型分析，自变量人际公正对中介变量组织支持影响显著，中介变量组织支持对结果变量促进性建言影响显著，自变量人际公正对因变量促进性建言的影响不再显著，因此，说明组织支持在人际公正与促进性建言之间起到完全中介作用。Model8 是组织支持在信息公正与促进性建言间中介效应模型，在加入中介变量组织支持后，经结构方程模型分析，自变量信息公正对中介变量组织支持影响显著，中介变量组织支持对结果变量促进性建言影响显著，自变量信息公正对因变量促进性建言的影响不再显著，因此，可以说明组织支持在信息公正与促进性建言之间起到完全中介作用。

通过结构方程分析，结果显示组织支持在分配公正、人际公正和信息公正与抑制性建言之间具有中介作用，而组织支持在程序公正与抑制性建言间不具有中介作用。如表 4 - 5 所示，Model1、Model3、Model5、Model7 分别是未加入中介变量组织支持时，自变量分配公正、程序公正、人际公正和信息公正对因变量抑制性建言的直接影响效应模型，结果显示直接路径系数分别为 0.489、0.970、0.487 和 0.524，均在 0.001 水平上显著。Model2 是组织支持在分配公正与抑制性建言间中介效应模型，在加入中介变量组织支持后，经结构方程模型分析，自变量分配公正对中介变量组织支持影响显著，中介变量组织支持对结果变量抑制性建言影响显著，自变量分配公正对因变量抑制性建言的影响依然显著，但路径系数变为 0.273，小于未加入中介变量组织支持时其间的路径系数 0.489，因此，说明组织支持在分配公正与抑制性建言之间起到部分中介作用。Model4 是组织支持在程序公正与抑制性建言间中介效应模型，在加入中介变量组织支持后，经结构方程模型分析，自变量程序公正对中介变量组织支持影响显著，中介变量组织支持对结果变量抑制性建言影响不显著，自变量程序公正对因变量抑制性建言的影响显著，因此说明组织支持在程序公正与抑制性建言之间没有起到中介作用。Model6 是组织支持在人际公正与抑制性建言间中介效应模型，在加入中介变量组织支持后，经结构方程模型分析，自变量人际公正对中介变量组织支持影响显著，中介变量组织支持对结果变量抑制性建言影响显著，自变量人际公正对因变量抑制性建言的影响不再显著，因此，说明组织支持在人际公正与抑制性建言之间起到完全中介作用。Model8 是组织支持在信息公正与抑制性建言间中介效应模型，在加入中介变量组织支持后，经结构方程模型分析，自变量信息公正对中介变量组织支持影响显著，中介变量组织支持对结果变量抑制性建言影响显著，自变量信息公正对因变量抑制性建言的影响不再显著，因此，可以说明组织支持在信息公正与抑制性建言之间起到完全中介作用。

表4-5　　基层组织支持在组织公正与抑制性建言间的中介作用
路径系数及显著性检验　（N = 534）

模型	变量间关系	标准化路径系数	标准误	T值	P	显著性水平
Model1	分配公正→抑制性建言	0.489	0.060	8.163	***	显著
Model2	分配公正→组织支持	0.688	0.048	14.277	***	显著
	组织支持→抑制性建言	0.293	0.076	3.857	***	显著
	分配公正→抑制性建言	0.273	0.076	3.608	**	显著
Model3	程序公正→抑制性建言	0.970	0.095	10.235	***	显著
Model4	程序公正→组织支持	0.858	0.079	14.247	***	显著
	组织支持→抑制性建言	0.012	0.092	0.130	0.896	不显著
	程序公正→抑制性建言	0.862	0.137	6.288	***	显著
Model5	人际公正→抑制性建言	0.487	0.070	6.955	***	显著
Model6	人际公正→组织支持	0.947	0.067	14.180	***	显著
	组织支持→抑制性建言	0.424	0.091	4.670	***	显著
	人际公正→抑制性建言	0.090	0.112	0.808	0.419	不显著
Model7	信息公正→抑制性建言	0.524	0.067	7.874	***	显著
Model8	信息公正→组织支持	0.901	0.060	15.008	***	显著
	组织支持→抑制性建言	0.346	0.093	3.734	***	显著
	信息公正→抑制性建言	0.204	0.109	1.873	0.061	不显著

注：路径系数为标准化值，*** 表示 $P < 0.001$；** 表示 $P < 0.01$；* 表示 $P < 0.05$。

综上可知，通过本部分结构方程分析，结果显示组织支持在分配公正、人际公正、信息公正与建言行为之间具有中介作用，而在程序公正与建言行为之间不具有中介作用，如图4-3所示，因此假设H7得到了部分验证。

图4-3　组织支持在组织公正与建言行为间的中介效应模型

二　基层组织公正与创造力间组织支持的中介作用分析

1. 组织支持在组织公正与创造力之间中介作用各变量验证性因子分析

本章应用基层全部534个样本数据对组织支持在组织公正与创造力之间中介作用模型进行验证性因子分析，模型中包括分配公正、程序公正、人际公正、信息公正、组织支持和创造力等6个因子。根据验证性因子分析结果，可以看出：基层6因子结构的拟合度最好，明显优于其他因子模型，相关结果见表4-6，GFI、NFI、RFI、IFI、CFI等拟合指数均超过0.8，拟合度较好；$RMSEA$为0.063，数值小于0.8，χ^2/df为3.095，小于5，达到可接受水平。这证明基层分配公正、程序公正、人际公正、信息公正、组织支持和创造力等6个因子是不同的构念，具有良好的区分效度。

表4-6　基层组织支持在组织公正与创造力间中介作用模型各变量

验证性因子分析结果　（N=534）

指标	df	χ^2	χ^2/df	P	GFI	NFI	RFI	IFI	CFI	$RMSEA$
1因子模型	594	7242.610	12.193	0.000	0.299	0.531	0.502	0.552	0.551	0.145
2因子模型	593	6751.652	11.386	0.000	0.295	0.562	0.535	0.585	0.584	0.140
3因子模型	591	2165.538	3.664	0.000	0.790	0.860	0.850	0.894	0.894	0.071
4因子模型	588	2135.680	3.632	0.000	0.794	0.862	0.852	0.896	0.895	0.070
5因子模型	584	1896.141	3.247	0.000	0.820	0.877	0.867	0.912	0.911	0.065
6因子模型	579	1792.246	3.095	0.000	0.828	0.884	0.874	0.918	0.918	0.063

注：1因子模型：分配公正+程序公正+人际公正+信息公正+创造力+组织支持

2因子模型：分配公正+程序公正+人际公正+信息公正+创造力，组织支持

3因子模型：分配公正+程序公正+人际公正+信息公正，创造力，组织支持

4因子模型：分配公正+程序公正+人际公正，信息公正，创造力，组织支持

5因子模型：分配公正+程序公正，人际公正，信息公正，创造力，组织支持

6因子模型：分配公正，程序公正，人际公正，信息公正，创造力，组织支持

2. 基层组织公正与创造力间组织支持的中介影响效应的结构方程分析

（1）结构方程分析

本部分主要研究组织支持在组织公正四个维度与创造力间的中介作用。按照图 4 - 2 建立的组织支持在组织公正与创造力间的中介效应假设模型，用所有 534 个基层样本数据，应用 AMOS17.0 进行结构方程分析。

初始模型 Model0 是组织支持在组织公正与创造力间中介作用的全模型，拟合指数一般，于是，研究中试图构建拟合更好的分析模型（具体拟合指标见表 4 - 7），Model1—4 是将组织公正四个维度与创造力分别构建以组织支持为中介的模型，模型拟合结果显示，GFI、NFI、RFI、IFI、CFI 都在 0.8 以上，拟合度较理想，χ^2/df 均小于 5，$RMSEA$ 值接近于 0.08，各模型拟合指数达到了可接受水平。因此，组织公正四个维度与创造力分别构建的以组织支持为中介的模型成立。

表 4 - 7　　　组织支持在组织公正与创造力间中介作用分析

拟合指数　　（N = 534）

指标	df	χ^2	χ^2/df	P	GFI	NFI	RFI	IFI	CFI	$RMSEA$
Model 0	579	1792.246	3.095	0.000	0.828	0.884	0.874	0.918	0.918	0.063
Model1	186	467.677	2.514	0.000	0.920	0.945	0.937	0.966	0.966	0.053
Model2	272	1050.788	3.863	0.000	0.843	0.899	0.889	0.923	0.923	0.073
Model3	206	544.198	2.642	0.000	0.911	0.940	0.933	0.962	0.962	0.055
Model4	206	510.436	2.478	0.000	0.915	0.944	0.937	0.966	0.965	0.053

注：Model0 组织支持在组织公正与创造力间的中介作用模型；Model1 组织支持在分配公正与创造力间的中介作用模型；Model2 组织支持在程序公正与创造力间的中介作用模型；Model3 组织支持在人际公正与创造力间的中介作用模型；Model4 组织支持在信息公正与创造力间的中介作用模型。

（2）假设检验

本章根据 Muller、Judd 和 Yzerbyt（2005）关于中介作用成立条件的判断依据，对假设进行检验，验证假设组织支持在组织公正与创造力之间是否起到中介作用。

通过结构方程分析，结果显示组织支持在分配公正、人际公正和信息公正与创造力之间具有中介作用，而组织支持在程序公正与创造力之间不具有中介作用。如表4－8所示，Model1、Model3、Model5、Model7分别是未加入中介变量组织支持时，自变量分配公正、程序公正、人际公正和信息公正对因变量创造力的直接影响效应模型，结果显示直接路径系数分别为0.207、0.277、0.262、0.265，均在0.001水平上显著。Model2是组织支持在分配公正与创造力间的中介效应模型，在加入中介变量组织支持后，经结构方程模型分析，自变量分配公正对中介变量组织支持影响显著，中介变量组织支持对结果变量创造力影响显著，自变量分配公正对因变量创造力的影响不再显著，因此，说明组织支持在分配公正与创造力之间起到完全中介作用。Model4是组织支持在程序公正与创造力间中介效应模型，在加入中介变量组织支持后，经结构方程模型分析，自变量程序公正对中介变量组织支持影响显著，中介变量组织支持对结果变量创造力影响不显著，自变量程序公正对因变量创造力的影响显著，因此，可以说明组织支持在程序公正与创造力之间没有起到中介作用。Model6是组织支持在人际公正与创造力间的中介效应模型，在加入中介变量组织支持后，经结构方程模型分析，自变量人际公正对中介变量组织支持影响显著，中介变量组织支持对结果变量创造力影响显著，自变量人际公正对因变量创造力的影响不再显著，因此，可以说明组织支持在人际公正与创造力之间起到完全中介作用。Model8是组织支持在信息公正与创造力间的中介效应模型，在加入中介变量组织支持后，经结构方程模型分析，自变量信息公正对中介变量组织支持影响显著，中介变量组织支持对结果变量创造力影响显著，自变量信息公正对因变量创造力的影响不再显著，因此，可以说明组织支持在信息公正与创造力之间起到完全中介作用。

通过本部分结构方程分析，结果显示组织支持在分配公正、人际公正、信息公正与创造力之间具有中介作用，而在程序公正与创造力之间不具有中介作用，如图4－4所示，因此假设H8得到了部分验证。

表 4 - 8　基层组织支持在组织公正与创造力间的中介作用路径系数
　　　　　　及显著性检验　　（N = 534）

模型	变量间关系	标准化路径系数	标准误	T 值	P	显著性水平
Model1	分配公正→创造力	0.207	0.032	6.395	***	显著
Model2	分配公正→组织支持	0.690	0.048	14.367	***	显著
	组织支持→创造力	0.208	0.042	4.905	***	显著
	分配公正→创造力	0.065	0.040	1.637	0.102	不显著
Model3	程序公正→创造力	0.277	0.031	8.858	***	显著
Model4	程序公正→组织支持	0.877	0.078	14.338	***	显著
	组织支持→创造力	0.043	0.048	0.889	0.374	不显著
	程序公正→创造力	0.365	0.074	4.940	***	显著
Model5	人际公正→创造力	0.262	0.044	6.018	***	显著
Model6	人际公正→组织支持	0.949	0.067	14.225	***	显著
	组织支持→创造力	0.250	0.050	4.977	***	显著
	人际公正→创造力	0.004	0.058	0.072	0.943	不显著
Model7	信息公正→创造力	0.265	0.040	6.554	***	显著
Model8	信息公正→组织支持	0.904	0.060	15.054	***	显著
	组织支持→创造力	0.219	0.051	4.314	***	显著
	信息公正→创造力	0.052	0.057	0.920	0.358	不显著

注：路径系数为标准化值，*** 表示 $P < 0.001$；** 表示 $P < 0.01$；* 表示 $P < 0.05$。

图 4 - 4　组织支持在组织公正与创造力间的中介效应模型

第四节　本章小结

在已有研究成果之上，本章应用结构方程全模型分析方法，对组织支持在组织公正与建言行为、创造力间的中介作用进行了探讨。主要得到如下研究结果：

一是，组织支持在分配公正、人际公正、信息公正与促进性建言之间具有中介作用。本章实证研究结果表明，组织支持在分配公正与促进性建言之间起到部分中介作用。这说明，分配公正可以通过组织支持间接影响促进性建言；组织支持在人际公正、信息公正和促进性建言间具有完全中介作用，这说明，人际公正、信息公正通过组织支持影响促进性建言；组织支持在程序公正和促进性建言之间不具有中介作用。

二是，组织支持在分配公正、人际公正、信息公正与抑制性建言之间具有中介作用。本章实证研究结果表明，组织支持在分配公正与抑制性建言之间起到部分中介作用。这说明，分配公正可以通过组织支持间接影响抑制性建言；组织支持在人际公正、信息公正和抑制性建言间具有完全中介作用。这说明，人际公正、信息公正通过组织支持影响抑制性建言；组织支持在程序公正和抑制性建言之间不具有中介作用。

三是，组织支持在分配公正、人际公正、信息公正与创造力之间具有中介作用。本章实证研究结果表明，组织支持在分配公正、人际公正、信息公正和创造力之间具有完全中介作用。这说明，分配公正、人际公正、信息公正对创造力的影响是通过组织支持实现的；组织支持在程序公正和创造力之间不具有中介作用。

总之，组织支持在组织公正的三个维度，即分配公正、人际公正、信息公正与建言行为、创造力之间起到中介作用。组织支持在分配公正与建言行为之间充当部分中介角色，在人际公正、信息公正和建言行为之间充当完全中介角色；在分配公正、人际公正、信息公正与创造力之间充当完全中介角色；程序公正在上述直接关系中均不充当中介角色。

第五章 组织公正垂滴效应的综合模型研究

第一节 研究假设

　　根据前几章组织公正对建言行为、创造力的直接效应研究，组织支持在组织公正与建言行为、创造力间的中介作用研究的分析结果，本章对组织公正的垂滴影响模型进行分析，即研究组织公正感知是否存在组织内部自上而下的影响，以及是否会以建言行为、创造力作为垂滴影响的中介变量。自 Masterson（2001）将垂滴效应引入组织公正研究领域以来，一些学者证实了主管的互动公正（Aryee，Chen，Sun & Debrah，2002）、程序公正（Tepper & Taylor，2003）会影响到下属的公正感知及其行为；主管的互动公正感对下属互动公正感存在垂滴效应，并对团队组织公民行为和工作偏差行为产生影响（Ambrose，Schminke & Mayer，2013）。

　　基于垂滴研究范式，本章研究中国情境下组织公正四个维度对员工行为的影响是否会沿着民营企业内部高、中、基层三个层级实现传导。通过阐释其间的传导机制，更为清晰地展示组织公正感知逐级向下动态发生作用的过程，并以此作为指导管理实践的理论依据。据此本章提出假设：高一层级员工的组织公正感知会通过其建言行为或创造力，对低一层级员工的组织公正感知产生正向影响，具体假设如下。本章研究变量的英文简写如表 5 - 1 所示，适用于本章。

　　H9　高层分配公正通过抑制或促进性建言逐层垂滴影响中层、基层分配公正，即：

　　　　H9a：$DJ3 \rightarrow PV3 \rightarrow DJ2$

　　　　H9b：$DJ2 \rightarrow PV2 \rightarrow DJ1$

表 5 -1 研究变量编码

变量	编码	变量	编码
性别	GEN	人际公正	IPJ
年龄	AGE	信息公正	IFJ
教育程度	EDU	建言行为	PV
任职年限	TEN	促进性建言	PMV
分配公正	DJ	抑制性建言	PHV
程序公正	PJ	创造力	CR

H10 高层分配公正通过创造力逐层垂滴影响中层、基层分配公正，即：

H10a：$DJ3 \rightarrow CR3 \rightarrow DJ2$

H10b：$DJ2 \rightarrow CR2 \rightarrow DJ1$

H11 高层程序公正通过抑制或促进性建言逐层垂滴影响中层、基层程序公正，即：

H11a：$PJ3 \rightarrow PV3 \rightarrow PJ2$

H11b：$PJ2 \rightarrow PV2 \rightarrow PJ1$

H12 高层程序公正通过创造力逐层垂滴影响中层、基层程序公正，即：

H12a：$PJ3 \rightarrow CR3 \rightarrow PJ2$

H12b：$PJ2 \rightarrow CR2 \rightarrow PJ1$

H13 高层人际公正通过抑制或促进性建言逐层垂滴影响中层、基层人际公正，即：

H13a：$IPJ3 \rightarrow PV3 \rightarrow IPJ2$

H13b：$IPJ2 \rightarrow PV2 \rightarrow IPJ1$

H14 高层人际公正通过创造力逐层垂滴影响中层、基层人际公正，即：

H14a：$IPJ3 \rightarrow CR3 \rightarrow IPJ2$

H14b：$IPJ2 \rightarrow CR2 \rightarrow IPJ1$

H15 高层信息公正通过抑制或促进性建言逐层垂滴影响中层、基层信息公正，即：

H15a：$IFJ3 \rightarrow PV3 \rightarrow IFJ2$

　　H15b：$IFJ2 \rightarrow PV2 \rightarrow IFJ1$

　　H16　高层信息公正通过创造力逐层垂滴影响中层、基层信息公正，即：

　　H16a：$IFJ3 \rightarrow CR3 \rightarrow IFJ2$

　　H16b：$IFJ2 \rightarrow CR2 \rightarrow IFJ1$

　　基于上述组织公正与建言行为、创造力之间关系的讨论，以及对垂滴效应的思考，构建了如图5-1所示的组织公正垂滴效应研究模型。

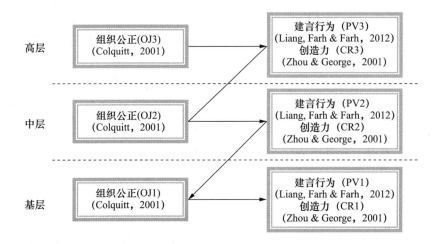

图5-1　垂滴概念模型：组织公正与建言行为、创造力的跨层次影响研究

第二节　研究设计

一　样本选择与数据收集

　　本章应用问卷调查方法，研究组织公正感知与创造力和建言行为的垂滴影响。样本主要来自辽宁、吉林、湖北、四川、安徽、广西等地区民营企业，调查主要通过研究人员现场发放、现场回收问卷的方式，数据搜集时间为2015年7月至2016年3月，每份调查问卷都强调匿名填写和调查结果的保密性。调查对象包括38家民营企业，涉及制造业、建筑业、金融业、服务业等8个行业，年销售收入在2000万元以上企

业的 17 家，员工人数在 150 人以上的企业 15 家。

调查中一共发出高层员工问卷 54 份，回收问卷 48 份，回收率为 88.9%；发出中层员工问卷 162 份，回收问卷 138 份，回收率为 85.2%；发出基层员工问卷 672 份，回收问卷 599 份，回收率为 89.1%。以往研究成果认为，跨层次研究进行配对调查时，上下层级样本数的对应关系应该保证 1 名上级至少对应 3 名下属（Colquitt，Noe & Jackson，2002；Richardson & Vandenberg，2005）。另外，根据跨层次分析组内一致性（Rwg，Within – Group Interrater Agreement）检验要求，Rwg 值需高于 0.70（Kozlowski & Hattrup，1992），因此本章最终确定企业样本数为 38 家，其中高层问卷 38 份（有效率为 79.2%），中层 114 份（有效率为 82.6%），基层 534 份（有效率为 89.1%），每家企业高层与中层人员的比例关系均为 1：3，中层管理者的下属为 3—5 人。在有效样本中，高层 86.8% 为男性，84.2% 任期在 3 年以上，7.9% 年龄在 30 岁以下；中层 63.2% 为男性，75.5% 任期在 3 年以上，28.9% 年龄在 30 岁以下；基层 49.6% 为男性，42.7% 任期在 3 年以上，66% 年龄在 30 岁以下。

二　分析方法

本章采用了垂滴模型解释概念模型中的关系，垂滴模型描绘了组织高层组织公正感知及行为是怎么样逐层影响中层、基层的公正感知及其行为的。本书采用一般线性回归和多层线性模型（Hierarchical Linear Modeling，HLM）（Hofmann & Gavin，1998）分析样本数据。其中，同一层级组织公正对行为的影响采用一般回归分析；组织公正的跨层次垂滴效应采用 HLM 分析方法。

在进行 HLM 跨层次分析时，一般采用的指标包括：组内一致性系数（Rwg）、组内相关系数（1）[Intraclass Correlation（1），ICC（1）]以及组内相关系数（2）[Intraclass Correlation（1），ICC（2）]。首先，为了确认每个团队的数据具备高度的组内一致性，需要考察在同一个团队内的成员对某个构念的反应程度是否相同（Kozlowski & Hattrup，1992），并用 Rwg 来表示。如公式 1 所示，一般来说，Rwg 值应大于 0.70，表示团队内成员的一致性程度较高。在研究中，被试的每个企业的中层管理者应具备较高的一致性，每个中层管理者对应的基层员工也应具备较高的一致性。

公式 1：$Rwg = J \left[1 - (\bar{S}_{xj}^2/\sigma_{EU}^2) \right] / \{ J \left[1 - (\bar{S}_{xj}^2/\sigma_{EU}^2) \right] + (\sigma_{EU}^2/\sigma_{EU}^2) \}$

$\sigma_{EU}^2 = (A2 - 1) / 12$

其次，需要考察不同团队对各变量的反应是否存在足够的组间差异，并用 ICC（1）（其含义是组间变异在总体变异的比重）进行测量。该值越大代表着变量在团队间的变异越大，如公式 2 所示。一般来说，ICC（1）的值大于 0.12 是可接受的指标（James，1982）。

最后，需要考察 ICC（2），即当个体变量合并到团队之后的团队变量的信度（Bartko，1976），ICC（2）的大小与 ICC（1）以及团队样本数有关，如公式 3 所示。根据公式可知，团队样本数越大，ICC（2）也就越大。一般来说，该值在 0.70 以上可接受。

其中，$\bar{S}_{xj}^2$ 为总观察均方差之平均值；σ_{EU}^2 为期望均方差；J 为总题数；A 为量表尺度。

公式 2：$ICC（1）= [\overline{MS}_B - \overline{MS}_W]/[\overline{MS}_B + (k-1) \overline{MS}_W]$

其中，$\overline{MS}_W$ 为组间均方；$\overline{MS}_W$ 为组内均方；k 为每组平均人数。

公式 3：$ICC（2）= k * ICC（1）/1 + (k-1) * ICC（1）$，其中，$k$ 为团队样本数。

第三节 研究结果

根据结构方程分析方法，应用 AMOS17.0 对各变量进行验证性因子分析；然后应用 SPSS17.0 进行回归分析，检验同一层级员工组织公正感知对创造力、抑制性建言和促进性建言的影响；最后应用 HLM7.0 进行跨层次分析，研究组织公正通过创造力或建言行为由高层向中、基层传递的垂滴效应。

一 分配公正垂滴效应研究结果

1. 验证性因子分析（CFA）

在第四章中，通过验证性因子分析已经验证了组织公正各维度、促进性建言、抑制性建言、创造力和组织支持是不同的构念，具有良好的区分效度。因此，本章不再赘列各因子模型的检验结果。根据对研究中各层级模型的结构效度的分析，表 5 - 2 列出应用 AMOS17.0 对高、中、基层分配公正与创造力、抑制性建言和促进性建言关系模型的验证性因子分析结果。由于高层数据只有 38 份，数据太少因而验证性因子分析的结果不理想，但中、基层拟合指数均达到了可接受的水平。

表5-2　　　各层级分配公正、建言行为、创造力关系模型各变量
验证性因子分析结果

层级	df	χ^2	χ^2/df	P	GFI	NFI	RFI	IFI	CFI	$RMSEA$
高层（N=38）	293	521.884	1.781	0.000	0.504	0.533	0.642	0.722	0.701	0.142
中层（N=114）	293	389.866	1.331	0.000	0.828	0.839	0.821	0.954	0.954	0.054
基层（N=534）	293	838.524	2.862	0.000	0.889	0.931	0.924	0.954	0.954	0.059

2. 相关分析与回归分析

应用 SPSS17.0 对组织内各层级各变量的平均数、标准差与相关系数进行统计，结果如表5-3所示。（1）各层级员工的创造力、抑制性建言、促进性建言之间呈现显著正相关关系，说明创造力和建言行为是可以相互引发的。（2）中层员工分配公正和性别正相关（$r=0.204$，$P<0.05$），说明中层的女性员工在企业中的分配公正感知水平更高，受调查企业的中层员工大多30岁以上，而面对同样水平的薪酬，一般来说女性的满意度要比男性更高些；中层创造力与年龄负相关（$r=-0.198$，$P<0.05$），反映了该层级员工年龄越大，越倾向于保守，同时由于他们在组织中的决策能力又比较低，因此创造力会表现不足。（3）基层员工分配公正与教育程度负相关（$r=-0.105$，$P<0.05$），说明在基层，学历越高的员工对分配公正的感知度越低，刚刚入职的员工因学历体现的薪酬差别并不大，而一些技术人员和工人虽然学历教育时间较短，但工作经验丰富，对企业的实际贡献力更大，因此薪酬反而是更高的；基层员工任职年限与促进性建言正相关（$r=0.092$，$P<0.05$），说明基层员工在组织内任职年限越长，对组织更加了解，更容易发生促进性建言；（3）高、中、基层各层级员工分配公正与同级创造力（$r=0.521$，$P<0.001$；$r=0.364$，$P<0.001$；$r=0.308$，$P<0.001$）、抑制性建言（$r=0.730$，$P<0.001$；$r=0.331$，$P<0.001$；$r=0.383$，$P<0.001$）和促进性建言（$r=0.728$，$P<0.001$；$r=0.411$，$P<0.001$；$r=0.371$，$P<0.001$）显著正向相关。（4）当将性别、年龄、

教育程度、任职年限等设为控制变量以及将分配公正作为自变量，创造力、抑制性建言、促进性建言作为因变量进行回归分析时，结果显示（见表5-4）：高、中、基层分配公正对同层级抑制性建言（$r = 0.756$，$P < 0.001$；$r = 0.336$，$P < 0.001$；$r = 0.391$，$P < 0.001$）、促进性建言（$r = 0.750$，$P < 0.001$；$r = 0.411$，$P < 0.001$；$r = 0.383$，$P < 0.001$）、创造力（$r = 0.577$，$P < 0.001$；$r = 0.391$，$P < 0.001$；$r = 0.318$，$P < 0.001$）具有显著的正向影响。

表5-3　　　　　各研究变量的均值、标准差及相关系数

	M	SD	1	2	3	4	5	6	7	8
1. GEN3	1.13	0.34	1							
2. AGE3	3.53	0.76	-0.169	1						
3. EDU3	3.00	0.74	-0.215	-0.097	1					
4. TEN3	3.37	0.82	-0.081	0.374*	-0.090	1				
5. DJ3	4.39	0.75	0.107	0.115	-0.065	-0.052	1			
6. CR3	4.10	0.59	-0.047	-0.125	0.057	0.037	0.521***	1		
7. PHV3	4.23	0.67	-0.109	0.014	0.120	-0.175	0.730***	0.687***	1	
8. PMV3	4.30	0.45	0.053	0.095	-0.033	0.147	0.728***	0.569***	0.736***	1
1. GEN2	1.37	0.49	1							
2. AGE2	2.96	0.78	-0.004	1						
3. EDU2	2.55	0.74	0.019	0.012	1					
4. TEN2	2.97	0.80	-0.202*	0.422**	0.143	1				
5. DJ2	3.94	0.77	0.204*	0.059	0.064	-0.097	1			
6. CR2	3.71	0.72	0.024	-0.198*	0.126	-0.026	0.364***	1		
7. PHV2	3.58	0.88	0.078	-0.131	0.036	-0.099	0.331***	0.769***	1	
8. PMV2	3.77	0.79	141	-0.090	0.044	-0.048	0.411***	0.800***	0.870***	1
1. GEN1	1.50	0.50	1							
2. AGE1	2.30	0.90	-0.044	1						
3. EDU1	2.38	0.76	-0.097*	-0.186**	1					
4. TEN1	2.43	0.87	-0.094*	0.699**	-0.091*	1				
5. DJ1	3.74	0.87	-0.026	0.015	-0.105*	-0.006	1			
6. CR1	3.35	0.91	-0.051	0.032	0.068	0.067	0.308***	1		
7. PHV1	3.32	0.98	0.004	-0.003	0.016	0.051	0.383***	0.809***	1	
8. PMV1	3.44	0.93	-0.041	0.040	0.057	0.092*	0.371***	0.793***	0.867***	1

注：* 表示 $P < 0.05$，** 表示 $P < 0.01$，*** 表示 $P < 0.001$，2-tailed；变量缩写中的1、2、3分别代表基层、中层、高层；基层 N=534，中层 N=114，高层 N=38。

表 5 - 4　　同一层级内分配公正与创造力、抑制性建言、促进性
建言的回归分析

自变量	因变量：CR		
	β	t	R^2
DJ3	0.577***	3.965	0.349
DJ2	0.391***	4.417	0.203
DJ1	0.318***	7.714	0.111
自变量	因变量：PHV		
	β	t	R^2
DJ3	0.756***	6.671	0.606
DJ2	0.336***	3.641	0.132
DJ1	0.391 ***	9.717	0.156
自变量	因变量：PMV		
	β	t	R^2
DJ3	0.750***	6.334	0.569
DJ2	0.411***	4.594	0.189
DJ1	0.383***	9.525	0.158

注：各因变量与自变量的数据来源于相同层级，所有分析为标准化；*表示 $P < 0.05$，**表示 $P < 0.01$，***表示 $P < 0.001$。

3. HLM 分析

本书涉及高、中、基层数据，因此在进行跨层次分析时，需要对组内一致性系数（Rwg）、组内相关系数（1）[ICC（1）] 以及组内相关系数（2）[ICC（2）] 进行测量。结果显示：被调查企业中层、基层各团队 Rwg 值均大于 0.70，说明各团体内成员对被测量变量的反应程度足够一致；在考察组间差异时，各变量的 ICC（1）的值远远大于 0.12，说明各变量在团队间的反应存在足够的差异；本书并不存在个体合并到团队的问题，但出于谨慎，对 ICC（2）的值也进行了测量，验证各团队变量的信度如何，结果显示各变量 ICC（2）的值远远大于 0.70，均在 0.90 以上，表明任一团体变量的信度都非常理想。具体数值如表 5 - 5 所示，研究中各指标均达到或远超过指标接受值，因此可进一步依据数据进行垂滴分析。

表 5 - 5　　　中层、基层研究变量的 Rwg、ICC（1）和 ICC（2）

层级	变量	Rwg 范围	Rwg 中位数	ICC（1）	ICC（2）
中层	分配公正	0.706 - 0.981	0.936	0.386	0.986
	创造力	0.932 - 0.990	0.982	0.845	0.998
	抑制性建言	0.714 - 0.995	0.969	0.791	0.997
	促进性建言	0.814 - 0.993	0.970	0.785	0.997
基层	分配公正	0.706 - 0.989	0.916	0.578	0.998

　　本书采用多层线性模型（HLM）来研究分配公正的垂滴效应，高、中、基层的分配公正对其同层创造力和建言行为的影响属于单一层级，放在一般回归分析，结果见表 5 - 4；其他假设则放入多层线性模型（HLM）中检验，高一层级的分配公正通过其行为对低一层级影响的跨层次回归分析结果如表 5 - 6 所示。

表 5 - 6　　　　　　分配公正跨层次分析模型及结果

模型	系数			方差分量	
	γ_{00}	γ_{01}	γ_{02}	σ^2	τ_{00}
Model1：$DJ3 \rightarrow DJ2$					
L1：$DJ2_{ij} = \beta_{0j} + r_{ij}$					
L2：$\beta_{0j} = \gamma_{00} + \gamma_{01}(DJ3_j) + u_{0j}$	3.944***	0.475***		0.278	0.209***
Model2：$DJ3 \rightarrow CR3 \rightarrow DJ2$					
L2：$\beta_{0j} = \gamma_{00} + \gamma_{01}(CR3_j) + u_{0j}$	3.944***	0.469**		0.278	0.261***
L2：$\beta_{0j} = \gamma_{00} + \gamma_{01}(CR3_j) + \gamma_{02}(DJ3_j) + u_{0j}$	3.944***	0.214	0.387**	0.278	0.205***
Model3：$DJ3 \rightarrow PHV3 \rightarrow DJ2$					
L2：$\beta_{0j} = \gamma_{00} + \gamma_{01}(PHV3_j) + u$	3.944***	0.413**		0.278	0.262***
L2：$\beta_{0j} = \gamma_{00} + \gamma_{01}(PHV3_j) + \gamma_{02}(DJ3_j) + u_j$	3.944***	0.053	0.441*	0.278	0.217***
Model4：$DJ3 \rightarrow PMV3 \rightarrow DJ2$					
L2：$\beta_{0j} = \gamma + \gamma_{01}(PMV3_j) + u_{0j}$	3.944***	0.589***		0.278	0.270***
L2：$\beta_{0j} = \gamma_{00} + \gamma_{01}(PMV3_j) + \gamma_{02}(DJ3_j) + u_{0j}$	3.944***	0.012	0.470*	0.278	0.217***
Model5：$DJ2 \rightarrow DJ1$					
L1：$DJ1_{ij} = \beta_{0j} + r_{ij}$					
L2：$\beta_{0j} = \gamma_{00} + \gamma_{01}(DJ2j) + u_{0j}$	3.725***	0.557***		0.268	0.295***

续表

模型	系数			方差分量	
	γ_{00}	γ_{01}	γ_{02}	σ^2	τ_{00}
Model6：$DJ2 \rightarrow CR2 \rightarrow DJ1$					
L2：$\beta_{0j} = \gamma_{00} + \gamma_{01}(CR2_j) + u_{0j}$	3.726 ***	0.369 ***		0.268	0.411 ***
L2：$\beta_{0j} = \gamma_{00} + \gamma_{01}(CR2_j) + \gamma_{02}(DJ2_j) + u_{0j}$	3.724 ***	0.177 *	0.498 ***	0.268	0.283 ***
Model7：$DJ2 \rightarrow PHV2 \rightarrow DJ1$					
L2：$\beta_{0j} = \gamma_{00} + \gamma_{01}(PHV2_j) + u$	3.726 ***	0.308 ***		0.268	0.409 ***
L2：$\beta_{0j} = \gamma_{00} + \gamma_{01}(PHV2_j) + \gamma_{02}(DJ2_j) + u_j$	3.724 ***	0.165 *	0.497 ***	0.268	0.278 ***
Model8：$DJ2 \rightarrow PMV2 \rightarrow DJ1$					
L2：$\beta_{0j} = \gamma + \gamma_{01}(PMV2_j) + u_{0j}$	3.726 ***	0.358 ***		0.268	0.400 ***
L2：$\beta_{0j} = \gamma_{00} + \gamma_{01}(PMV2_j) + \gamma_{02}(DJ2_j) + u_{0j}$	3.725 ***	0.167 *	0.488 ***	0.268	0.283 ***

注：L1 代表低层级，L2 代表高层级；γ_{00} 为截距项，γ_{01}、γ_{02} 为回归预测 β_{0j} 的斜率，τ_{00} 代表组间变异，σ^2 代表组内变异；所有模型中变量均采用总平均数中心化处理（grand - mean centered），本表中系数均为非标准化系数。

＊表示 $P < 0.05$，＊＊表示 $P < 0.01$，＊＊＊表示 $P < 0.001$。

　　Model1 到 Model4 是高层分配公正对中层分配公正跨层次分析。Model1 显示了高层分配公正对中层分配公正具有显著的正向影响（$\gamma_{01} = 0.475$，$P < 0.001$），也就是说高层分配公正垂滴影响中层分配公正。在前面回归分析中（见表 5 - 4），高层分配公正已被验证对其同层级的创造力和建言行为均具有显著的正向预测效应。而为了检测高层创造力、抑制性建言和促进性建言是否为高层分配公正对中层分配公正垂滴影响的潜在中介，需将此三个潜在中介变量分别放进 Model2、Model3、Model4 中，结果显示，高层创造力对中层分配公正具有显著正向作用（$\gamma_{01} = 0.469$，$P < 0.01$）；高层抑制性建言对中层分配公正具有显著正向作用（$\gamma_{01} = 0.413$，$P < 0.01$）；高层促进性建言对中层分配公正具有显著正向作用（$\gamma_{01} = 0.589$，$P < 0.01$）。最后，将高层分配公正、各潜在中介以及中层分配公正分别放入各跨层次分析模型中，结果发现创造力、促进性建言、抑制性建言放入模型后，它们对中层分配公正的效应不再显著，说明促进性建言、抑制性建言和创造力并不是高层分配公正垂滴效应的中介，但是高层分配公正可以直接垂滴影响中层分配公正，因此假设 $H9a$、$H10a$ 没有得到验证。

Model5 到 Model8 是中层分配公正对基层分配公正跨层次的分析，Model5 呈现了中层分配公正对基层分配公正具有显著的正向预测效果（$\gamma_{01} = 0.557$，$P < 0.001$），证明了中层分配公正对基层分配公正具有垂滴效应。在前面回归分析中（见表 5 - 4），中层分配公正已被验证对其同层级的创造力和建言行为均具有显著的正向影响。而为了检测中层创造力、抑制性建言和促进性建言是中层分配公正对基层分配公正垂滴影响的潜在中介，需将此三个潜在中介变量分别放进 Model6、Model7、Model8 中，结果显示，中层创造力对基层分配公正具有显著正向作用（$\gamma_{01} = 0.369$，$P < 0.001$）；中层抑制性建言对基层分配公正具有显著正向作用（$\gamma_{01} = 0.308$，$P < 0.001$）；中层促进性建言对基层分配公正具有显著正向作用（$\gamma_{01} = 0.358$，$P < 0.001$）。最后，将中层分配公正、各潜在中介以及基层分配公正分别放入各跨层次分析模型中，结果发现潜在中介放入模型后，中层创造力、抑制性建言和促进性建言对基层分配公正影响效应依然显著，中层分配公正对基层分配公正的效应依然显著，但有所减弱（$\gamma_{01} = 0.498$，$P < 0.001$；$\gamma_{01} = 0.497$，$P < 0.001$；$\gamma_{01} = 0.488$，$P < 0.001$），这说明创造力、抑制性建言和促进性建言分别是中层分配公正向下垂滴的部分中介，因此假设 H9b、H10b 得到了支持。

二　程序公正垂滴效应研究结果

1. 验证性因子分析（CFA）

根据对研究中各层级模型结构效度的分析，表 5 - 7 列出应用 A-MOS17.0 对高、中、基层程序公正与创造力、抑制性建言和促进性建言关系模型的验证性因子分析结果，由于高层数据只有 38 份，数据太少因而验证性因子分析的结果不理想，但中、基层拟合指数均达到了可接受的水平。

表 5 - 7　各层级程序公正、建言行为、创造力关系模型各变量
验证性因子分析结果

层级	df	χ^2	χ^2/df	P	GFI	NFI	RFI	IFI	CFI	$RMSEA$
高层（N = 38）	399	741.216	1.858	0.000	0.564	0.450	0.548	0.639	0.612	0.148
中层（N = 114）	399	570.205	1.429	0.000	0.756	0.787	0.767	0.925	0.923	0.062
基层（N = 534）	399	1350.985	3.386	0.000	0.845	0.901	0.892	0.928	0.928	0.067

2. 相关分析与回归分析

应用 SPSS17.0 对组织内各层级各变量的平均数、标准差与相关系数进行统计，结果如表 5-8 所示。（1）各层级员工的创造力、抑制性建言、促进性建言之间呈现显著正相关关系，说明创造力和建言行为是可以相互引发的。（2）高、中、基层各层级员工程序公正与同级创造力（$r = 0.530$，$P < 0.001$；$r = 0.384$，$P < 0.001$；$r = 0.465$，$P < 0.001$）、抑制性建言（$r = 0.654$，$P < 0.001$；$r = 0.385$，$P < 0.001$；$r = 0.506$，$P < 0.001$）和促进性建言（$r = 0.731$，$P < 0.001$；$r = 0.476$，$P < 0.001$；$r = 0.485$，$P < 0.001$）显著正向相关。（3）当将性别、年龄、教育程度、任职年限等设为控制变量以及将程序公正作为自变量，创造力、抑制性建言、促进性建言作为因变量进行回归分析时，结果显示（见表 5-9）：高、中、基层程序公正对同层级创造力（$r = 0.580$，$P < 0.001$；$r = 0.358$，$P < 0.01$；$r = 0.470$，$P < 0.001$）、抑制性建言（$r = 0.660$，$P < 0.001$；$r = 0.373$，$P < 0.001$；$r = 0.510$，$P < 0.001$）、促进性建言（$r = 0.753$，$P < 0.001$；$r = 0.469$，$P < 0.001$；$r = 0.489$，$P < 0.001$）具有显著的正向影响。

表 5-8　　　　　　各研究变量的均值、标准差及相关系数

	M	SD	1	2	3	4	5	6	7	8
1. GEN3	1.13	0.34	1							
2. AGE3	3.53	0.76	-0.169	1						
3. EDU3	3.00	0.74	-0.215	-0.097	1					
4. TEN3	3.37	0.82	-0.081	0.374 *	-0.090	1				
5. PJ3	4.32	0.60	0.034	0.146	0.035	-0.034	1			
6. CR3	4.10	0.59	-0.047	-0.125	0.057	0.037	0.530 ***	1		
7. PHV3	4.23	0.67	-0.109	0.014	0.120	-0.175	0.654 ***	0.687 ***	1	
8. PMV3	4.30	0.45	0.053	0.095	-0.033	0.147	0.731 ***	0.569 ***	0.736 ***	1
1. GEN2	1.37	0.49	1							
2. AGE2	2.96	0.78	-0.004	1						
3. EDU2	2.55	0.74	0.019	0.012	1					
4. TEN2	2.97	0.80	-0.202 *	0.422 **	0.143	1				
5. PJ2	3.96	0.66	0.032	-0.110	0.105	-0.055	1			

续表

	M	SD	1	2	3	4	5	6	7	8
6. CR2	3.71	0.72	0.024	−0.198 *	0.126	−0.026	0.384 ***	1		
7. PHV2	3.58	0.88	0.078	−0.131	0.036	−0.099	0.385 ***	0.769 ***	1	
8. PMV2	3.77	0.79	141	−0.090	0.044	−0.048	0.476 ***	0.800 ***	0.870 ***	1
1. GEN1	1.50	0.50	1							
2. AGE1	2.30	0.90	−0.044	1						
3. EDU1	2.38	0.76	−0.097 *	−0.186 **	1					
4. TEN1	2.43	0.87	−0.094 *	0.699 **	−0.091 *	1				
5. PJ1	3.72	0.81	−0.059	0.013	−0.062	−0.030	1			
6. CR1	3.35	0.91	−0.051	0.032	0.068	0.067	0.465 ***	1		
7. PHV1	3.32	0.98	0.004	−0.003	0.016	0.051	0.506 ***	0.809 ***	1	
8. PMV1	3.44	0.93	−0.041	0.040	0.057	0.092 *	0.485 ***	0.793 ***	0.867 ***	1

注：* 表示 $P < 0.05$，** 表示 $P < 0.01$，*** 表示 $P < 0.001$，2 - tailed；变量缩写中的 1、2、3 分别代表基层、中层、高层；基层 N = 534，中层 N = 114，高层 N = 38。

表 5 - 9　　　同一层级内程序公正与创造力、抑制性建言、
促进性建言的回归分析

自变量	因变量：CR		
	β	t	R^2
PJ3	0.580 ***	4.008	0.354
PJ2	0.358 **	4.066	0.184
PJ1	0.470 ***	12.242	0.230

自变量	因变量：PHV		
	β	t	R^2
PJ3	0.660 ***	5.063	0.477
PJ2	0.373 ***	4.181	0.162
PJ1	0.510 ***	13.604	0.263

自变量	因变量：PMV		
	β	t	R^2
PJ3	0.753 ***	6.404	0.574
PJ2	0.469 ***	5.539	0.245
PJ1	0.489 ***	12.914	0.251

注：各因变量与自变量的数据来源于相同层级，所有分析为标准化；* 表示 $P < 0.05$，** 表示 $P < 0.01$，*** 表示 $P < 0.001$。

3. HLM 分析

本书涉及高、中、基层数据，因此在进行跨层次分析时，需要对组内一致性系数（Rwg）、组内相关系数（1）［ICC（1）］以及组内相关系数（2）［ICC（2）］进行测量。结果显示：被调查企业中层、基层各团队 Rwg 值均大于 0.70，说明各团体内成员对被测量变量的反应程度足够一致；在考察组间差异时，各变量的 ICC（1）的值远远大于0.12，说明各变量在团队间的反应存在足够的差异；本书并不存在个体合并到团队的问题，但出于谨慎，对 ICC（2）的值也进行了测量，验证各团队变量的信度如何，结果显示各变量 ICC（2）的值远远大于0.70，均在 0.90 以上，表明任一团体变量的信度都非常理想。具体数值如表 5 – 10 所示，研究中各指标均达到或远超过指标接受值，因此可进一步依据数据进行垂滴分析。

表 5 – 10　　中层、基层研究变量的 Rwg、ICC（1）和 ICC（2）

层级	变量	Rwg 范围	Rwg 中位数	ICC（1）	ICC（2）
中层	程序公正	0.713 – 0.997	00.963	0.386	0.986
	创造力	0.932 – 0.990	0.982	0.845	0.998
	抑制性建言	0.714 – 0.995	0.969	0.791	0.997
	促进性建言	0.814 – 0.993	0.970	0.785	0.997
基层	程序公正	0.708 – 0.995	0.963	0.578	0.998

研究采用多层线性模型（HLM）来研究程序公正的垂滴效应，高、中、基层的程序公正对其同层创造力和建言行为的影响属于单一层级，放在一般回归分析，结果见表 5 – 9；其他假设则放入多层线性模型（HLM）中检验，高一层级的程序公正通过其行为对低一层级影响的跨层次回归分析结果如表 5 – 11 所示。

Model1 到 Model4 是高层程序公正对中层程序公正跨层次分析。Model1 显示了高层程序公正对中层程序公正具有显著的正向影响（γ_{01} = 0.618，$P < 0.01$），也就是说高层程序公正垂滴影响中层程序公正。在前面回归分析中（见表 5 – 9），高层程序公正已被验证对其同层级的创造力和建言行为均具有显著的正向预测效应。而为了检测高层创造力、抑制性建言和促进性建言是高层程序公正对中层程序公正垂滴

表 5 - 11 　　　　　　　　　程序公正跨层次分析模型及结果

模型	系数			方差分量	
	γ_{00}	γ_{01}	γ_{02}	σ^2	τ_{00}
Model1: $PJ3 \rightarrow PJ2$					
L1: $PJ2_{ij} = \beta_{0j} + r_{ij}$					
L2: $\beta_{0j} = \gamma_{00} + \gamma_{01}(PJ3j) + u_{0j}$	3.959 ***	0.618 **		0.212	0.089 ***
Model2: $PJ3 \rightarrow CR3 \rightarrow PJ2$					
L2: $\beta_{0j} = \gamma_{00} + \gamma_{01}(CR3_j) + u_{0j}$	3.959 ***	0.320 *		0.212	0.081 ***
L2: $\beta_{0j} = \gamma_{00} + \gamma_{01}(CR3_j) + \gamma_{02}(PJ3_j) + u_{0j}$	3.959 ***	0.014	0.625 ***	0.212	0.094 ***
Model3: $PJ3 \rightarrow PHV3 \rightarrow PJ2$					
L2: $\beta_{0j} = \gamma_{00} + \gamma_{01}(PHV3_j) + u$	3.959 ***	0.302 *		0.212	0.188 ***
L2: $\beta_{0j} = \gamma_{00} + \gamma_{01}(PHV3_j) + \gamma_{02}(PJ3_j) + u_j$	3.959 ***	0.102	0.693 ***	0.212	0.091 ***
Model4: $PJ3 \rightarrow PMV3 \rightarrow PJ2$					
L2: $\beta_{0j} = \gamma + \gamma_{01}(PMV3_j) + u_{0j}$	3.959 ***	0.597 **		0.212	0.157 ***
L2: $\beta_{0j} = \gamma_{00} + \gamma_{01}(PMV3_j) + \gamma_{02}(PJ3_j) + u_{0j}$	3.959 ***	0.017	0.627 ***	0.212	0.094 ***
Model5: $PJ2 \rightarrow PJ1$					
L1: $PJ1_{ij} = \beta_{0j} + r_{ij}$					
L2: $\beta_{0j} = \gamma_{00} + \gamma_{01}(PJ2j) + u_{0j}$	3.695 ***	0.691 ***		0.228	0.219 ***
Model6: $PJ2 \rightarrow CR2 \rightarrow PJ1$					
L2: $\beta_{0j} = \gamma_{00} + \gamma_{01}(CR2_j) + u_{0j}$	3.692 ***	0.409 ***		0.228	0.341 ***
L2: $\beta_{0j} = \gamma_{00} + \gamma_{01}(CR2_j) + \gamma_{02}(PJ2_j) + u_{0j}$	3.694 ***	0.194 **	0.609 ***	0.228	0.204 ***
Model7: $PJ2 \rightarrow PHV2 \rightarrow PJ1$					
L2: $\beta_{0j} = \gamma_{00} + \gamma_{01}(PHV2_j) + u$	3.692 ***	0.385 ***		0.228	0.315 ***
L2: $\beta_{0j} = \gamma_{00} + \gamma_{01}(PHV2_j) + \gamma_{02}(PJ2_j) + u_j$	3.694 ***	0.215 ***	0.580 ***	0.228	0.191 ***
Model8: $PJ2 \rightarrow PMV2 \rightarrow PJ1$					
L2: $\beta_{0j} = \gamma + \gamma_{01}(PMV2_j) + u_{0j}$	3.693 ***	0.397 ***		0.228	0.327 ***
L2: $\beta_{0j} = \gamma_{00} + \gamma_{01}(PMV2_j) + \gamma_{02}(PJ2_j) + u_{0j}$	3.694 ***	0.162 *	0.598 ***	0.228	0.208 ***

注: L1 代表低层级，L2 代表高层级；γ_{00} 为截距项，γ_{01}、γ_{02} 为回归预测 β_{0j} 的斜率，τ_{00} 代表组间变异，σ^2 代表组内变异；所有模型中变量均采用总平均数中心化处理（grand - mean centered），本表中系数均为非标准化系数。

* 表示 $P < 0.05$，** 表示 $P < 0.01$，*** 表示 $P < 0.001$。

影响的潜在中介，需将此三个潜在中介变量分别放进 Model2、Model3、

Model4 模型中，结果显示，高层创造力对中层程序公正具有显著正向作用（$\gamma_{01} = 0.320$，$P < 0.05$）；高层抑制性建言对中层程序公正具有显著正向作用（$\gamma_{01} = 0.302$，$P < 0.05$）；高层促进性建言对中层程序公正具有显著正向作用（$\gamma_{01} = 0.597$，$P < 0.01$）。最后，将高层程序公正、各潜在中介以及中层程序公正分别放入各跨层次分析模型中，结果发现创造力、抑制性建言、促进性建言放入模型后，高层程序公正对中层程序公正的效应依然显著（$\gamma_{01} = 0.625$，$P < 0.001$；$\gamma_{01} = 0.693$，$P < 0.001$；$\gamma_{01} = 0.627$，$P < 0.001$），但潜在中介变量对中层程序公正的影响不再显著，说明创造力、抑制性建言、促进性建言并不是高层程序公正垂滴效应的中介，但高层程序公正可以直接垂滴影响中层程序公正，因此假设 H11a、H12a 没有得到支持。

Model5 到 Model8 是中层程序公正对基层程序公正跨层次分析，Model5 呈现了中层程序公正对基层程序公正具有显著的正向预测效果（$\gamma_{01} = 0.691$，$p < 0.001$），证明了中层程序公正对基层程序公正具有垂滴效应。在前面回归分析中（见表 5 - 9），中层程序公正已被验证对其同层级的创造力和建言行为均具有显著的正向影响。而为了检测中层创造力、抑制性建言和促进性建言是中层程序公正对基层程序公正垂滴影响的潜在中介，需将此三个潜在中介变量分别放进 Model6、Model7、Model8 中，结果显示，中层创造力对基层程序公正具有显著正向作用（$\gamma_{01} = 0.409$，$P < 0.001$）；中层抑制性建言对基层程序公正具有显著正向作用（$\gamma_{01} = 0.385$，$P < 0.001$）；中层促进性建言对基层程序公正具有显著正向作用（$\gamma_{01} = 0.397$，$P < 0.001$）。最后，将中层程序公正、各潜在中介以及基层程序公正分别放入各跨层次分析模型中，结果发现潜在中介放入模型后，中层创造力、抑制性建言和促进性建言分别对基层程序公正的影响效应显著，且中层程序公正对基层程序公正的效应也依然显著，但有所减弱（$\gamma_{01} = 0.609$，$P < 0.001$；$\gamma_{01} = 0.580$，$P < 0.001$；$\gamma_{01} = 0.598$，$P < 0.001$），说明中层创造力、抑制性建言和促进性建言分别是中层程序公正向下垂滴的部分中介，因此假设 H11b、H12b 得到了支持。

三 人际公正垂滴效应研究结果

1. 验证性因子分析（CFA）

根据对研究中各层级模型结构效度的分析，表 5 - 12 列出应用

AMOS17.0对高、中、基层人际公正与创造力、抑制性建言和促进性建言关系模型的验证性因子分析结果，由于高层数据只有 38 份，数据太少因而验证性因子分析的结果不理想，但中、基层拟合指数均达到了可接受的水平。

表 5 – 12　　　　　各层级人际公正、建言行为、创造力关系模型

各变量验证性因子分析结果

层级	df	χ^2	χ^2/df	P	GFI	NFI	RFI	IFI	CFI	RMSEA
高层（N = 38）	318	511.232	1.608	0.000	0.564	0.500	0.644	0.726	0.701	0.125
中层（N = 114）	318	801.042	2.519	0.081	0.983	0.950	0.990	0.990	0.969	0.061
基层（N = 534）	318	1222.392	3.844	0.021	0.993	0.978	0.993	0.992	0.995	0.073

2. 相关分析与回归分析

应用 SPSS17.0 对组织内各层级各变量的平均数、标准差与相关系数进行统计，结果如表 5 – 13 所示。（1）各层级员工的创造力、抑制性建言、促进性建言之间呈现显著正相关关系，说明创造力和建言行为是可以相互引发的。（2）高、中、基层员工人际公正与同级创造力（$r = 0.332$，$P < 0.05$；$r = 0.268$，$P < 0.01$；$r = 0.294$，$P < 0.01$）、抑制性建言（$r = 0.344$，$P < 0.05$；$r = 0.237$，$P < 0.05$；$r = 0.318$，$P < 0.001$）和促进性建言（$r = 0.444$，$P < 0.01$；$r = 0.352$，$P < 0.01$；$r = 0.314$，$P < 0.001$）显著正向相关。（3）高层人际公正和年龄正相关（$r = 0.422$，$P < 0.01$），代表高层中年龄越大的员工在企业中的地位就越高，企业元老级的成员通常会得到更多的尊重与认可。（3）在相同层级内，当将性别、年龄、教育程度、任职年限等设为控制变量以及将人际公正作为自变量，创造力、抑制性建言、促进性建言作为因变量进行回归分析时，结果显示（见表 5 – 14）：高、中、基层人际公正对同层级创造力（$r = 0.530$，$P < 0.01$；$r = 0.308$，$P < 0.01$；$r = 0.302$，$P < 0.001$）、抑制性建言（$r = 0.344$，$P < 0.05$；$r = 0.259$，$P < 0.01$；$r = 0.325$，$P < 0.001$）、促进性建言（$r = 0.436$，$P < 0.05$；$r = 0.390$，$P < 0.001$；$r = 0.324$，$P < 0.001$）具有显著的正向影响。

表 5 – 13 各研究变量的均值、标准差及相关系数

	M	SD	1	2	3	4	5	6	7	8
1. GEN3	1.13	0.34	1							
2. AGE3	3.53	0.76	-0.169	1						
3. EDU3	3.00	0.74	-0.215	-0.097	1					
4. TEN3	3.37	0.82	-0.081	0.374*	-0.090	1				
5. IPJ3	4.17	0.61	0.113	0.422**	0.075	0.081	1			
6. CR3	4.10	0.59	-0.047	-0.125	0.057	0.037	0.332*	1		
7. PHV3	4.23	0.67	-0.109	0.014	0.120	-0.175	0.344*	0.687***	1	
8. PMV3	4.30	0.45	0.053	0.095	-0.033	0.147	0.444**	0.569***	0.736***	1
1. GEN2	1.37	0.49	1							
2. AGE2	2.96	0.78	-0.004	1						
3. EDU2	2.55	0.74	0.019	0.012	1					
4. TEN2	2.97	0.80	-0.202*	0.422**	0.143	1				
5. IPJ2	4.16	0.69	0.005	0.112	0.152	-0.124	1			
6. CR2	3.71	0.72	0.024	-0.198*	0.126	-0.026	0.268**	1		
7. PHV2	3.58	0.88	0.078	-0.131	0.036	-0.099	0.237*	0.769***	1	
8. PMV2	3.77	0.79	141	-0.090	0.044	-0.048	0.352**	0.800***	0.870***	1
1. GEN1	1.50	0.50	1							
2. AGE1	2.30	0.90	-0.044	1						
3. EDU1	2.38	0.76	-0.097*	-0.186**	1					
4. TEN1	2.43	0.87	-0.094*	0.699**	-0.091*	1				
5. IPJ1	4.01	0.75	-0.024	-0.026	-0.028	-0.066	1			
6. CR1	3.35	0.91	-0.051	0.032	0.068	0.067	0.294**	1		
7. PHV1	3.32	0.98	0.004	-0.003	0.016	0.051	0.318***	0.809***	1	
8. PMV1	3.44	0.93	-0.041	0.040	0.057	0.092*	0.314***	0.793***	0.867***	1

注：* 表示 $P < 0.05$，** 表示 $P < 0.01$，2 – tailed；变量缩写中的 1、2、3 分别代表基层、中层、高层；基层 N = 534，中层 N = 114，高层 N = 38。

3. HLM 分析

本书涉及高、中、基层数据，因此在进行跨层次分析时，需要对组内一致性系数（Rwg）、组内相关系数（1）［ICC（1）］以及组内相关系数（2）［ICC（2）］进行测量。结果显示：被调查企业中层、基层

表 5 - 14　同一层级内人际公正与创造力、抑制性建言、促进性
建言的回归分析

自变量	因变量：CR		
	β	t	R^2
IPJ3	0.530**	2.987	0.241
IPJ2	0.308**	3.313	0.146
IPJ1	0.302***	7.294	0.102
自变量	因变量：PHV		
	β	t	R^2
IPJ3	0.344*	2.198	0.118
IPJ2	0.259**	2.701	0.088
IPJ1	0.325***	7.898	0.110
自变量	因变量：PMV		
	β	t	R^2
IPJ3	0.436*	2.396	0.201
IPJ2	0.390***	4.262	0.170
IPJ1	0.324***	7.901	0.014

注：各因变量与自变量的数据来源于相同层级，所有分析为标准化；＊表示 $P<0.05$，＊＊表示 $P<0.01$，＊＊＊表示 $P<0.001$。

各团队 Rwg 值均大于 0.70，说明各团体内成员对被测量变量的反应程度足够一致；在考察组间差异时，各变量的 ICC（1）的值远远大于 0.12，说明各变量在团队间的反应存在足够的差异；本书并不存在个体合并到团队的问题，但出于谨慎，对 ICC（2）的值也进行了测量，验证各团队变量的信度如何，结果显示各变量 ICC（2）的值远远大于 0.70，均在 0.90 以上，表明任一团体变量的信度都非常理想。具体数值如表 5 - 15 所示，研究中各指标均达到或远超过指标接受值，因此可进一步依据数据进行垂滴分析。

研究采用多层线性模型（HLM）来研究人际公正的垂滴效应，高、中、基层的人际公正对其同层创造力和建言行为的影响属于单一层级，放在一般回归分析，结果见表 5 - 14；其他假设则放入多层线性模型（HLM）中检验，高一层级的人际公正通过其行为对低一层级影响的跨层次回归分析结果如表 5 - 16 所示。

表 5 - 15　　　　中层、基层研究变量的 Rwg、ICC（**1**）和 ICC（**2**）

层级	变量	Rwg 范围	Rwg 中位数	ICC（1）	ICC（2）
中层	人际公正	0.706—0.989	0.938	0.386	0.986
	创造力	0.932—0.990	0.982	0.845	0.998
	抑制性建言	0.714—0.995	0.969	0.791	0.997
	促进性建言	0.814—0.993	0.970	0.785	0.997
基层	人际公正	0.705—0.994	0.954	0.578	0.998

表 5 - 16　　　　　　人际公正跨层次分析模型及结果

模型	系数			方差分量	
	γ_{00}	γ_{01}	γ_{02}	σ^2	τ_{00}
Model1：$IPJ3 \rightarrow IPJ2$					
L1：$IPJ2_{ij} = \beta_{0j} + r_{ij}$					
L2：$\beta_{0j} = \gamma_{00} + \gamma_{01}(IPJ3j) + u_{0j}$	4.162***	0.403**		0.293	0.130***
Model2：$IPJ3 \rightarrow CR3 \rightarrow IPJ2$					
L2：$\beta_{0j} = \gamma_{00} + \gamma_{01}(CR3_j) + u_{0j}$	4.162***	0.417**		0.293	0.129***
L2：$\beta_{0j} = \gamma_{00} + \gamma_{01}(CR3_j) + \gamma_{02}(IPJ3_j) + u_{0j}$	4.162***	0.315*	0.302*	0.293	0.104***
Model3：$IPJ3 \rightarrow PHV3 \rightarrow IPJ2$					
L2：$\beta_{0j} = \gamma_{00} + \gamma_{01}(PHV3_j) + u$	4.162***	0.365**		0.293	0.130***
L2：$\beta_{0j} = \gamma_{00} + \gamma_{01}(PHV3_j) + \gamma_{02}(IPJ3_j) + u_j$	4.162***	0.272*	0.300*	0.293	0.105***
Model4：$IPJ3 \rightarrow PMV3 \rightarrow IPJ2$					
L2：$\beta_{0j} = \gamma + \gamma_{01}(PMV3_j) + u_{0j}$	4.162***	0.638***		0.293	0.108***
L2：$\beta_{0j} = \gamma_{00} + \gamma_{01}(PMV3_j) + \gamma_{02}(IPJ3_j) + u_{0j}$	4.162***	0.491***	0.244	0.293	0.096***
Model5：$IPJ2 \rightarrow IPJ1$					
L1：$IPJ1_{ij} = \beta_{0j} + r_{ij}$					
L2：$\beta_{0j} = \gamma_{00} + \gamma_{01}(IPJ2j) + u_{0j}$	3.997***	0.375***		0.240	0.265***
Model6：$IPJ2 \rightarrow CR2 \rightarrow IPJ1$					
L2：$\beta_{0j} = \gamma_{00} + \gamma_{01}(CR2_j) + u_{0j}$	3.996***	0.249**		0.240	0.299***
L2：$\beta_{0j} = \gamma_{00} + \gamma_{01}(CR2_j) + \gamma_{02}(IPJ2_j) + u_{0j}$	3.996***	0.164*	0.328***	0.240	0.254***
Model7：$IPJ2 \rightarrow PHV2 \rightarrow IPJ1$					
L2：$\beta_{0j} = \gamma_{00} + \gamma_{01}(PHV2_j) + u$	3.996***	0.241***		0.240	0.287***
L2：$\beta_{0j} = \gamma_{00} + \gamma_{01}(PHV2_j) + \gamma_{02}(IPJ2_j) + u_j$	3.996***	0.181**	0.320***	0.240	0.244***

续表

模型	系数			方差分量	
	γ_{00}	γ_{01}	γ_{02}	σ^2	τ_{00}
Model8：$IPJ2 \rightarrow PMV2 \rightarrow IPJ1$					
L2：$\beta_{0j} = \gamma + \gamma_{01}(PMV2_j) + u_{0j}$	3.996 ***	0.231 **		0.240	0.298 ***
L2：$\beta_{0j} = \gamma_{00} + \gamma_{01}(PMV2_j) + \gamma_{02}(IPJ2_j) + u_{0j}$	3.997 ***	0.134 *	0.320 ***	0.240	0.257 ***

注：L1 代表低层级，L2 代表高层级；γ_{00} 为截距项，γ_{01}、γ_{02} 为回归预测 β_{0j} 的斜率，τ_{00} 代表组间变异，σ^2 代表组内变异；所有模型中变量均采用总平均数中心化处理（grand - mean centered），本表中系数均为非标准化系数。

* 表示 $P < 0.05$，** 表示 $P < 0.01$，*** 表示 $P < 0.001$。

Model1 到 Model4 是高层人际公正对中层人际公正跨层次分析。Model1 显示了高层人际公正对中层人际公正具有显著的正向影响（$\gamma_{01} = 0.403$，$P < 0.01$），也就是说高层人际公正垂滴影响中层人际公正。在前面回归分析中（见表 5 - 14），高层人际公正已被验证对其同层级的创造力和建言行为均具有显著的正向预测效应。而为了检测高层创造力、抑制性建言和促进性建言是高层人际公正对中层人际公正垂滴影响的潜在中介，需将此三个潜在中介变量分别放进 Model2、Model3、Model4 模型中，结果显示，高层创造力对中层人际公正具有显著正向作用（$\gamma_{01} = 0.417$，$P < 0.01$）；高层抑制性建言对中层人际公正具有显著正向作用（$\gamma_{01} = 0.365$，$P < 0.01$）；高层促进性建言对中层人际公正具有显著正向作用（$\gamma_{01} = 0.638$，$P < 0.001$）。最后，将高层人际公正、各潜在中介以及中层人际公正分别放入各跨层次分析模型中，结果发现高层创造力、抑制性建言、促进性建言对中层人际公正影响依然显著，创造力、抑制性建言放入模型后，高层人际公正对中层人际公正的效应也是显著的，但有所减弱（$\gamma_{01} = 0.302$，$P < 0.05$；$\gamma_{01} = 0.300$，$P < 0.05$），这说明创造力、抑制性建言分别是高层人际公正垂滴影响中层人际公正的部分中介；当将高层促进性建言放入全模型中，高层人际公正对中层人际公正的影响不显著，这说明高层促进性建言是高层人际公正垂滴影响中层人际公正效应的完全中介，因此假设 H13a、H14a 得到了支持。

Model5 到 Model8 是中层人际公正对基层人际公正跨层次分析，Model5 呈现了中层人际公正对基层人际公正具有显著的正向预测效果

（$\gamma_{01} = 0.375$，$P < 0.001$），证明了中层人际公正对基层人际公正具有垂滴效应。在前面回归分析中（见表 5 – 14），中层人际公正已被验证对其同层级的创造力和建言行为均具有显著的正向影响。而为了检测中层创造力、抑制性建言和促进性建言是中层人际公正对基层人际公正垂滴影响的潜在中介，需将此三个潜在中介变量分别放进 Model6、Model7、Model8 中，结果显示，中层创造力对基层人际公正具有显著正向作用（$\gamma_{01} = 0.249$，$P < 0.01$）；中层抑制性建言对基层人际公正具有显著正向作用（$\gamma_{01} = 0.241$，$P < 0.001$）；中层促进性建言对基层人际公正具有显著正向作用（$\gamma_{01} = 0.231$，$P < 0.01$）。最后，将中层人际公正、各潜在中介以及基层人际公正分别放入各跨层次分析中，结果发现潜在中介放入模型后，中层创造力、抑制性建言和促进性建言对基层人际公正影响效应显著，且中层人际公正对基层人际公正的效应依然显著，但有所减弱（$\gamma_{01} = 0.328$，$P < 0.001$；$\gamma_{01} = 0.320$，$P < 0.001$；$\gamma_{01} = 0.320$，$P < 0.001$），说明中层创造力、抑制性建言和促进性建言分别是中层人际公正向基层人际公正垂滴的部分中介，因此假设 H13b、H14b 得到了支持。

四　信息公正垂滴效应研究结果

1. 验证性因子分析（CFA）

根据对研究中各层级模型结构效度的分析，表 5 – 17 列出应用 AMOS17.0 对高、中、基层信息公正与创造力、抑制性建言和促进性建言关系模型的验证性因子分析结果，由于高层数据只有 38 份，数据太少因而验证性因子分析的结果不理想，但中、基层拟合指数均达到了较为理想的水平。

表 5 – 17　　各层级信息公正、建言行为、创造力关系模型各变量
验证性因子分析结果

层级	df	χ^2	χ^2/df	P	GFI	NFI	RFI	IFI	CFI	RMSEA
高层（N = 38）	318	508.142	1.598	0.000	0.501	0.487	0.631	0.717	0.690	0.124
中层（N = 114）	318	396.575	1.247	0.002	0.799	0.836	0.819	0.962	0.962	0.047
基层（N = 534）	318	865.112	2.720	0.000	0.993	0.930	0.922	0.954	0.954	0.057

2. 相关分析与回归分析

应用 SPSS17.0 对组织内各层级各变量的平均数、标准差与相关系数进行统计，结果如表 5 - 18 所示。（1）高层信息公正和年龄正相关（$r = 0.361$，$P < 0.05$），说明高层年龄越大，在企业中的地位也相应越高，因此能够获得企业内部更多的信息，信息对称的程度也就越高；（2）高、中、基层各层级员工信息公正与同级创造力（$r = 0.460$，$P < 0.001$；$r = 0.345$，$P < 0.001$；$r = 0.311$，$P < 0.001$）、抑制性建言（$r = 0.527$，$P < 0.001$；$r = 0.331$，$P < 0.001$；$r = 0.344$，$P < 0.001$）和促进性建言（$r = 0.617$，$P < 0.001$；$r = 0.422$，$P < 0.001$；$r = 0.354$，$P < 0.001$）显著正向相关。（3）在相同层级内，当将性别、年龄、教育程度、任职年限等设为控制变量以及将信息公正作为自变量，创造力、抑制性建言、促进性建言作为因变量进行回归分析时，结果显示（见表 5 - 19）：高、中、基层信息公正对同层级创造力（$r = 0.580$，$P < 0.01$；$r = 0.341$，$P < 0.001$；$r = 0.318$，$P < 0.001$）、抑制性建言（$r = 0.589$，$P < 0.01$；$r = 0.342$，$P < 0.01$；$r = 0.347$，$P < 0.001$）、促进性建言（$r = 0.683$，$P < 0.001$；$r = 0.417$，$P < 0.001$；$r = 0.362$，$P < 0.001$）具有显著的正向影响。

表 5 - 18　　　　　　各研究变量的均值、标准差及相关系数

	M	SD	1	2	3	4	5	6	7	8
1. GEN3	1.13	0.34	1							
2. AGE3	3.53	0.76	-0.169	1						
3. EDU3	3.00	0.74	-0.215	-0.097	1					
4. TEN3	3.37	0.82	-0.081	0.374*	-0.090	1				
5. IFJ3	4.17	0.52	0.129	0.361*	0.085	0.0117	1			
6. CR3	4.10	0.59	-0.047	-0.125	0.057	0.037	0.460***	1		
7. PHV3	4.23	0.67	-0.109	0.014	0.120	-0.175	0.527***	0.687***	1	
8. PMV3	4.30	0.45	0.053	0.095	-0.033	0.147	0.617***	0.569***	0.736***	1
1. GEN2	1.37	0.49	1							
2. AGE2	2.96	0.78	-0.004	1						
3. EDU2	2.55	0.74	0.019	0.012	1					
4. TEN2	2.97	0.80	-0.202*	0.422**	0.143	1				

续表

	M	SD	1	2	3	4	5	6	7	8
5. IFJ2	4.05	0.68	0.076	-0.012	0.099	-0.090	1			
6. CR2	3.71	0.72	0.024	-0.198*	0.126	-0.026	0.345***	1		
7. PHV2	3.58	0.88	0.078	-0.131	0.036	-0.099	0.331***	0.769***	1	
8. PMV2	3.77	0.79	141	-0.090	0.044	-0.048	0.422***	0.800***	0.870***	1
1. GEN1	1.50	0.50	1							
2. AGE1	2.30	0.90	-0.044	1						
3. EDU1	2.38	0.76	-0.097*	-0.186**	1					
4. TEN1	2.43	0.87	-0.094*	0.699**	-0.091*	1				
5. IFJ1	3.92	0.76	-0.002	-0.066	-0.038	-0.042	1			
6. CR1	3.35	0.91	-0.051	0.032	0.068	0.067	0.311***	1		
7. PHV1	3.32	0.98	0.004	-0.003	0.016	0.051	0.344***	0.809***	1	
8. PMV1	3.44	0.93	-0.041	0.040	0.057	0.092*	0.354***	0.793***	0.867***	1

注：*表示 $P < 0.05$，**表示 $P < 0.01$，2 - tailed；变量缩写中的1、2、3分别代表基层、中层、高层；基层 N = 534，中层 N = 114，高层 N = 38。

表5-19   同一层级内信息公正与创造力、抑制性建言、促进性建言的回归分析

自变量	因变量：CR		
	β	t	R^2
IFJ3	0.580**	3.702	0.320
IFJ2	0.341***	3.853	0.172
IFJ1	0.318***	7.738	0.112
自变量	因变量：PHV		
	β	t	R^2
IFJ3	0.589**	3.861	0.357
IFJ2	0.342**	3.564	0.128
IFJ1	0.347***	8.468	0.125
自变量	因变量：PMV		
	β	t	R^2
IFJ3	0.683***	4.761	0.431
IFJ2	0.417***	4.788	0.200
IFJ1	0.362***	8.947	0.144

注：各因变量与自变量的数据来源于相同层级，所有分析为标准化；*表示 $P < 0.05$，**表示 $P < 0.01$，***表示 $P < 0.001$。

3. HLM 分析

本书涉及高、中、基层数据，因此在进行跨层次分析时，需要对组内一致性系数（Rwg）、组内相关系数（1）［ICC（1）］以及组内相关系数（2）［ICC（2）］进行测量。结果显示：被调查企业中层、基层各团队 Rwg 值均大于 0.70，说明各团体内成员对被测量变量的反应程度足够一致；在考察组间差异时，各变量的 ICC（1）的值远远大于 0.12，说明各变量在团队间的反应存在足够的差异；本书并不存在个体合并到团队的问题，但出于谨慎，对 ICC（2）的值也进行了测量，验证各团队变量的信度如何，结果显示各变量 ICC（2）的值远远大于 0.70，均在 0.90 以上，表明任一团体变量的信度都非常理想。具体数值如表 5-20 所示，研究中各指标均达到或远超过指标接受值，因此可进一步依据数据进行垂滴分析。

表 5-20　中层、基层研究变量的 Rwg、ICC（1）和 ICC（2）

层级	变量	Rwg 范围	Rwg 中位数	ICC（1）	ICC（2）
中层	信息公正	0.741—0.989	0.952	0.548	0.993
	创造力	0.932—0.990	0.982	0.845	0.998
	抑制性建言	0.714—0.995	0.969	0.791	0.997
	促进性建言	0.814—0.993	0.970	0.785	0.997
基层	信息公正	0.706—0.994	0.950	0.613	0.999

研究采用多层线性模型（HLM）来研究信息公正的垂滴效应，高、中、基层的信息公正对其同层创造力和建言行为的影响属于单一层级，放在一般回归分析，结果见表 5-19；其他假设则放入多层线性模型（HLM）中检验，高一层级的信息公正通过其行为对低一层级影响的跨层次回归分析结果如表 5-21 所示。

Model1 到 Model4 是高层信息公正对中层信息公正的跨层次分析。Model1 显示了高层信息公正对中层信息公正具有显著的正向影响（γ_{01} = 0.408，$P < 0.05$），也就是说高层信息公正垂滴影响中层信息公正。在前面回归分析中（见表 5-19），高层信息公正已被验证对其同层级的创造力和建言行为均具有显著的正向预测效应。而为了检测高层创造力、抑制性建言和促进性建言是高层信息公正对中层信息公正垂滴影响

表 5 - 21　　　　　　　　　　　信息公正跨层次分析模型及结果

模型	系数			方差分量	
	γ_{00}	γ_{01}	γ_{02}	σ^2	τ_{00}
Model1：$IFJ3 \rightarrow IFJ2$					
L1：$IFJ2_{ij} = \beta_{0j} + r_{ij}$					
L2：$\beta_{0j} = \gamma_{00} + \gamma_{01}(IFJ3j) + u_{0j}$	4. 057 ***	0. 408 *		0. 214	0. 210 ***
Model2：$IFJ3 \rightarrow CR3 \rightarrow IFJ2$					
L2：$\beta_{0j} = \gamma_{00} + \gamma_{01}(CR3_j) + u_{0j}$	4. 057 ***	0. 499 ***		0. 214	0. 177 ***
L2：$\beta_{0j} = \gamma_{00} + \gamma_{01}(CR3_j) + \gamma_{02}(IFJ3_j) + u_{0j}$	4. 057 ***	0. 385 ***	0. 254	0. 214	0. 170 ***
Model3：$IFJ3 \rightarrow PHV3 \rightarrow IFJ2$					
L2：$\beta_{0j} = \gamma_{00} + \gamma_{01}(PHV3_j) + u$	4. 057 ***	0. 328 *		0. 214	0. 218 ***
L2：$\beta_{0j} = \gamma_{00} + \gamma_{01}(PHV3_j) + \gamma_{02}(IFJ3_j) + u_j$	4. 057 ***	0. 221 *	0. 305	0. 214	0. 198 ***
Model4：$IFJ3 \rightarrow PMV3 \rightarrow IFJ2$					
L2：$\beta_{0j} = \gamma + \gamma_{01}(PMV3_j) + u_{0j}$	4. 057 ***	0. 599 ***		0. 214	0. 194 ***
L2：$\beta_{0j} = \gamma_{00} + \gamma_{01}(PMV3_j) + \gamma_{02}(IFJ3_j) + u_{0j}$	4. 057 ***	0. 182	0. 339	0. 214	0. 210 ***
Model5：$IFJ2 \rightarrow IFJ1$					
L1：$IFJ1_{ij} = \beta_{0j} + r_{ij}$					
L2：$\beta_{0j} = \gamma_{00} + \gamma_{01}(IFJ2j) + u_{0j}$	3. 906 ***	0. 556 ***		0. 230	0. 220 ***
Model6：$IFJ2 \rightarrow CR2 \rightarrow IFJ1$					
L2：$\beta_{0j} = \gamma_{00} + \gamma_{01}(CR2_j) + u_{0j}$	3. 904 ***	0. 286 ***		0. 230	0. 324 ***
L2：$\beta_{0j} = \gamma_{00} + \gamma_{01}(CR2_j) + \gamma_{02}(IFJ2_j) + u_{0j}$	3. 906 ***	0. 116	0. 513 ***	0. 230	0. 216 ***
Model7：$IFJ2 \rightarrow PHV2 \rightarrow IFJ1$					
L2：$\beta_{0j} = \gamma_{00} + \gamma_{01}(PHV2_j) + u$	3. 904 ***	0. 291 ***		0. 230	0. 302 ***
L2：$\beta_{0j} = \gamma_{00} + \gamma_{01}(PHV2_j) + \gamma_{02}(IFJ2_j) + u_j$	3. 905 ***	0. 163 *	0. 486 ***	0. 230	0. 204 ***
Model8：$IFJ2 \rightarrow PMV2 \rightarrow IFJ1$					
L2：$\beta_{0j} = \gamma + \gamma_{01}(PMV2_j) + u_{0j}$	3. 905 ***	0. 285 ***		0. 230	0. 315 ***
L2：$\beta_{0j} = \gamma_{00} + \gamma_{01}(PMV2_j) + \gamma_{02}(IFJ2_j) + u_{0j}$	3. 906 ***	0. 101	0. 506 ***	0. 230	0. 217 ***

　　注：L1 代表低层级，L2 代表高层级；γ_{00} 为截距项，γ_{01}、γ_{02} 为回归预测 β_{0j} 的斜率，τ_{00} 代表组间变异，σ^2 代表组内变异；所有模型中变量均采用总平均数中心化处理（grand - mean centered），本表中系数均为非标准化系数。

　　∗ 表示 $P < 0.05$，∗∗ 表示 $P < 0.01$，∗∗∗ 表示 $P < 0.001$。

的潜在中介，需将此三个潜在中介变量分别放进 Model2、Model3、Model4 中，结果显示，高层创造力对中层信息公正具有显著正向作用（$\gamma_{01} = 0.499$，$P < 0.001$）；高层抑制性建言对中层信息公正具有显著正向作用（$\gamma_{01} = 0.328$，$P < 0.05$）；高层促进性建言对中层信息公正具有显著正向作用（$\gamma_{01} = 0.599$，$P < 0.001$）。最后，将高层信息公正、各潜在中介以及中层信息公正分别放入各跨层次分析模型中，结果发现创造力、抑制性建言放入模型后，高层创造力、抑制性建言对中层信息公正影响效应依然显著，但高层信息公正对中层信息公正的效应却不再显著，说明创造力、抑制性建言分别是高层信息公正垂滴影响中层信息公正的完全中介；当将促进性建言放入全模型中，高层促进性建言、高层信息公正对中层信息公正的影响均不显著，说明促进性建言不是高层信息公正垂滴效应的中介，因此假设 H15a 得到部分支持，H16a 得到了验证。

Model5 到 Model8 是中层信息公正对基层信息公正跨层次分析，Model5 呈现了中层信息公正对基层信息公正具有显著的正向预测效果（$\gamma_{01} = 0.556$，$P < 0.001$），证明了中层信息公正对基层信息公正具有垂滴效应。在前面回归分析中（见表 5 - 19），中层信息公正已被验证对其同层级的创造力和建言行为均具有显著的正向影响。而为了检测中层创造力、抑制性建言和促进性建言是中层信息公正对基层信息公正垂滴影响的潜在中介，需将此三个潜在中介变量分别放进 Model6、Model7、Model8 中，结果显示，中层创造力对基层信息公正具有显著正向作用（$\gamma_{01} = 0.286$，$P < 0.001$）；中层抑制性建言对基层信息公正具有显著正向作用（$\gamma_{01} = 0.291$，$P < 0.001$）；中层促进性建言对基层信息公正具有显著正向作用（$\gamma_{01} = 0.285$，$P < 0.001$）。最后，将中层信息公正、各潜在中介以及基层信息公正分别放入各跨层次分析模型中，结果发现抑制性建言潜在中介放入模型后，其对基层信息公正的影响效应依然显著，中层信息公正对基层信息公正的效应也显著，但有所减弱（$\gamma_{01} = 0.486$，$P < 0.001$），说明抑制性建言是中层信息公正向下垂滴的部分中介。此外，当将促进性建言、创造力放入全模型中，中层促进性建言、创造力对基层信息公正的影响均不显著，说明促进性建言、创造力不是中层信息公正垂滴效应的中介。因此假设 H15b 得到了部分验证，H16b 没有得到验证。

第四节　本章小结

　　基于前文的直接效应、中介效应的研究，本章运用跨层次分析方法综合研究检验了高层组织公正感知是否会垂滴影响中层、基层的组织公正感知，以及是否会以建言行为、创造力作为中介。综合性的研究结果显示：

　　一是，关于高、中、基层分配公正的垂滴效应。本章跨层次分析结果显示：（1）分配公正能够沿着企业层级自上而下实现垂滴影响，即高层分配公正感知影响中层分配公正感知，进而影响基层分配公正感知；（2）高层对中层的分配公正感知的垂滴效应不以建言行为或创造力为中介；（3）中层对基层的分配公正感知的垂滴效应以建言行为或创造力为中介，且具有部分中介作用；（4）高层的创造力、建言行为对中层分配公正感知具有显著正向影响，中层的创造力、建言行为对基层分配公正感知也具有显著正向影响。所以，分配公正以建言行为、创造力为中介垂滴影响效应的假设得到了部分验证，H9 和 H10 得到了部分支持。

　　二是，关于高、中、基层程序公正的垂滴效应。本章跨层次分析结果显示：（1）程序公正能够沿着企业层级自上而下实现垂滴影响，即高层程序公正感知影响中层程序公正感知，进而影响基层程序公正感知；（2）高层对中层的程序公正感知的垂滴效应不以建言行为或创造力为中介；（3）中层对基层的程序公正感知的垂滴效应以建言行为或创造力为中介，且具有部分中介作用；（4）高层的创造力、建言行为对中层程序公正感知具有显著正向影响，中层的创造力、建言行为对基层程序公正感知也具有显著正向影响。所以，程序公正以建言行为、创造力为中介垂滴影响效应的假设得到了部分验证，H11 和 H12 得到了部分支持。

　　三是，关于高、中、基层人际公正的垂滴效应。本章跨层次分析结果显示：（1）人际公正能够沿着企业层级自上而下实现垂滴影响，即高层人际公正感知影响中层人际公正感知，进而影响基层人际公正感知；（2）高层对中层的人际公正感知的垂滴效应以建言行为或创造力为中介，且创造力和抑制性建言是部分中介，而促进性建言是完全中介；（3）中层对基层的人际公正感知的垂滴效应以建言行为或创造力为中介，且均具有部分中介作用；（4）高层的创造力、建言行为对中层人际公正感知具有显著正向影响，中层的创造力、建言行为对基层人际公正感知也具有显著正向影响。所以，人际公正以建言行为、创造力为中介垂滴影响效应的假设得到了验证，H13 和 H14 得到了支持。

四是，关于高、中、基层信息公正的垂滴效应。根据本章跨层次分析结果显示：（1）信息公正能够沿着企业层级自上而下实现垂滴影响，即高层信息公正感知影响中层信息公正感知，进而影响基层信息公正感知；（2）高层对中层的信息公正感知的垂滴效应以抑制性建言或创造力为完全中介，而促进性建言不具有中介作用；（3）中层对基层的信息公正感知的垂滴效应以抑制性建言为中介，且具有部分中介作用，而创造力和促进性建言则不具有中介作用；（4）高层的创造力、建言行为对中层信息公正感知具有显著正向影响，中层的创造力、建言行为对基层信息公正感知也具有显著正向影响。所以，信息公正以建言行为、创造力为中介垂滴影响效应的假设得到了部分验证，H15 和 H16 得到了部分支持。

总之，在被试企业中组织公正直接垂滴效应被验证是存在的，以建言行为和创造力为中介的假设得到了部分支持，组织内上一层级员工的行为对下一层级员工的感知也是具有显著正向影响的。

第六章　结论与展望

第一节　研究结果

伴随科学技术的快速发展，企业的生存与发展再不是僵化的运营模式与组织形态所能承载的，组织需要根据"市场唯一不变的规律就是始终在变"的原则，不断完善组织架构、不断改善制度体系、不断创新服务与产品等，在动态发展战略的思路下实现组织再造与有效生产力的跃升。那么，一个组织如何能够实现创新发展这一企业关注的焦点目标呢？毫无疑问，组织成员的工作投入与组织上下协同效应的发挥至关重要。于是，在理论研究领域，越来越多的学者们以社会交换理论为基础，着力研究企业内部微观管理对员工行为的影响问题。已有学者从人力资源管理体制、公共关系管理及激励与贡献的角度分析了员工行为激励的问题（Tsui & Wang，2002）。

本书将理论研究热点与企业关注焦点联系起来，通过理论推演、问卷调查和统计分析等研究方法，对组织公正与建言行为、创造力的作用进行了横截面分析和跨层次分析。从员工感知与其行为之间的关系视角，研究组织公正感知对员工积极行为的影响、组织公正感知在组织内是否存在垂滴效应、高层级的行为对低层级组织公正感知是否具有作用，以及组织支持是否在基层员工组织公正感知与建言行为、创造力之间具有中介效应等问题，进而揭开组织内部组织公正与员工行为之间横向、纵向交错影响的二维作用机制暗箱。具体而言，研究结论主要包括如下五个方面。

一　结果一：组织公正感知对员工建言行为具有显著正向影响

在组织内部，员工是否选择建言会出于两个方面的考虑：其一是建言风险，其二是建言的收益（Premeaux & Bedeian，2003）。当员工心理上感觉组织环境是安全的时候，他们会在更大程度上化解对于风险的担忧，因此，建言行为发生的概率就会大一些（Piderit & Ashford，2003；Milliken，Morrison & Hewlin，2003；吕福新、顾姗姗，2007）。以往文献多记载了组织内某一层级的关系研究结果，而本书试图通过实证调查的方法验证中国民营企业组织内部各个层级是否都存在组织公正感知对建言行为的影响，员工是否会因为在组织中的等级不同而产生感知对行为影响关系的变化，以及组织公正感知四个维度是否均对建言行为具有积极的影响，四个维度影响的强度又是如何？根据验证性因子分析和结构方程分析，研究结果显示（如图6-1所示）：

①民营企业内高层、中层和基层员工的组织公正四个维度的感知均对同层级员工促进性建言和抑制性建言具有显著的正向影响。由此可见，组织内公正的氛围有利于激发所有员工的工作积极行为。无论员工所处组织中的哪一等级，都会十分关注自己的劳动付出回报、权利诉求的机会、人格尊重与否以及沟通的公开透明程度等。当组织在这些方面能够提供较为公正的环境时，员工将被赋予更强的心理所有权，并产生强烈的组织认同感，因此建言行为的发生也就不足为奇了。企业内部越开放、平等，员工主人翁意识就会越强，因而无论是针对未来导向的积极建言，还是带有压力的直指企业运营痛点的抑制性建言，都会出于积极的预判而促使员工发生积极的行为表现。

②程序公正对中层、基层员工建言行为的影响强度最大。在三个层级中，中层和基层员工的程序公正感知对建言行为影响的强度均为最大，信息公正影响的强度次之。我国民营企业市场竞争压力很大，出于成本优势的考虑，很多企业对于中层、基层员工的薪资并不会定在较有竞争力的水平之上，但员工薪资报酬与劳动力市场的供求、与员工所在岗位的相对价值相比，总体上还是相应的；或者说，处在低水平的内部公平状态。因此相对于分配公正而言，程序公正对建言行为直接影响效应的预测力会更高些。此外，信息对称是能够提出意见的前提，如果企业员工被圈在闭塞的或言路不通的环境中，员工自然无法表达观点，或者说无法准确地提出合理化建议，因此程序公正、信息公正对于员工履行建言这一角色外行为具有更为重要的意义。

③高层抑制性建言和促进性建言的公正感知首要引发源并不相同。

高层员工程序公正感知对促进性建言影响的强度最大，信息公正影响的强度次之，这与中层、基层的反应情况相同；而高层员工信息公正感知对抑制性建言影响强度最大，分配公正次之。之所以高层抑制性建言引发路径主要是信息公正，可能的理由是抑制性建言与组织变革密切相关，当一个组织"恶疾缠身"之时，高层作为企业顶层设计团队倒逼机制要求推进组织变革程序：解冻——改变——再冻结。而这时对目前组织发展提出的异议轻则触碰企业内部各压力集团的利益，重则会带来企业的全面再造，风险极高。因此内外部信息是否获取充分、上下级交流能否顺畅，便成为是否提出建议的重要基础。另外，企业高管的薪酬设计并不同于中层、基层，浮动所占的比重将影响高层建言动机。如果薪酬较为稳定，那么提出抑制性建言的风险就会相对更大，通常决策人会犹豫是否为一份不变的薪酬而提出组织发展导向的建议；如果薪酬与其贡献挂钩，当高层认为其提出改善组织的方案一旦实施确实会对组织具有积极作用时，即便要承受一定的压力，其建言的愿望也不会减弱。

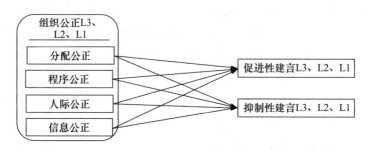

图 6 - 1　组织公正四个维度对建言行为的直接效应

二　结果二：组织公正感知对员工创造力具有显著正向影响

很多学者指出，心理状态会影响到员工的创造力，一些研究证实了，感情、情绪状态和工作不满意都会对创造力产生显著的影响（Fong，2006；George & Zhou，2007；Zhou & George，2001）。但何种心理状态或者认知会影响创造力，这方面的结论却有所不同。有学者指出积极的情绪体验会激发创造力（Amabile，Barsade，Mueller & Staw，2005）；而也有学者验证了在组织高回报和高认同的条件下，负面情绪对创造力具有积极作用（George & Zhou，2002）；Fong（2006）认为矛盾情绪（Emotional ambivalence）可以促使创造力的发挥；George &

Zhou（2007）通过进一步的研究验证了在支持型的背景下，如果上级能够做到互动公正、信任员工，并提供积极的反馈，那么积极和消极的情绪都会带来高创造力动机。可见，员工个体何种感知或情绪对创造力具有激发效应并没有定论，尚需后续研究予以证实。因此本书进一步验证了在中国情景下，民营企业组织公正感知各维度对创造力的直接影响是否存在以及其间有无差异性。

西方关于组织公正感的研究已经证实，员工除了对物质资源的分配公正以及分配过程的程序公正关注之外，对组织氛围、人际关系和信息沟通等无形资源交换的公正性也十分关心。在中国文化背景下，员工强调组织家庭气氛和谐、组织交换关系的长久稳定性，组织公正恰好反映了员工对组织的工具性成分和情感性成分的重视。所以本书将组织公正各个维度与创造力关系建立模型，通过实证研究验证民营企业组织公正四个维度对创造力的直接影响效应，其间的路径关系如图6-2所示。具体研究结论包括：

①民营企业内高层、中层和基层员工的组织公正四个维度的感知对同层级员工创造力均具有积极的正向影响。如前所述，创造力的发挥一般要具备两个方面的条件，其一，员工需要具备较高的自我效能感，其二组织要提供宽松鼓励的氛围。可见，创造力的发挥需要内外因共同作用。而作为内因的自我效能感，除了与员工个性有关之外，也和外界环境的强化相关，即当一个人选择了一项具有挑战性的工作，之后得到了更多的理解、认可甚至奖励，那么这个人的自我效能感将会迅速提升，继而创造力发挥的水平也会提高。因此，培养、挖掘组织内潜在的高创造力员工，激发出其创造潜能，对企业实现创新发展的意义更大。本书也证实了组织公正氛围对员工创造力的价值。在企业管理实践中，公正的组织氛围能够为员工提供极佳的创造力酝酿环境，在不断优化的外界软环境以及外因对内因影响的共同作用下，员工提出改善工艺、提高质量、组织革新、解决问题等方面新观点的能力与动机将更易于被强化。

②民营企业内高层、中层和基层员工的程序公正、信息公正对创造力的激发效应更为明显。尽管以往的研究对组织公正的积极作用均给予了肯定，但却缺少对组织公正因素结构本身的探讨。本书分别检验了组织公正四个维度对创造力的影响，发现程序公正和信息公正对与组织效能相关的员工创造力的预测力相对更强，此二维度是激励员工创造力的

最大动因。程序公正和信息公正对员工创造力影响较强可能的原因是，当员工所在的民营企业不是僵化机械的组织，企业赋予了员工表达观点和参与决策的权利，各层员工能够获得工作程序的介绍、工作指导和信息沟通等方面的支持，那么各层级员工就更容易了解到组织发展的压力点，并可以有的放矢地研究组织管理中的问题，同时提出改善组织各方面的创造性的点子也更容易准确合理、易于实施；此外，组织对员工参与决策时提出的点子能够予以认可也会提高员工继续建言的意愿，形成良好的组织文化和组织氛围，因此，对于创造力的引发，组织内部信息与程序公正显得更为重要。

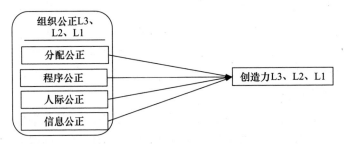

图6－2　组织公正四个维度对创造力影响的直接效应

三　结果三：组织支持是组织公正中三个维度和建言行为、创造力间的作用中介

组织支持体现为组织对员工感情或者工作所需的资源给予足够的关心和重视，员工一旦形成了组织是支持型的信念，就会更加认同组织目标和价值观。Ma，Liu 和 Liu（2014）曾指出组织认同在程序公正与角色外行为、离职意向之间具有完全中介作用。既然组织认同充当了程序公正与员工行为之间的中介，那么形成组织认同的重要前因变量之一的组织支持是否也会充当组织公正与建言行为、创造力之间的中介呢？本书根据受调查民营企业基层员工数据展开统计分析，验证结果显示：组织支持在分配公正、人际公正、信息公正与建言行为、创造力之间具有中介作用，如图6－3所示。

①组织支持是分配公正与建言行为、创造力间的中介。其中，组织支持在分配公正与建言行为间具有部分中介作用，在分配公正与创造力间具有完全中介作用。在人力资源管理实践中，通常将给予员工相称的薪酬奖励、支持性的工作条件，提供培训机会，赋予员工工作自主权，

对工作内容进行再设计等列入全面薪酬管理的内涵之中。而当组织提供了上述条件，则员工更容易形成组织支持的认知，由此员工分配公正的感知会通过组织支持感传导影响其行为，如引发建言行为和创造力等一系列积极的行为。

②组织支持是人际公正与建言行为、创造力间的完全中介。中国是一个人际倾向很高的国家，员工尤其是青年员工对于人与人之间的平等关系更为关注。若组织能够满足员工对尊重、认同、归属等社会情感的需要，同时他们也能感受到同事间的理解及对其能力的肯定，那么员工的组织支持感就会油然而生，进而一系列积极的情绪体验便会给员工带来更多具有高组织绩效预期的积极行为。因此，人际公正可以通过组织支持这一中介正向影响员工的建言行为和创造力。

③组织支持是信息公正与建言行为、创造力间的完全中介。当组织透明公开，获得信息的交易成本极低，上下级间信息传递通路顺畅，员工会感受到组织内的整合与团结，基于合作关系，针对问题更愿意进行良性的争辩，讨论工作任务，相互交换与工作有关的想法，做到"知无不言、言无不尽"。如果组织没有支持性的关系，员工则更倾向于将建言理解为批评责难。显然，信息公正对员工建言行为的影响会受到组织情境支持与否的限制。事实上，没有人愿意顶着"麻烦制造者"的预期社会压力公开表达自己的想法。因此，企业内的基层员工在高质量的团队中感知到的信息公正会通过组织支持感知实现创造力的自我激发。

④组织支持在程序公正与建言行为、创造力之间不具有中介作用。在研究程序公正与建言行为、创造力之间的中介作用模型时发现，一旦组织支持变量被控制之后，中介变量组织支持对结果变量建言行为、创造力的影响效应就消失了。因此说明虽然程序公正对建言行为或者创造力都具有直接影响效应，但是组织支持在其间并没有扮演中介角色。

图 6 – 3　组织支持在基层组织公正和建言行为、创造力间的中介作用

四　结果四：建言行为、创造力跨层次影响下级的组织公正感知

Wallace 和 Chen（2006）指出在检验个人因素和环境因素对绩效产出影响的关系时，跨层次分析方法是非常必要的。已有学者近年来针对建言行为进行了跨层次研究（Morrison & Christensen，2011；Tangirala & Ramanijam，2008），本书试图在中国情景下，将建言行为和创造力囊括到研究中来，对民营企业建言行为、创造力是否会跨层次影响下级员工的组织公正感知这个问题进行研究，通过阐释其间的传导机制，从领导对部署影响的角度展示组织公正感知形成的原因，从而获得上级的积极行为逐级向下动态发生作用的过程。研究通过 HLM 分析方法对跨层次关系进行分析，得出如下结论，如图 6 - 4 所示。

①上级的创造力对下级的组织公正感知具有显著的正向影响。根据跨层次分析方法，将较低层级的组织公正感知设定为因变量，将较高层级的创造力设为自变量，研究上级创造力对下级组织公正感知是否存在影响效应，其结果显示：高层创造力对中层分配公正（$r = 0.469$，$P < 0.01$）、程序公正（$r = 0.320$，$P < 0.05$）、人际公正（$r = 0.417$，$P < 0.01$）、信息公正（$r = 0.499$，$P < 0.001$）均具有积极作用；中层创造力对基层分配公正（$r = 0.369$，$P < 0.001$）、程序公正（$r = 0.409$，$P < 0.001$）、人际公正（$r = 0.249$，$P < 0.01$）、信息公正（$r = 0.286$，$P < 0.001$）均具有积极作用。

②上级的抑制性建言对下级的组织公正感知具有显著的正向影响。根据跨层次分析方法，将较低层级的组织公正感知设定为因变量，将较高层级的抑制性建言设为自变量，研究上级抑制性建言对下级组织公正感知是否存在影响效应，其结果显示：高层抑制性建言对中层分配公正（$r = 0.413$，$P < 0.01$）、程序公正（$r = 0.302$，$P < 0.05$）、人际公正（$r = 0.365$，$P < 0.01$）、信息公正（$r = 0.328$，$P < 0.05$）均具有积极作用；中层抑制性建言对基层分配公正（$r = 0.308$，$P < 0.001$）、程序公正（$r = 0.385$，$P < 0.001$）、人际公正（$r = 0.241$，$P < 0.001$）、信息公正（$r = 0.291$，$P < 0.001$）均具有积极作用。

③上级的促进性建言对下级的组织公正感知具有显著的正向影响。根据跨层次分析方法，将较低层级的组织公正感知设定为因变量，将较高层级的促进性建言设为自变量，研究上级促进性建言对下级组织公正感知是否存在影响效应，其结果显示：高层促进性建言对中层分配公正

（$r = 0.589$，$P < 0.01$）、程序公正（$r = 0.597$，$P < 0.01$）、人际公正（$r = 0.638$，$P < 0.001$）、信息公正（$r = 0.599$，$P < 0.001$）均具有积极作用；中层促进性建言对基层分配公正（$r = 0.358$，$P < 0.001$）、程序公正（$r = 0.397$，$P < 0.001$）、人际公正（$r = 0.231$，$P < 0.01$）、信息公正（$r = 0.285$，$P < 0.001$）均具有积极作用。

事实上，当上级表现出大量建言行为和创造力时，员工会思考上级不断产生积极行为的原因一定是组织认可和鼓励了这种行为，上级才会没有任何怨言地反复建言和发挥创造力。那么既然如此，作为下属员工如果也表现出这类行为很可能同样会获得认可和鼓励。至此，员工在观察其上级的积极行为表现中会形成积极的情绪体验，从而逐渐形成所在组织的环境是开放的、公正的主观意识。因此建言行为和创造力是可以跨层次影响下级员工的组织公正感知的。

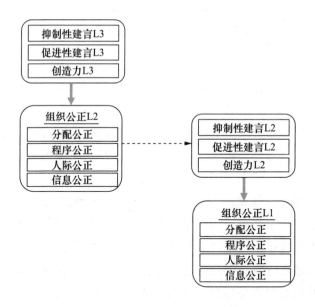

图 6-4 上级建言行为、创造力对下级组织公正感知跨层次影响

五 结果五：组织公正感知的垂滴作用部分通过建言行为和创造力实现

根据本书的实证分析，最终得到组织公正对员工行为影响的垂滴作用综合模型（见图 6-5）。通过研究发现，组织公正感知的垂滴效应主

要有如下途径：

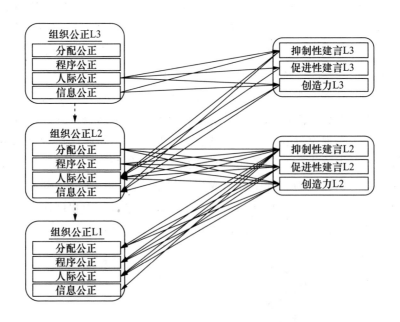

图 6 – 5　组织公正感知对建言行为、创造力垂滴效应综合作用

一是，组织公正四个维度的感知都能够直接垂滴到较低的层级，即高层组织公正感知垂滴影响中层组织公正感知，中层组织公正感知垂滴影响基层组织公正感知。当较高层级的员工感知到组织是公正的，就会在其与同事或者下属接触时通过言语或行为表现出愿意努力工作的状态，同时也会传递其对组织是信任的认知，这种积极的行为或者内心状态会潜移默化地影响较低层级的员工，实现组织公正垂滴传递的效应。

二是，建言行为、创造力是人际公正从高层逐级垂滴到中层、基层的中介；抑制性建言是信息公正从高层逐级垂滴到中层、基层的中介。研究结果发现：高层人际公正感知可以通过促进性建言、抑制性建言和创造力三个中介逐级传递到中层和基层，这也印证了中国是一个人际倾向非常高的国家，当员工受到足够的尊重时，或者员工认为自己与同事和上级之间的关系良好时，他们表现出积极行为的可能性会更大，这样更有利于传递积极情绪给低一层级的员工。此外，信息公正的传递依赖于抑制性建言的发生水平，抑制性建言要求建言主体要承担一定的责任并需要顶住压力，如果高层、中层在这种不利的心理暗示下依然愿意做出这样的行为，说明他们对组织的认同程度很高，或者说他们认为其行为会获得组织的鼓励和公正的对待，而信息公正又是提供有效建言的基础条件，因此抑制性建言作为信息公正感知的垂直传递的中介被印证是存在的。

三是，中层组织公正四个维度到基层组织公正的垂滴以创造力和建言行为做中介，而高层分配公正、程序公正此两个组织公正维度到中层的垂滴不以建言行为和创造力为中介。研究结果证明，建言行为和创造力没有充当高层分配公正、程序公正垂滴的中介；促进性建言也没有充当高层信息公正垂滴的中介。此外，在民营企业中，中层分配公正、程序公正、人际公正均可以通过促进性建言、抑制性建言和创造力中介影响基层此三个组织公正维度的感知；但促进性建言和创造力是中层信息公正垂滴影响基层的中介假设没有被验证。

第二节　研究结论

一　组织公正强化员工良好的情感认知，进而激发其创造力和建言行为

本书证实，在同一层级内员工的组织公正感知对其创造力和建言行为具有正向影响。组织公正感知对人的工作态度有非常重要的影响（李晔、龙立荣、刘亚，2002）。人的行为会受意识支配，当员工获得来自上级的尊重和关怀时，良好的情感认知会形成一种内在动力（并非压力或者义务），促使员工产生积极的行为（Poon，2012）。

已有研究成果证明，组织公正与建言行为之间存在正向相关的关系（Morrison，2011）。本书进一步验证了在中国情境下，组织高、中、基层任一层级内，组织公正感知对建言行为均有积极的正向影响。事实上，一个人是否会向上级提出建议，沟通环境是否安全是非常重要的考虑因素（Pinder & Harlos，2001）。由于建言行为本质上就是组织内成员间交往的过程，如果沟通环境是开放的、平等的，那么在这一过程中，愉快的经历会激发行为主体重复发生建言行为。当员工明确意识到组织存在建言机会，并且提出的建议会受到组织的重视，那么反过来也

会提高员工的公正感知。至于组织公正与创造力的关系，创造力投资理论（Lubart & Sternberg，1995）与创造力系统模型（Csikszentmihalyi & Wolfe，2000）都认为组织环境是创造力表现的重要因素。开放、支持性环境有利于激发员工的创造潜能，对员工开展创造活动及促进创造力的发展有重要的意义。在组织公正的环境里，员工通常做出的预判是其创造行为会获得上级的认可和良好评价、获得晋升的可能性更大、能够赢得更多的尊重，而这些能够有效影响人的行为。也就是说，员工越认为组织会相信他的能力和价值，他越有勇气去体验、尝试，表现出更佳的创造力。

基于上述分析，为更有效地激发员工创造力和建言行为，民营企业各层级的管理人员更需要注意企业内部公正感知的认同问题，包括通过合理的分配方案设计、人性化制度的建设以及内部人际关系的维护、有效信息沟通渠道的搭建等。在企业管理实践中，各层管理者需要注意的是：上级尊重体谅下级，关注员工的利益诉求，摒弃颐指气使的官僚作风，上下级间以平等的身份去合作完成任务。中国民营企业为营造安全、公正的氛围，强化对组织公正的认知，首先，需要将公正氛围作为企业文化的重要组成部分予以营造，如宣传内部员工成长历程中与组织公正相关的典型案例，以利于形成组织公正的判断；其次，关注负面信息的不良影响，管理者或直接公开否认不公正信息的真实性，或与问题员工沟通交流予以慰藉，进而控制负面情绪的蔓延，关键要找到员工判定组织不公正的真实原因，是源自企业存在的管理问题，还是由于员工性格特质所做出的有所偏差的主观判断；再次，管理者还可以警示易感人群不要受个别员工负面组织评价的影响（Degoey，2000），教育员工应以积极的态度、发展的眼光看待组织管理的未来；最后，人际公正，除了尊重人格，更重要的是要尊重员工的付出和努力，因此及时主动了解员工的工作状态并予以积极的物质或非物质方面的反馈，更易于使员工认识到组织对待每一位员工都是平等、友爱的，自己的工作和个人发展同样会受到企业的重视，由此获得更为强烈的组织公正感知。

二　组织公正感知自上而下垂滴影响组织内各层级，优化组织心理环境

近几年来，已有学者关注到主管来自组织对待所产生的公正感知与其下属的公正感知间存在相关性（Ambrose，Schminke & Mayer，2013，

Tepper & Taylor，2003；Aryee，Chen，Sun & Debrah，2007）。但鲜见对于组织内部三层级的感知垂滴研究。本书通过数据分析证实了在整个组织内部组织公正感知由高层逐级传递到中层、基层的垂滴影响是存在的。一个人的公正感知会影响到他与其他人之间的相处模式，相应的，在互动中被影响的作用也同样会发生。

在企业内组织成员的交互作用中，上级对下级的影响尤为重要，上级的感知和行为对下级心理、行为乃至职业生涯的影响都很显著。当企业高层组织公正感知较强时，即他个人认为在组织中会得到与能力和贡献相匹配的报酬，确定可以受到足够的尊重，其合理的权利诉求有顺畅的信息通道传达，并在大多数情况下参与决策时提出的建议可以得到认可或反馈，那么在他与其下属工作互动中，就更容易表现出对下属的高度关注与工作支持，进而影响其下属的公正感知。中层或基层管理者是嵌入组织中某层级的管理者，兼具有领导和下属双重身份，当其受到来自上一层级管理者的公正对待时，积极感知会促使中层管理人员发出积极行为，这种积极的行为会对基层管理者产生影响，使得他们对工作及其他事务的判断发生有益于组织的改变。当观察到直属上级持续努力工作的状态，基层人员会判断出上级的人格和工作是被重视的；那么，既然上级的努力会得到认可，企业也一定会将这种公正对待及于组织内的所有成员。于是，员工在努力工作的同时获得了更高的自我效能感，故而会表现出更为积极的状态并作出更为正面的组织评价。

研究组织公正垂滴作用过程的重要意义，在于不囿于单一层面研究，而是深入探讨企业成员在不同角色下的行为和认知，反映出组织公正在组织内能够产生的行为整合的力量。在企业管理中通过完整、清晰地展示管理方式或行为在组织中的效应机理，来判断是否应该扩展抑或抑制组织公正的作用。如前所述，组织成员当判断自己会受到重视而不存在辱虐的对待时，就会倾向于认定组织是公正的，进而表现出更加积极的行为，而这种内心的公正独白会借助工作状态或具体行为表象扩散到整个企业，进而影响到组织的心理环境。因此企业欲创设积极的心理环境，并以此激发各层级员工积极的工作行为，需要在高层级营造出组织公正的氛围来，这对于整个组织的心理环境改善都是具有意义的。

三 组织公正易于员工形成组织有利于己的判断，可借积极行为实现垂滴效应

感知作为一种主观知觉和内心体验，在组织内并不能实现个体间的直接传递，需要行为媒介的助力，当行为接受者接收到对组织有积极心理认同的行为发出者的某种行为刺激时，产生积极主观认知的倾向就会较高，此时感知的传递得以完成。本书证实了创造力和建言行为能够部分成为组织公正感知下行传递的行为中介。当员工与组织进行交换时，回忆既往的经历能够得出组织会公正地对待员工的付出，会给予员工工作与成长所需要的资源，会足够尊重员工的人格与意见的结论，员工将会产生强烈的组织归属感，这种积极的情感认知会使员工预期其努力工作的结果将不仅仅是为组织效能与竞争力的提高而付出的努力，而且也将是为自己的职业生涯发展所付出的努力。于是，组织目标与员工目标趋于一致，员工向企业提出组织导向建议的动机自然会由心而生。

在企业中，任何一个被雇佣的主体的行为都不仅仅是个人的行为，其行为会影响到他所在的组织氛围，以及其上级、同事或下属的感知与判断。如果仅仅研究个体自身行为发生的过程，似乎并没有完整地考虑到人作为社会人角色行为的发生机理。行为主体做出某种行为时，不仅仅由其固有本心决定，还会受到他人感知和行为的影响。因此更为完整地理解人的感知对人的行为的影响过程，需要将人置于组织氛围之中，探讨个体行为除了受自己感知影响以外，其感知形成或者行为表现是否亦会受到来自组织其他个体（包括高层或下属或同事）的感知及行为的影响。如前所述，组织公正对组织成员创造力或者建言行为具有积极的正向影响，而这种影响并没有终结，当较高层级员工将自己的工作努力付诸新颖性和适用性的产出成果，或者为组织提供建言时，由于对工作的自我控制感提升（Motowidlo，Borrman & Schmit，1997），其组织公正感知就会垂滴影响到较低层级的员工。

对组织公正的研究，除了验证同一层级组织公正感知对态度和行为的影响以外，很重要的研究需要融入进来，即在更为宽广的视野下，在组织背景中探讨各层面交互影响的问题。垂滴模型提供了一种范式来研究组织公正通过创造力和建言行为在组织内不同层级或者不同团队中产生的对行为或态度倍增影响的效果。那么，为了形成良好的内部组织公正氛围，并激发员工的积极行为，就需要民营企业在管理过程中，一方

面提升高层级管理者的素养和管理技能，以人本管理的理念尊重、关心、理解员工，以形成良好的互动关系；另一方面，在对下级员工管理时，应赋予员工较高的自主决策和资源分配权（Shalley，Gilson & Blum，2009），绩效管理中设定压力适当的考核目标（Shalley，Gilson & Blum，2000），并对核心员工的工作内容的复杂性和要求更高一些，同时确定具有激励意义的合理薪酬体系，以激发员工的创造力和建言行为。若借助行为中介实现了组织公正的下行传递，达成了企业成员间的心理认同，那么员工改进或革新产品或服务、制造方法及管理过程的意愿就会更为强烈，企业在激烈的竞争中得以生存和成长的机会也将更大。

四 组织支持感知赋予员工更强的心理所有权，利于改善组织雇佣关系

在科学技术飞速发展、市场竞争态势瞬息万变的外部环境下，民营企业要生存、发展，不能荣耀于既往，也不可自满于今天，而应以更为积极主动的状态着眼于未来，思忖当下之疾、谋求创新之策。那么，企业如何能够实现自身不断的蜕变与再造呢？其中调动与整合企业中最为重要、最活跃的资源——人，是极为重要的一项策略。如何激发组织员工的潜能，或者说员工在什么样的情况下才能愿意表现出积极工作的一面？一般认为，当员工认为"这个组织是我的"心理认知逐渐形成，也就是说强化了其对组织的心理所有权时，员工自主创新、自发建言的动机和行为会更加明显。心理所有权是人们对客体产生的占有感（Pierce，Kostova & Dirks，2003）。在组织行为学领域，员工能否将所在企业视为已经占有了的组织要取决于组织是否满足了员工的三种需要："家"、自我效能感、自我认同（Dyne & Pierce，2004）。组织支持之所以对于员工行为激励和雇佣关系改善具有意义，是因为当组织提供了较为支持的环境时，员工会感受到职业安全和组织的温暖，并且在鼓励的氛围下员工能够张扬优异个性并被授权去独立解决问题，对组织的前景、自己的奋斗目标和发展方向都有更为清晰的界定，这些将使员工产生组织与自己利益一体化的认同感，从而促使其表现出乐于奉献、自主创造和积极建言等角色外行为，个体付出职责之外的正面行为越多，组织运作效率提升的可能性就越大，企业发展得就越好，员工的福利和职业发展因此也会更好，故而和谐、上升态势的雇佣关系便会产生。

近年来，员工—组织关系（EOR）的研究成果显示，组织对员工的支持对员工—组织关系的作用更为重要（宗文、李晏墅、陈涛，2010）。当民营企业的老板们更为慷慨地对待员工，满足员工的社会情感和经济上的合理需求时，组织成员就会为组织的利益付出更多的努力（刘维民、何爽，2009）。如何提高基层员工的组织支持感知，在民营企业内部管理中可以从以下几个方面加强：一是，为青年员工描绘未来发展的愿景，并帮助员工设计合理的职业生涯规划，给予青年员工更多的展示空间和发展机会。二是，通过积极反馈和信息交流构筑组织成员良好的心理环境。中国人群特征是人际倾向高，在这一特定的文化背景下，企业搭建组织与基层员工间相互支持、相互理解的桥梁，进行情感投资、提升心理认同感远比与其他企业比拼薪酬高低在管理中的效果要好。三是，强调支持型环境并不仅仅意味着宽松，而应该是"宽猛相济"的模式。完全柔性又没有监控的管理方式，容易陷入"人情管理"的困局，更容易导致管理混乱和形成组织不公正的认知。况且在很多企业员工素质尚待提高，在工作中并没有表现出自发自觉的状态，所以有效监控也是组织支持的应有之意。有效监控可以及时向员工反馈工作进展和问题，员工一方面能够更加明确自己工作中的优劣势，以及时自我调整达到组织要求，另一方面也能感受到自己是被组织关注的对象，激发自我不断提升的动机。四是，在企业去中心化和扁平化的趋势下，组织构建正式和非正式的上下级间人际和信息沟通通道也是十分重要的。研究表明，基层人际公正和信息公正对组织支持影响的路径系数最高，因此可以推论员工形成组织支持感依赖于组织内部人与人之间的良性互动。李锐、凌文辁（2008）指出社会行为最有力的决定因素并不是个体本身，而是个体以外的关系背景。可见，构建顺畅的信息通道，有利于扩大人际交往个体之间的开放区，从而彼此沟通更容易实现，这样不仅使员工能够感受到自己与上级之间相互尊重、欣赏与信任的关系，而且组织内外有价值的市场、产品信息也更容易传输，有利于组织决策和组织发展。总之，支持的组织环境不仅是基层员工建言和创造力等角色外行为的"源"动力，也是推进企业发展与成长的动力"源"。

综上可知，支持型组织的构建需要通过组织为员工提供多方支持，最大可能地避免因组织内交易成本太高而降低了效率，因心理不安全感而使员工畏首畏尾地工作，因前途未卜的迷茫造成的员工职业停滞，因劳动回报不合理而产生的大规模跳槽等问题。当组织被视为具有共同特征的群体集合时，组织支持感知就会强化员工与组织之间的良性关系；当一个人更愿意相信组织对自己是支持的，那么他内心所形成与组织一致的信念更容易激发其积极行为。

第三节 研究局限及展望

一 研究局限

本书的研究结果丰富了组织公正理论及建言行为和创造力理论的研究，并在实践上支持了组织公正、组织支持、建言行为和创造力量表在中国文化背景中的应用价值，同时得到了一些有价值的结论，但研究仍然存在一定的局限性。

其一，研究方法具有一定的局限性。本书采用问卷调查法，应用因子分析、pearson 相关分析、回归分析、跨层次分析等统计分析方法。在单一层次研究中进行了员工组织公正感知以组织支持为中介对员工行为影响的关系分析，在跨层次研究中进行了组织公正感知的垂滴效应分析。虽然采用单一层次和跨层次相结合的方法对员工态度结果进行了衡量与考察，相对而言具有更好的预测力。但研究方法依然存在不全面的问题，尤其是没有在时间框架下进行行为研究，也没有应用案例研究的方法，而案例研究相较于其他研究而言，能够进行厚实的描述与系统的理解，对动态的互动历程与所处的情景脉络亦可加以掌握，从而能够获得一个较全面与整体的观点（Gummessen，1991）。因此，有待日后通过更为丰富的研究方法对研究结论加以验证。

其二，样本选择范围具有一定局限性。在样本选择上，由于涉及公司各个层级人员的共同配合，而且需要各家民营企业上下级之间的管理幅度至少在 3—5 人之间，因此样本收集难度很大。另外，尽管资料收集涉及了国内多个地区的民营企业，但是在数据的代表性上仍然存在问题，如在行业、地点和时间上有一定的局限性等。同时，由于所调查内容涉及一些敏感问题，被试反应的真实性上可能有一些偏差，从而影响研究结果的推论。通过对有限的样本研究所得到的结论是否具有普适性，尚有赖于未来研究继续验证。

其三，组织公正整体认知研究没有进行。本书探讨了组织公正四个维度以组织成员建言行为和创造力为中介的垂滴影响，虽然进行了上下级间配对调查，并基于此做了跨层次分析。但是研究中将组织公正四个维度进行了分别的分析，而组织公正感在企业内部所体现的员工反应有的时候是一种整体认知，而个体并不能清晰地区分出具体哪一维度影响其行为。Shapiro（2001）也指出员工很可能是以整体判断的方式来思考公正性，并以此决定其行为表现。因而组织公正整体感知对员工行为和态度的作用还有待进一步完成。

二 未来研究展望

针对本书的局限性，未来研究可以从以下几个方面加以改善和丰富：

第一，扩大样本选择范围。尽量涉及更多地区、不同规模和性质的企业或其他组织，调查不同类型企业或组织的员工，在更广泛的样本中验证本书的假设。在后续研究中可通过扩大被试取样的多样性，收集时间序列的样本数据，进一步验证本研究结果的正确性并加以修正。

第二，采用多种方法求证。在横截面研究的基础上，进一步在时间框架下研究高层级管理者的组织公正感知的垂滴效应，以时间轴为线索，收集数据更加细化不同时间段员工感知对行为的作用变化；此外，通过对企业进行走访并整理员工访谈数据应用扎根理论对模型构建的合理性进行检验。

第三，基于组织的背景特征进行纵向多层级研究。组织情景在员工行为发生中起着非常重要的作用，如团队结构（Ambrose, Schminke & Mayer, 2013）、伦理道德氛围（Mulki, Jaramillo & Locander, 2009）、安全氛围（Zohar & Tenne - Gazit, 2008）、文化背景（Morrison & Christensen, 2011）等对员工的公正感知与组织承诺或组织公民行为具有调节作用，因此未来研究可以在中国情境下，进一步针对组织背景的调节作用展开研究。

第四，由于组织高层级管理者行为自上而下的垂滴影响并不是作用机制的终止，组织中较低层级的行为诱使上一层级行为发生变化的现象也同样存在（Marsh & Yeung, 1998）。因此尝试改变单极化研究范式的倾向，对自下而上（Bottom Up）管理效应进行探索，以完整展示组织公正感知在各结构层面对组织成员行为影响的联动效应过程。

附　　录

组织公正对建言行为、创造力的垂滴效应调查问卷

尊敬的先生/女士：

　　您好！非常感谢您在百忙之中抽出宝贵的时间参与我们的调查。为了了解组织内组织公正感知的垂滴效应，我们设计了此项调查。您认真且真实地回答将对我们的研究起到至关重要的作用。此次调查仅作学术研究之用，不涉及贵单位机密或个人隐私，问卷采用匿名的方式，您不必有任何顾虑。我们保证本问卷不会对您有任何的负面影响，并承诺对您所答的内容绝对保密。请您认真阅读每部分的指导语，然后根据您的实际情况对问题进行选择，所作答案没有对错、好坏之分，旨在收集真实的数据信息。衷心感谢您的支持与合作！

　　　　敬祝

身体健康，万事如意！

辽宁师范大学管理学院

第一部分　基本资料

　　请在每题中符合您情况的选项前的"□"打上"√"。

　　您所在的公司编码：（　　　　　　　）；层级编号：（　　　　　　　）。

　　1. 性别：□男□女

　　2. 年龄：□25 岁以下　　□25—30□31—40　　□41—50　　□51 岁以上

　　3. 教育程度：□中专及以下学历　　□大专学历　　□本科学历　　□硕士及以上学历

　　4. 任职年限：□不足 1 年　　□1—3 年　　□4—10 年　　□11—20 年□21 年以上

5. 所属行业：（　　　　　）

6. 从业人员数量：（　　　　　）人

7. 年销售收入：（　　　　　）万元

第二部分　研究内容

一　组织公正问卷

请根据您工作中的实际情况对下述问题进行选择。按同意程度在相应数字后面的"□"打上"√"。数字的具体含义说明：1. 从未发生；2. 很少发生；3. 有时发生；4. 经常发生；5. 一直发生。

a.　［分配公正］	从未	很少	有时	经常	一直
1. 我的报酬能反映我在工作中所付出的努力。	1□	2□	3□	4□	5□
2. 我的报酬与我所完成的工作相比是适当的。	1□	2□	3□	4□	5□
3. 我的报酬能够反映我为组织做的贡献。	1□	2□	3□	4□	5□
b.　［程序公正］	从未	很少	有时	经常	一直
1. 在组织里我可以表达我的观点。	1□	2□	3□	4□	5□
2. 我认为在组织里，我可以影响决策结果。	1□	2□	3□	4□	5□
3. 一般来说，组织内各种程序有章可循、前后一致。	1□	2□	3□	4□	5□
4. 组织做决策时毫无偏见。	1□	2□	3□	4□	5□
5. 决策基于精确的信息而做出。	1□	2□	3□	4□	5□
6. 存在对决策进行申诉的机会。	1□	2□	3□	4□	5□
7. 组织内各种程序符合伦理和道德标准。	1□	2□	3□	4□	5□
c.　［人际公正］	从未	很少	有时	经常	一直
1. 我的上司以礼貌的方式对待我。	1□	2□	3□	4□	5□
2. 我的上司对我足够尊重。	1□	2□	3□	4□	5□
3. 我的上司维护我的尊严与人格。	1□	2□	3□	4□	5□
4. 我的上司避免不当的言辞或评价。	1□	2□	3□	4□	5□
d.　［信息公正］	从未	很少	有时	经常	一直
1. 我的上司与我进行坦诚和公开的沟通。	1□	2□	3□	4□	5□
2. 我的上司为我完整地说明各种工作流程。	1□	2□	3□	4□	5□
3. 我的上司给予我有关程序的合理解释。	1□	2□	3□	4□	5□
4. 我的上司会及时地与我沟通各种信息细节。	1□	2□	3□	4□	5□

二　建言行为问卷

请根据您工作中的实际情况对下述问题进行选择。按同意程度在相应数字后面的"□"打上"√"。数字的具体含义说明：1. 从未发生；2. 很少发生；3. 有时发生；4. 经常发生；5. 一直发生。

a. 〔促进性建言〕	从未	很少	有时	经常	一直
1. 对影响组织的事件能够积极地提出建议。	1□	2□	3□	4□	5□
2. 积极提议对企业有利的项目。	1□	2□	3□	4□	5□
3. 为改进组织工作流程能够积极地提出建议。	1□	2□	3□	4□	5□
4. 积极地提出结构性建议以帮助组织达成目标。	1□	2□	3□	4□	5□
5. 对组织改进经营提出结构性建议。	1□	2□	3□	4□	5□
b. 〔抑制性建言〕	从未	很少	有时	经常	一直
1. 建议同事对抗束缚工作绩效的不良行为。	1□	2□	3□	4□	5□
2. 即使有反对意见，也能够坦诚地指出对组织可能造成重大损失的问题。	1□	2□	3□	4□	5□
3. 即使会使某些人难堪，也依然会指出可能影响单位效率的问题。	1□	2□	3□	4□	5□
4. 即使可能会破坏与同事的关系，也依然会指出单位中存在的问题。	1□	2□	3□	4□	5□
5. 向管理层积极地报告工作协调上存在的问题。	1□	2□	3□	4□	5□

三　创造力问卷

请根据您工作中的实际情况对下述问题进行选择。按同意程度在相应数字后面的"□"打上"√"。数字的具体含义说明：1. 从未发生；2. 很少发生；3. 有时发生；4. 经常发生；5. 一直发生。

	从未	很少	有时	经常	一直
1. 提出新的方法来实现目标或目的。	1□	2□	3□	4□	5□
2. 想出新的且可行的点子来改善绩效。	1□	2□	3□	4□	5□
3. 研究出新技术、新工艺、新技能、和/或新产品的点子。	1□	2□	3□	4□	5□
4. 提出新的方法来提高质量。	1□	2□	3□	4□	5□
5. 自己是创意想法的重要来源。	1□	2□	3□	4□	5□

续表

	从未	很少	有时	经常	一直
6. 不害怕冒险。	1□	2□	3□	4□	5□
7. 带动或引导他人提出创意。	1□	2□	3□	4□	5□
8. 一旦有机会就会展示出创造力。	1□	2□	3□	4□	5□
9. 提出实施新思路的翔实计划和日程表。	1□	2□	3□	4□	5□
10 经常有新颖的和革新性的想法。	1□	2□	3□	4□	5□
11. 提出创造性地解决问题的方案。	1□	2□	3□	4□	5□
12. 经常有处理问题的新方法。	1□	2□	3□	4□	5□
13. 提出执行工作任务的新方法。	1□	2□	3□	4□	5□

四 组织支持

请根据您工作中的实际情况对下述问题进行选择。按同意程度在相应数字后面的"□"打上"√"。数字的具体含义说明：1. 从未发生；2. 很少发生；3. 有时发生；4. 经常发生；5. 一直发生。

您的感知是？	从未	很少	有时	经常	一直
1. 我的组织在意我的意见。	1□	2□	3□	4□	5□
2. 我的组织确实关心我的身体和心理健康。	1□	2□	3□	4□	5□
3. 我的组织会充分考虑我的目标和价值。	1□	2□	3□	4□	5□
4. 当我有难处的时候组织会给我帮助。	1□	2□	3□	4□	5□
5. 我的组织会站在我的立场原谅我承认了的错误。	1□	2□	3□	4□	5□

问卷到此结束，请您再检查一下是否有遗漏的题目，以免造成废卷。再次感谢您对我们研究的参与和帮助！

参考文献

［1］蔡亚华、贾良定、万国光：《变革型领导与员工创造力：压力的中介作用》，《科研管理》2015 年第 8 期。

［2］曹慧、梁慧平：《员工公平感对组织公民行为的影响：组织支持的中介作用》，《科技管理研究》2010 年第 14 期。

［3］陈浩：《工作要求与创新工作行为关系的研究》，《技术经济与管理研究》2011 年第 1 期。

［4］陈松、方学梅、刘永芳：《组织公正感对组织承诺的影响》，《心理科学》2010 年第 2 期。

［5］陈文平、段锦云、田晓明：《员工为什么不建言：基于中国文化视角的解析》，《心理科学进展》2013 年第 5 期。

［6］陈志霞、陈传红：《组织支持感及支持性人力资源管理对员工工作绩效的影响》，《数理统计与管理》2010 年第 29 期。

［7］程聪、张颖、陈盈、谢洪明：《创业者政治技能促进创业绩效提升了吗？—创业导向与组织公正的中介调节效应》，《科学学研究》2014 年第 8 期。

［8］杜鹏程、宋锟泰、汪点点：《创新型企业研发人员工作自主性对沉默与建言的影响—角色压力的中介作用》，《科学学与科学技术管理》2014 年第 12 期。

［9］段锦云、田晓明：《组织内信任对员工建言行为的影响研究》，《心理科学》2011 年第 6 期。

［10］段锦云、王重鸣、钟建安：《"大五"和组织公平感对进谏行为的影响研究》，《心理科学》2017 年第 1 期。

［11］段锦云、魏秋江：《建言效能感结构及其在员工建言行为发生中的作用》，《心理学报》2012 年第 7 期。

［12］段锦云、张倩：《建言行为的认知影响因素、理论基础及发生机

制》，《心理科学进展》2012 年第 1 期。

[13] 段锦云：《中国背景下建言行为研究：结构、形成机制及影响》，《心理科学进展》2011 年第 2 期。

[14] 樊耘、颜静、马贵梅：《基于两种不同动机的组织公民行为研究》，《华东经济管理》2014 年第 3 期。

[15] 方志斌：《组织气氛会影响员工建言行为吗?》，《经济管理》2015 年第 5 期。

[16] 傅强、段锦云、田晓明：《员工建言行为的情绪机制：一个新的探索视角》，《心理科学进展》2012 年第 2 期。

[17] 傅升、丁宁宁、赵懿清、姜妍：《企业内的社会交换关系研究组织支持感与领导支持感》，《科学学与科学技术管理》2010 年第 6 期。

[18] 顾远东、周文莉、彭纪生：《组织支持感对研发人员创新行为的影响机制研究》，《管理科学》2014 年第 1 期。

[19] 郭文臣、杨静、付佳：《以组织犬儒主义为中介的组织支持感、组织公平感对反生产行为影响的研究》，《管理学报》2015 年第 4 期。

[20] 何会涛、彭纪生、袁勇志：《组织支持感、员工知识共享方式与共享有效性的关系研究》，《科学学与科学技术管理》2019 年第 11 期。

[21] 蒋琬、林康康：《领导—员工交换、组织支持感与员工创新性实证分析》，《北京邮电大学学报》2011 年第 3 期。

[22] 李德煌、晋琳琳：《组织支持感、知识整合与科研团队创新绩效——基于组织环境和创新氛围》，《技术经济与管理研究》2014 年第 7 期。

[23] 李锐、凌文辁、柳士顺：《上司不当督导对下属建言行为的影响及其作用机制》，《心理学报》2009 年第 12 期。

[24] 李锐、凌文辁：《主管支持感研究述评及展望》，《心理科学进展》2008 年第 2 期。

[25] 李秀娟、魏峰：《组织公正和交易型领导对组织承诺的影响方式研究》，《南开管理评论》2007 年第 5 期。

[26] 李晔、龙立荣、刘亚：《组织公正感研究进展》，《人类工效学》

2002 年第 1 期。

［27］李晔、龙立荣：《组织公平感研究对人力资源管理的启示》，《外国经济与管理》2003 年第 2 期。

［28］梁建、唐京：《员工合理化建议的多层次分析：来自本土连锁超市的证据》，《南开管理评论》2009 年第 3 期。

［29］梁建：《道德领导与员工建言——一个调节—中介模型的构建与检验》，《心理学报》2014 年第 2 期。

［30］廖卉、庄瑷嘉：《多层次理论模型的建立及研究方法，组织与管理研究的实证方法》，华泰出版社 2008 年版。

［31］林声洙、杨百寅：《家长式领导对员工工作满意度的影响：组织支持感的中介作用》，《现代管理科学》2013 年第 2 期。

［32］凌文辁、张治灿、方俐洛：《影响组织承诺的因素探讨》，《心理学报》2001 年第 3 期。

［33］刘慧萍：《薪酬公正、组织支持和组织公民行为的关系研究》，硕士学位论文，华东师范大学，2009 年。

［34］刘景江、邹慧敏：《变革型领导和心理授权对员工创造力的影响》，《科研管理》2013 年第 3 期。

［35］刘维民、何爽：《组织支持研究进展综述》，《社会心理科学》2009 年第 50 期。

［36］刘文彬、林志扬、汪亚明：《员工反生产行为的组织控制策略——基于社会认知视角的实证研究》，《中国软科学》2015 年第 3 期。

［37］刘小禹、孙健敏、苏琴：《工作感受和组织公平对员工组织承诺与职业承诺影响的跨层次研究》，《经济科学》2011 年第 1 期。

［38］刘玉新、张建卫、黄国华：《组织公正对反生产行为的影响机制——自我决定理论视角》，《科学学与科学技术管理》2011 年第 8 期。

［39］刘智强：《知识员工职业停滞测量与治理研究》，博士学位论文，华中科技大学，2005 年。

［40］吕福新、顾姗姗：《心理所有权与组织公民行为的相关性分析——基于本土企业的视角和浙江企业的实证》，《管理世界》2007 年第 5 期。

［41］吕娜、郝兴昌：《组织公正和职位对进谏行为的影响》，《心理科学》2009 年第 3 期。

［42］吕晓俊：《愉快的人更易体验公正？——员工的情绪特质对组织公正感的影响研究》，《心理科学》2012 年第 5 期。

［43］马贵梅、樊耘、颜静、张克勤：《员工—组织匹配对建言行为影响机制的实证研究》，《管理工程学报》2015 年第 3 期。

［44］马君、张昊民、杨涛：《成就目标导向、团队绩效控制对员工创造力的跨层次影响》，《心理学报》2015 年第 1 期。

［45］米家乾：《组织公正性理论研究述评》，《商业研究》2004 年第 6 期。

［46］苗仁涛、孙健敏、刘军：《基于工作态度的组织支持感与组织公平对组织公民行为的影响研究》，《商业经济与管理》2012 年第 9 期。

［47］苗仁涛、周文霞、侯锡林、李天柱：《组织公平、组织支持感与员工工作行为：基于东北地区中小民营企业的经验研究》，《管理学家》2012 年第 7 期。

［48］潘静洲、周晓雪、周文霞：《领导—成员关系、组织支持感、心理授权与情感承诺的关系研究》，《应用心理学》2010 年第 2 期。

［49］皮永华：《组织公正与组织公民行为、组织报复行为之间关系的研究》，论文，浙江大学。

［50］钱源源、宝贡敏：《组织承诺组合与员工建言行为关系的实证研究》，《经济管理》2010 年第 5 期。

［51］秦志华，傅升，蒋诚潇：《基于领导—成员交换视角的组织公平与组织认同关系研究》，《商业经济与管理》2010 年第 2 期。

［52］邵芳、樊耘：《人力资源管理对组织支持动态作用机制模型的构建》，《管理学报》2014 年第 10 期。

［53］孙建群、段锦云、田晓明：《组织中员工的自愿性工作行为》，《心理科学进展》2012 年第 4 期。

［54］孙锐、石金涛、张体勤：《中国企业领导成员交换、团队成员交换，组织创新气氛与员工创新行为关系实证研究》，《管理工程学报》2009 年第 4 期。

［55］孙彦玲、杨付、张丽华：《创造力自我效能感与员工创新行为的关

系：一个跨层分析》，《经济管理》2012 年第 11 期。

[56] 田喜洲、谢晋宇：《组织支持感对员工工作行为的影响：心理资本中介作用的实证研究》，《南开管理评论》2010 年第 1 期。

[57] 佟丽君、吕娜：《组织公正、心理授权与员工进谏行为的关系研究》，《心理科学》2009 年第 5 期。

[58] 汪林、储小平、倪婧：《领导—部属交换、内部人身份认知与组织公民行为—基于本土家族企业视角的经验研究》，《管理世界》2009 年第 3 期。

[59] 王永跃、段锦云：《政治技能如何影响员工建言：关系及绩效的作用》，《管理世界》2015 年第 3 期。

[60] 王宇清、周浩：《组织公正感研究新趋势—整体公正感研究述评》，《外国经济与管理》2012 年第 6 期。

[61] 王震、许灏颖、杜晨朵：《领导学研究中的下行传递效应：表现、机制与条件》，《心理科学进展》2015 年第 6 期。

[62] 魏江茹、杨东涛、秦晓蕾：《人力资源实践和组织公民行为关系研究》，《商业经济与管理》2007 年第 8 期。

[63] 吴继红：《组织支持认知与领导—成员交换对员工回报的影响实证研究》，《软科学》2006 年第 5 期。

[64] 谢俊、汪林、储小平、黄嘉欣：《组织公正视角下的员工创造力形成机制及心理授权的中介作用》，《管理学报》2013 年第 2 期。

[65] 杨海军：《企业员工组织支持感探讨》，硕士学位论文，暨南大学，2003 年。

[66] 叶芳明：《亚当斯公平理论的扩充性理解》，《社会科学》2001 年第 7 期。

[67] 于静静、赵曙明：《员工建言行为研究前沿探析与未来展望》，《外国经济与管理》2013 年第 5 期。

[68] 张剑、刘佳：《时间压力对员工创造性绩效的影响》，《管理学报》2010 年第 6 期。

[69] 张鹏程、刘文兴、廖建桥：《魅力型领导对员工创造力的影响机制：仅有心理安全足够吗?》，《管理世界》2011 年第 10 期。

[70] 张伟雄、王畅：《因果关系理论的建立—结构方程模型》，载陈晓萍等主编《组织与管理研究的实证方法》，北京大学出版社 2008

年版。

[71] 张燕、怀明云、章振:《组织内创造力影响因素的研究综述》,《管理学报》2011 年第 2 期。

[72] 赵慧军、王君:《员工组织公正感、组织信任和离职意愿的关系》,《经济管理》2008 年第 Z1 期。

[73] 郑晓涛、柯江林、石金涛:《中国背景下员工沉默的测量以及信任对其的影响》,《心理学报》2008 年第 2 期。

[74] 钟建安、段锦云:《"大五"人格模型及其在工业与组织心理学中的应用》,《心理科学进展》2004 年第 4 期。

[75] 周浩、龙立荣:《基于自我效能感调节作用的工作不安全感对建言行为的影响研究》,《管理学报》2013 年第 11 期。

[76] 周浩、龙立荣:《家长式领导与组织公正感的关系》,《心理学报》2007 年第 5 期。

[77] 周浩、龙立荣:《变革型领导对下属进谏行为的影响:组织心理所有权与传统性的作用》,《心理学报》2012 年第 3 期。

[78] 朱仁崎、孙多勇、彭黎明:《组织公平与工作绩效的关系:组织支持感的中介作用》,《系统工程》2013 年第 6 期。

[79] 宗文、李晏墅、陈涛:《组织支持与组织公民行为的机理研究》,《中国工业经济》2010 年第 7 期。

[80] Adams, J. S. , Inequity in Social Exchange. *Advances in Experimental Social Psychology*, 1966, 2 (4), 267 – 299.

[81] Allen, D. G. , Shanock, L. R. , Perceived Organizational Support and Embeddedness as Key Mechanisms Connecting Socialization Tactics to Commitment and Turnover among New Employees. *Journal of Organizational Behavior*, 2013, 34 (3): 350 – 369.

[82] Allen, J. A. , Rogelberg, S. G. , Manager – Led Group Meetings: A Context for Promoting Employee Engagement. *Group & Organization Management*, 2013, 38 (5): 543 – 569.

[83] Amabile, T. M. , & Conti, R. , Changes in the Work Environment for Creativity during Downsizing. *Academy of Management Journal*, 1999, 42 (6), 630 – 640.

[84] Amabile, T. M. , Barsade, S. G. , Mueller, J. S. , & Staw, B. M. ,

Affect and Creativity at Work: A Daily Longitudinal Test. Harvard Business School Working Paper, 2003, No. 03 – 071.

[85] Amabile, T. M., Barsade, S. G., Mueller, J. S., Affect and Creativity at Work. *Administrative Science Quarterly*, 2005, 50 (3): 367 – 403.

[86] Amabile, T. M., Motivating Creativity in Organizations: On Doing what you Love and Loving what You Do. *California Management Review*, 1997, 40 (1): 39 – 58.

[87] Ambrose, M. L., & Arnaud, A., Are Procedural Justice and Distributive Justice Conceptually Distinct? In J. Greenberg & J. A. Colquitt (Eds.), *Handbook of Organizational Justice*, Mahwah, NJ: Lawrence Erlbaum Associates. 2005, 59 – 84.

[88] Ambrose, M. L., Schminke, M. & Mayer, D. M., Trickle – Down Effects of Supervisor Perceptions of Interactional Justice: A Moderated Mediation Approach. *Journal of Applied Psychology*, 2013, 98 (4): 678 – 89.

[89] Ambrose, M. L., Schminke, M., Organization Structure as a Moderator of the Relationship between Procedural Justice, Interactional Justice, Perceived Organizational Support, and Supervisory Trust. *Journal of Applied Psychology*, 2003, 88 (2): 295 – 305.

[90] Anderson, N., De. Dreu, C. K. W., & Nijstad, B. A., The Routinization of Innovation Research: A Constructively Critical Review of the State – of – the – Science. *Journal of Organizational Behavior*, 2004, 25 (2): 147 – 173.

[91] Anderson, N., Potočnik, K., &Zhou, J. ' Innovation and Creativity in Organizations: A State – of – the – Science Review, Prospective Commentary, and Guiding Framework. *Journal of Management*, 2014, 40 (5): 1297 – 1333.

[92] Armstrong – Stassen, D. M., Ursel, N. D. Perceived Organizational support, Career Satisfaction, and the Retention of Older Workers. *Journal of Occupational & Organizational Psychology*, 2009, 82 (1): 201 – 220.

［93］Aryee, S. , Chen, Z. X. , Sun, L. , & Debrah, Y. A. Antecedents and Outcomes of Abusive Supervision: Test of a Trickle – Down Model. *Journal of Applied Psychology*, 2007, 92: 191 – 201.

［94］Avery, D. R. , & Quičones, M. A. Disentangling the Effects of Voice: the Incremental Roles of Opportunity, Behavior, and Instrumentality in Predicting Procedural Fairness. *Journal of Applied Psychology*, 2002, 87 (1): 81 – 6.

［95］Avey, J. B. , Avolio, B. J. , & Luthans, F. Experimentally Analyzing the Impact of Leader Positivity on Follower Positivity and Performance. *Leadership Quarterly*, 2011, 22 (2): 282 – 294.

［96］Baer, M. The Strength – of – Weak – Ties Perspective on Creativity: A Comprehensive Examination and Extension. *Journal of Applied Psychology*, 2010, 95 (3), 592 – 601.

［97］Baer, M. , Putting Creativity to Work: The Implementation of Creative ideas in Organizations. *Academy of Management Journal*, 2012, 58 (1) : 195 – 220.

［98］Baer, M. , & Oldham, G. R. , The Curvilinear Relation between Experienced Creative Time Pressure and Creativity: Moderating Effects of Openness to Experience and Support for Creativity. *Journal of Applied Psychology*, 2006, 91 (4): 963.

［99］Bartko, J. J. , On Various Intraclass Correlation Reliability Coefficients. *Psychological Bulletin*, 1976, 83 (5): 762 – 765.

［100］Bies, R. J. , &Shapiro, D. L. , Voice and Justification: Their Influence on Procedural Fairness Judgements. *Academy of Management Journal*, 1988, 31 (3): 676 – 685.

［101］Bies, R. J. , Moag, J. F. , *Interactional Justice: Communication Criteria of Fairness.* JAI press, 1986, Vol. 20 (2): 205 – 216.

［102］Bishop, J. W. , Scott, K. D. , Goldsby, M. G. , A Construct Validity Study of Commitment and Perceived Support Variables. *Group & Organization Management*, 2005, 30 (2): 153 – 180.

［103］Blau, P. M. , Exchange and Power in Social Life. Publisher: Wiley. 1964, 20 (4): 481 – 499.

[104] Bobocel, D. R. , Hafer, C. L. , Justice motive theory and the study of justice in work organizations: A conceptual integration. *European Psychologist*, 2007, Vol. 12 (4): 283 – 289.

[105] Bono, J. E. , & Judge, T. A. , Self – Concordance at Work: Toward Understanding the Motivational Effects of Transformational Leaders. *Academy of Management Journal*, 2003, 46 (5): 554 – 571.

[106] Bordia, P. , Restubog, S. L. , Bordia, S. , & Tang, R. L. , Breachbegets Breach: Trickle – Down Effects of Psychological Contract breach on Customer Service. *Journal of Management*, 2010, 36 (6): 1578 – 1607.

[107] Boroff, K. E. , & Lewin, D. Loyalty, Voice, and Intent to Exit a Union Firm: A Conceptual and Empirical Analysis. *Industrial & Labor Relations Review*, 1997, 51 (1): 50 – 63.

[108] Botero, I. C. , Dyne, L. V. , Employee Voice Behavior Interactive effects of Lmx and Power Distance in the United States and Colombia. *Management Communication Quarterly*, 2009, 23 (1): 84 – 104.

[109] Bowen, D. E. , Ostroff, C. , Understanding Hrm – Firm Performance Linkages: The Role of the Strength. *Academy of Management Review*, 2004, 29 (2): 203 – 221.

[110] Brebels, L. , Cremer, D. D. , Dijke, M. V. , Using Self – Definition to Predict the Influence of Procedural Justice on Organizational – , Interpersonal – , and Job/Task – Oriented Citizenship Behavior. *Journal of Management*, 2014, 40 (3): 731 – 763.

[111] Brockner, J. , Ackerman, G. , Greenberg, J. , Gelfand, M. , Francesco, A. M. , Chen, Z. X. , Culture and Procedural Justice: The Influence of Power distance on reactions to voice. *Journal of Experimental Social Psychology*, 2001, 37: 300 – 315.

[112] Burris, E. R. , Detert, J. R. , Chiaburu, D. S. , Quitting before Leaving: The Mediating Effects of Psychological Attachment and Detachment on Voice. *Journal of Applied Psychology*, 2008, 93 (4): 912.

[113] Butts, M. M. , Vandenberg, R. J. , Dejoy, D. M. , Individual Re-

actions to High Involvement Work Processes: Investigating the Role of Empowerment and Perceived Organizational Support. *Journal of Occupational Health Psychology*, 2009, 14 (2): 122.

[114] Byrne, Z. , Perceptions of Organizational Justice, Identification, and Support within Work Teams, *California Management Review*, 2003, 42 (1): 58 – 74.

[115] Carmeli, A. , Schaubroeck, J. , The Influence of Leaders' and other Referents' Normative Expectations on Individual Involvement in Creative Work. *The Leadership Quarterly*, 2007, 18 (1): 35 – 48.

[116] Chaganti, R. , Damanpour, F. , Mankelwicz, J. M. , Ceos' Power and Corporate Performance Transitions. *Competitive Intelligence Review*, 2010, 12 (2): 47 – 60.

[117] Chen, Z. X. , Aryee, S. , Lee, C. , Test of a Mediated Model of Perceived Organizational Support. *Journal of Vocational Behavior*, 2005, 66 (3): 457 – 470.

[118] Cheng, C. Y. , Sanchez – Burks, J. , Lee, F. , Connecting the Dots within: Creative Performance and Identity Integration. *Psychological Science*, 2008, 19 (11): 1178 – 1184.

[119] Chiu, C. Y. , Kwan, Y. Y. , Culture and Creativity: A Process Model. *Management & Organization Review*, 2010, 6 (3): 447 – 461.

[120] Choi, J. N. , Anderson, T. A. , Veillette, A. , Contextual Inhibitors of Employee Creativity in Organizations: The Insulating Role of Creative Ability. *Group & Organization Management*, 2009, 34 (3): 330 – 357.

[121] Chua, R. Y. J. , Roth, Y. , Lemoine, J. F. The Impact of Culture on Creativity: How Cultural Tightness and Cultural Distance Affect Global Innovation Crowdsourcing Work Administrative. *Science Quarterly*, 2015, 60 (2): 189 – 227.

[122] Clegg, C. , Unsworth, K. , Epitropaki, O. , &Parker, G. Implicating Trust in the Innovation Process. *Journal of Occupational and Organizational Psychology*, 2002, 75 (4): 409 – 422.

[123] Colquitt, J. A. , Greenberg, J. , Scott, B. A. Organizational Justice: Where do we Stand? in J. Greenberg& J. A. Colquitt. Eds. , *Handbook of Organizational Justice*. Mahwah, NJ: Lawrence Erlbaum Associates Publishers, 2005, 589 – 619.

[124] Colquitt, J. A. , Greenberg, J. 2003. Organizational Justice: A Fair Assessment of the State of the Literature. In J. Greenberg (Ed.), *Organizational Behavior: The State of the Science*, 165 – 210. Mahwah: Erlbaum.

[125] Colquitt, J. A. , Scott, B. A. , Judge, T. A. , Shaw, J. C. Justice and Personality: Sing Integrative Theories to Derive Moderators of Justice Effects. *Organizational Behavior and Human Decision Processes*, 2006, 100: 10 – 127.

[126] Colquitt, J. A. On the Dimensionality of Oganizational Justice: A Construct Validation of a Measure. *Journal of Applied Psychology*, 2001, 86 (3): 386 – 400.

[127] Cropanzano, R. , Ambrose, M. L. Procedural and Distributive Justice are More Similar than you think: A Monistic Perspective and a Research Agenda. In: J Greenberg, R Cropanzano Ed. *Advances in Organizational Justice*. Lexington, MA: New Lexington Press, 2001, 119 – 151.

[128] Csikszentmihalyi, M. , Wolfe, R. New Conceptions and Research Approaches to Creativity: Implications of a Systems Perspective for Creativity in Education. In Heller. K. , Ed, *International Handbook of Giftedness and Talents*, 2000, 81 – 93.

[129] Dan, F. , Rusbult, C. E. Exploring the Exit, Voice, Loyalty, and Neglect Typology: The Influence of Job Satisfaction, Quality of Alternatives, and Investment Size. *Employee Responsibilities & Rights Journal*, 1992, 5 (3): 201 – 218.

[130] De Stobbeleir, K. E. M. , Ashford, S. J. , Buyens, D. Self – Regulation of Creativity at Work: The Role of Feedback – Seeking Behavior in Creative Performance. *Academy of Management Journal*, 2011, 54: 811 – 831.

［131］ Derue, D. S. , Nahrgang, J. D. , Wellman, N. , &Humphrey, S. E. , Trait and Behavioral Theories of Leadership: An Integration and Meta – Analytic Test of Their Relative Validity. *Personnel Psychology*, 2011, 64: 7 – 52.

［132］ Detert, J. R. , Burris, E. R. Leadership Behavior and Employee Voice: Is the Door Really Open? *Academy of Management Journal*, 2007, 50 (4): 869 – 884.

［133］ Detert, J. R. , & Trevino, L. K. Speaking up to Higher Ups: How Supervisor and Skip – Level Leaders Influence Employee Voice. *Organization Science*, 2010, 21 (1): 249 – 270.

［134］ Dick, V. R. , Hirst, G. , Grojean, M. W. , & Wieseke, J. , Relationships Between Leader and Follower Organizational Identification and Implications for Follower Attitudes and Behaviour. *Journal of Occupational & Organizational Psychology*, 2011, 80 (1): 133 – 150.

［135］ Du, J. , Choi, J. N. , Hashem, F. Interaction Between one's Own and Others' Procedural Justice Perceptions and Citizenship Behaviors in Organizational Teams: The Moderating Role of Group Identification. *Group Dynamics Theory Research & Practice*, 2012, 16 (4): 289.

［136］ Dundon, T, Adrian, Wilkinson, Mick, Marchington, & Peter, Ackers. The Meanings and Purpose of Employee Voice. *International Journal of Human Resource Management*, 2004, 15 (6): 1149 – 1170.

［137］ Dutton, J. E. , Ashford, S. J. , O'Neill, R. M. , & Lawrence, K. A. Moves that Matter: Lssue Selling and Organizational Change. *Academy of Management Journal*, 2001, 44 (4): 716 – 736.

［138］ Dyne, L. V. , Cummings, L. L. , & Parks, M. L. Extra – role Behaviors: In Pursuit of Construct and Definitional Clarity. *Research in Organizational Behavior*, 1995, 17, 215 – 285.

［139］ Dyne, L. V. , Kamdar, D. , Joireman, J. , In – Role Perceptions Buffer the Negative Impact of Low LMX on Helping and Enhance the Positive Impact of High LMX on Voice. *Journal of Applied Psychology*, 2008, 93 (6): 1195 – 1207.

[140] Edmondson, A. C. Psychological Safety and Learning Behavior in Work Teams. *Administrative Science Quarterly*, 1999, 97 (6): 1273 – 81.

[141] Eisenberger, R. , & Aselage, J. Incremental Effects of Reward on Experienced Performance Pressure: Positive Outcomes for Intrinsic Interest and Creativity. *Journal of Organizational Behavior*, 2009, 30 (1): 95 – 117.

[142] Eisenberger, R. , Armeli, S. , Rexwinkel, B. , Lynch, P. D. , & Rhoades, L. Reciprocation of Perceived Organizational Support. *Journal of Applied Psychology*, 2001, 86 (1): 42.

[143] Eisenberger, R. , Stinglhamber, F. , Vandenberghe, C. , Sucharski, I. L. , & Rhoades, L. , Perceived Supervisor Support. *Journal of Applied Psychology*, 2002, 87 (3): 565

[144] Erez, M. , Nouri, R. Creativity: The Influence of Cultural, Social, and Work Contexts. *Management and Organization Review*, 2010, 6 (3): 351 – 370.

[145] Farh, J. L. , Hackett, D. , Liang, J. Individual – Level Cultural Values as Moderators of Perceived Organization Support Employee Outcome Relationships in China: Comparing the Effects of Power Distance and Traditionality. *Academy of Management Journal*, 2007, 50 (3): 715 – 729.

[146] Farmer, S. M. , Tierney, P. , Kung – Mcintyre, K. Employee Creativity in Taiwan: An Application of Role Identity Theory. *Academy of Management Journal*, 2003, 46 (5): 618 – 630.

[147] Feist, G. , J. A. Meta – Analysis of Personality in Scientific and Artistic Creativity. *Personality and Social Psychology Review*, 1998, 2 (4): 290.

[148] Folger, R. , Cropanzo, R. , Goldman, B. , What is the Relationship Between Justice and Mrality? . In J. Greenberg& J. A. Colquitt. , Eds. , *Handbook of Organizational Justice*. Mahwah, pp: 215 – 246.

[149] Folger, R. , Greenberg, J. , Procedure Justice: An Interpretative Analysis of Personnel Systems. Research in Personnel and Human Resources Management. *Social Justice Research*, 1985, 2 (3): 193 –

205.

[150] Folger, R. , Rosenfield, D. , Grove, J. , & Corkran, L. Effects of "Voice" and Peer Opinions on Responses to Inequity. *Journal of Personality & Social Psychology*, 1979, 37 (12): 2253 – 2261.

[151] French, W. , *The Personnel Management Process: Human Resources Administration.* Boston: Houghton Mifflin, 1964.

[152] Frese, M. , Teng, E. , & Wijnen, C. J. D. , Helping to Improve Suggestion Systems: Predictors of Giving Suggestions in Companies. *Journal of Organizational Behavior*, 1999, 20 (7): 1139 – 1155.

[153] Frohlich, N. A. , Very Short History of Distributive Justice. *Social Justice Research*, 2007, 20 (2): 250 – 262.

[154] Fuller, J. B. , Marler, L. E. , Hester, K. , Erratum: Promoting Felt Responsibility for Constructive Change and Proactive Behavior: Exploring Aspects of an Elaborated Model of Work Design. *Journal of Organizational Behavior*, 2006, 27 (8): 1089 – 1120.

[155] George, J. M. , Zhou, J. , When Openness to Experience and Conscientiousness are Related to Creative Behavior: An Interactional Approach. *Journal of Applied Psychology*, 2001, 86 (3): 513.

[156] George, J. M. , Zhou, J. , Dual Tuning in a Supportive Context: Joint Contributions of Positive Mood, Negative Mood, and Supervisory Behaviors to Employee Creativity. *Academy of Management Journal*, 2007, 50 (3): 605 – 622.

[157] George, J. M. , Zhou, J. , When Openness to Experience and Conscientiousness are Related to Creative Behavior: An Interactional Approach. *Journal of Applied Psychology*, 2001, 86 (3): 513.

[158] Gong, Y. , Huang, J. C. , & Farh, J. L. , Employee Learning Orientation, Transformational Leadership, and Employee Creativity: The Mediating Role of Employee Creative Self – Efficacy. *Academy of Management Journal*, 2009, 52 (4): 765 – 778.

[159] Goode, W. J. , Hatt, P. K. , *Methods in social research.* by McGraw – Hill, 1952.

[160] Gouldner, A. W. , The Norm of Reciprocity: A Preliminary State-

ment. *American Sociological Review*, 1960, 25 (2): 161 - 178.

[161] Grant, A. M. , Ashford, S. J. , The Dynamics of Proactivity at Work. *Research in Organizational Behavior*, 2008, 28 (28): 3 - 34.

[162] Grant, A. M. , Berry, J. W. , The Necessity of Others is the Mother of Invention: Intrinsic and Prosocial Motivations, Perspective - Taking, and Creativity. *Academy of Management Journal*, 2011, 53 (206): 375 - 383.

[163] Greenberg, J. , Losing Sleep Over Organizational Injustice: Attenuating Insomniac Reactions to Underpayment Inequity With Supervisory Training in Interactional Justice. *Journal of Applied Psychology*, 2006, 91 (1): 58 - 69.

[164] Greenberg, J. , Folger, R. , Procedural justice, participation, and the fair process effect in groups and organizations, In P. B. Paulus, Ed. , *Basic Group Processes*, 1983, 235 - 256.

[165] Greenberger, D. B. , Strasser, S. , The Development and Application of a Model of Personal Control in Organizations. *Academy of Management Review*, 1986, 29 (4): 639 - 649.

[166] Guerrero, S. , Herrbach, O. , Organizational Trust and Social Exchange: What i Taking Good Care of Employees Were Profitable? *Relations Industrielles*, 2010, 64 (1): 6 - 26.

[167] Hackman, J. R. , Oldham, G. R. , Work redesign. *Group & Organization Management*, 1980, 7 (1), 121 - 124.

[168] Hagedoorn, M. , Yperen, N. W. , Van de Vliert, E. , Buunk, B. P. , Employees' Reactions to Problematic Events: A Circumplex Structure of Five Categories of Responses, and the Role of Job Satisfaction. *Journal of Organizational Behavior*, 1999, 20: 309 - 321.

[169] Hempel, P. S. , Sue - Chan, C. , Culture and the Assessment of Creativity. *Management & Organization Review*, 2010, 6 (3): 415 - 435.

[170] Hirst, G. , Dick, R. , Knippenberg, D. , A Social Identity Perspective on Leadership and Employee Creativity. *Journal of Organizational Behavior*, 2009, 30 (7): 963 - 982.

[171] Hirst, G. , Knippenberg, D. , Chen, C. H. , Sacramento, C. A. ,

How Does Bureaucracy Impact Individual Creativity? A Cross – Level Investigation of Team Contextual Influences on Goal Orientation – Creativity Relation – Ships. *Academy of Management Journal*, 2011, 54: 624 – 641.

[172] Hofmann, D. A., Gavin, M. B., Centering Decisions in Hierarchical Linear Models: Implications for Research in Organizations. *Journal of Management*, 1998, 24 (5), 623 – 641.

[173] Holtz, B. C., Harold, C. M., Fair Today, Fair Tomorrow? A Longitudinal Investigation of Overall Justice Perceptions. *Journal of Applied Psychology*, 2009, 94 (5): 1185 – 1201.

[174] Howell, J. M., Boies, K., Champions of Technological Innovation: The Influence of Contextual Knowledge, Role Orientation, Idea Generation, and Idea Promotion on Champion Emergence. *The Leadership Quarterly*, 2004, 15 (1): 123 – 143.

[175] Islam, G., Zyphur, M. J. Power, Voice, and Hierarchy: Exploring the Antecedents of Speaking up in Groups. *Group Dynamics: Theory, Research, and Practice*, 2005, 9 (2): 93 – 103.

[176] Islam, T. Ahmed, I. Nawaz, M. M., & Ali, G., Perceived Organizational Support and its Outcomes: A Meta – Analysis of Latest Available Literature. *Management Research Review*, 2015, 1 (2): 367 – 399.

[177] James, L. R., Aggregation Bias in Estimates of Perceptual Agreement. *Journal of Applied Psychology*, 1982, 67 (2) : 219 – 229

[178] Janssen O., De Vries T., Cozijnsen A J., Voicing by Adapting and Innovating Employees: An Empirical Study on How Personality and Environment Interact to Affect Voice Behavior. *Human Relations*, 1998, 51 (7): 945 – 967.

[179] Janssen, O., Yperen, N. W., Employees' Goal Orientations, the Quality of Leader – Member Exchange, and the Outcomes of Job Performance and Job Satisfaction. *Academy of Management Journal*, 2004, 47 (3): 368 – 384.

[180] Jaussi, K. S., Randel, A. E., Dionne, S. D., I am, I Think I can, and I do: The Role of Personal Identity, Self – Efficacy, and

Cross – Application of Experiences in Creativity at Work. *Creativity Research Journal*, 2007, 19: 247 – 258.

[181] Karriker, J. H. , Williams, M. L. , Organizational Justice and Organizational Citizenship Behavior: A Mediated Multifoci Model. *Journal of Management*, 2007, 35 (1): 112 – 135.

[182] Kawai, N. , Strange, R. , Perceived Organizational Support and Expatriate Performance: Understanding a Mediated Model. *International Journal of Human Resource Management*, 2014, 25 (17): 2438 – 2462.

[183] Kees, V. D. B. , Lind, E. A. , Uncertainty Management by Means of Fairness Judgments. *Advances in Experimental Social Psychology*, 2002, 34 (34): 1 – 60.

[184] Khazanchi, S. , Masterson, S. S. , Who and What is Fair Matters: A multi – Foci Social Exchange Model of Creativity. *Journal of Organizational Behavior*, 2011, 32 (1): 86 – 106.

[185] Kim, H. S. , Examining the Role of Informational Justice in the Wake of Downsizing From an Organizational Relationship Management Perspective. *Journal of Business Ethics*, 2009, 88 (2): 297 – 312.

[186] King, N. , Modelling the Innovation Process: An Empirical Comparison of Approaches. *Journal of Occupational and Organizational Psychology*, 1992, 32 (1): 86 – 106.

[187] Kish – Gephart, J. J. , Detert, J. R. , Trevino, L. K. , Edmondson, A. C. , Silenced by Fear: The Nature, Sources and Consequences of Fear at Work. *Research in Organizational Behavior*, 2009, 29: 163 – 193.

[188] Kleef, G. A. V. , Homan, A. C. , Beersma, B. , Knippenberg, D. V. , Knippenberg, B. V. , & Damen, F. , Searing Sentiment or Cold Calculation? The Effects of Leader Emotional Displays on Team Performance Depend on Follower Epistemic Motivation. *IEEE Engineering Management Review*, 2009, 52 (3): 562 – 580.

[189] Kozlowski, S. W. , & Hattrup, K. , A Disagreement About Within – Group Agreement: Disentangling Issues of Consistency Versus Consen-

sus. *Journal of Applied Psychology*, 1992, 77 (2): 161 – 167.

[190] Kraimer, M. L., Wayne, S. J., An Examination of Perceived Organizational Support as a Multidimensional Construct in the Context of an Expatriate Assignment. *Journal of Management*, 2004, 30 (2): 209 – 237.

[191] Lambert, E. G., Hogan, N. L., Griffin, M. L., The Impact of Distributive and Procedural Justice on Correctional Staff job Stress, Job Satisfaction, and Organizational Commitment. *Journal of Criminal Justice*, 2007, 35: 644 – 656.

[192] Lance, F. M., Johnson, P. D., Gavin, M., Gooty, J., Bradley, S. D., Organizational Justice, Trustworthiness, and Trust: A Multifoci Examination. *Group & Organization Management*, 2010, 35 (1): 39 – 76.

[193] Lavelle, J. J., Rupp, D. E., Brockner, J., Taking a Multifoci Approach to The Study of Justice, Social Exchange, and Citizenship Behavior: The Target Similarity Model, *Journal of Management*, 2007, 33: 841 – 866.

[194] Lee, C., Pillutla, M., Law, K. S., Power – Distance, Gender and Organizational Justice. *Journal of Management*, 2000, 26 (4): 685 – 704.

[195] Lepine, J. A., Dyne, L., Predicting Voice Behavior in Work Groups. . *Journal of Applied Psychology*, 1998, 83 (6): 853 – 868.

[196] LePine, J. A., Dyne, L., Voice and Cooperative Behavior as Contrasting Forms of Contextual Performance: Evidence of Differential Relationships With Big Five Personality Characteristics and Cognitive Ability. *Journal of Applied Psychology*, 2001, 86 (2): 326 – 336.

[197] Leventhal, H., Cleary, P. D., The Smoking Problem: A Review of the Research and Theory in Behavioral Risk Modification, *Psychological Bulletin*, 1980, 88 (2): 370.

[198] Levinson, F., Meyer, V., Personality Changes in Relation to Psychiatric Status Following Orbital Cortex Undercutting. *British Journal of Psychiatry the Journal of Mental Science*, 1965, 111

(472): 207.

[199] Liang, J. , Farh, C. I. C. , Farh, J. L. , Psychological Antecedents of Promotive and Prohibitive Voice: A Two – Wave Examination. *Academy of Management Journal*, 2012, 55: 71 – 92.

[200] Lichtenstein, D. R. , Netemeyer, R . G. , Iii, J. G. M. , The Relationships Among Manager – , Employee – , and Customer – Company Identification: Implications for Retail Store Financial Performance. *Journal of Retailing*, 2010, 86 (1): 85 – 93.

[201] Liu, D. , Chen, X. , Yao, X. , From Autonomy to Creativity: A Multilevel Investigation of the Mediating Role of Harmonious Passion. *Journal of Applied Psychology*, 2011, 96: 294 – 309.

[202] Liu, D. , Liao, H. , Loi, R. , The Dark Side of Leadership: A Three – Level Investigation of the Cascading Effect of Abusive Supervision on Employee Creativity. *Academy of Management Journal*, 2012, 55: 1187 – 1212.

[203] Liu, W. , Zhu, R. , Yang, Y. , I Warn You Because I like you: Voice Behavior, Employee Identifications, and Transformational Leadership. *Leadership Quarterly*, 2010, 21: 189 – 202.

[204] Lowe, R. H. , Vodanovich, S. J. , A Field Study of Distributive and Procedural Justice as Predictors of Satisfaction and Organizational Commitment. *Journal of Business & Psychology*, 1995, 10 (1): 99 – 114.

[205] Luthans, F. , Youssef, C. M. , Sweetman, D. S. , & Harms, P. D. , Meeting the leadership Challenge of Employee Well – Being Through Relationship Psycap and Health Psycap. *Journal of Leadership & Organizational Studies*, 2013, 20 (1): 118 – 133.

[206] Madjar, N. , Oldham, G. R. , Pratt, M. G. , There's no Place Like Home? The Contributions of Work and Non – Work Creativity Support to Employees' Creative Performance. *Academy of Management Journal*, 2002, 45 (4): 757 – 767.

[207] Madjar, N. , Ortiz – Walters, R. , Customers as Contributors and Reliable Evaluators of Creativity in the Service Industry. *Journal of Or-*

ganizational Behavior, 2008, 29: 949 – 966.

[208] Marsh, H. W., Yeung, A. S., Longtiudinal Structural Equation Models of Academic Self – Concept and Achievement: Gender Differences in the Development of Math and English Constructs. *American Educational Research Journal*, 1998, 35 (4): 705 – 738.

[209] Maslach, C., Jackson, S, E., The Measure of Experienced Burnout. *Journal of Organizational Behavior*, 1981, 2 (2): 99 – 113.

[210] Masterson, S. S., A Trickle – Down Model of Organizational Justice: Relating Employees' and Customers' Perceptions of and Reactions to Fairness. *Journal of Applied Psychology*, 2001, 86 (4): 594 – 604.

[211] Mawritz, M. B., Mayer, D. M., Hoobler, J. M., Wayne, S. J., & Marinova, S. V., A Trickle – Down Model of Abusive Supervision. *Personnel Psychology*, 2012, 65 (2): 325 – 357

[212] Maxham, J. G., III, Netemeyer, R. G., Firms Reap What They Sow: The Effects of Shared Values and Perceived Organizational Justice on Customers' Evaluations of Complaint Handling. *Journal of Marketing*, 2003, 67 (1): 46 – 62.

[213] Mcfarlin, D. B., Sweeney, P. D., Distributive and Procedural Justice as Predictors of Satisfaction with Personal and Organizational Outcomes. *Academy of Management Journal*, 1992, 35 (3): 626 – 637.

[214] Meyer, J. P., Smith, C. A., HRM Practices and Organizational Commitment: Test of a Mediation Model. *Canadian Journal of Administrative Sciences*, 2000, 17 (4): 319 – 331.

[215] Milliken, F. J., Morrison, E. W., Hewlin, P. F., An Exploratory Study of Employee Silence: Issues That Employees don' t Communicate Upward and Why. *Journal of Management Studies*, 2003, 40 (6): 1453 – 1476.

[216] Miron – Spektor, E., Erez, M., Naveh, E., The Effect of Conformist and Attentive – To – Detail Members on Team Innovation: Reconciling the Innovation Paradox. *Academy of Management Journal*, 2011, 54 (4): 740 – 760.

[217] Mok, A. , Morris, M. W. , Asian – Americans' Creative Styles in Asian and American Situations: Assimilative and Contrastive Responses as a Function of Bicultural Identity Integration. *Management and Organization Review*, 2010, 6 (3): 371 – 390.

[218] Moorman, R. H. , Relationship Between Organizational Justice and Organizational Citizenship Behaviors: Do Fairness Perceptions Influence Employee Citizenship? . *Journal of Applied Psychology*, 1991, 76 (6): 845 – 855.

[219] Morris, M. W. , Leung, K. , Creativity East and West: Perspectives and Parallels. *Management and Organization Review*, 2010, 6 (3): 313 – 327.

[220] Morrison E W. , Employee Voice Behavior: Integration and Directions for Future Research. *The Academy of Management Annals*, 2011, 5 (1): 373 – 412.

[221] Morrison, E. W. , Milliken, F. J. , Organizational Silence: A Barrier to Change and Development in a Pluralistic World. *Academy of Management Review*, 2000, 25 (4): 706 – 725.

[222] Morrison, E. W. , Rothman, N. B. , Silence and the Dynamics of Power. In J. Greenberg & M. Edwards. , Eds. , Voice and Silence in Organizations. 2009, 175 – 202.

[223] Motowidlo, S. J. , Borman, W. C. & Schmit, M. J. , A Theory of Individual Differences in Task and Contextual Performance. *Human Performance*, 1997, 10 (2): 71 – 83.

[224] Mulki, J. P. , Jaramillo, J. F. , Locander, W. B. , Critical Role of Leadership on Ethical Climate and Salesperson Behaviors. *Journal of Business Ethics*, 2009, 86 (2): 125 – 141.

[225] Muller, D. , Judd, C. M. , Yzerbyt, V. Y. , When Moderation is Mediated and Mediation is Moderated. *Journal of Personality and Social Psychology*, 2005, 89 (6): 852 – 863.

[226] Nicholls, J. G. , Creativity in the Person Who Will Never Produce Anything Original and Useful: The Concept of Creativity as a Normally Distributed Trait. *American Psychologist*, 1972, 27 (8): 717 – 727.

[227] Nye, L. G. , Witt, L. A. , Dimensionality and Construct Validity of the Perceptions of Organizational Politics Scale (pops) . *Educational & Psychological Measurement*, 1993, 53 (3): 821 – 829.

[228] Ohana, M. , A Multilevel Study of the Relationship Between Organizational Justice and Affective Commitment , *Personnel Review*, 2014, 43 (5): 1465 – 70.

[229] Ohly, S. , Fritz, C. , Work Characteristics, Challenge Appraisal, Creativity, and Proactive Behavior: A Multi – Level Study. *Journal of Organizational Behavior*, 2010, 31 (4): 543 – 565.

[230] Oldham, B. , Greg, R. , Cummings, Anne, Mischel, & Leann, J. , Can Personal Stereos Improve Productivity? *HR Magazine*, 1996, 41 (4): 95.

[231] Oldham, G. R. , Cummings, A. , Employee Creativity: Personal and Contextual Factors at Work. *Academy of Management Journal*, 1996, 39 (3): 607 – 634.

[232] Olkkonen, M. , Lipponen, J. , Relationship Between Organization Justice, Identification With Organization and Work Unit, and Group – Related Outcomes. *Organization Behavior and Human Decision Processes*, 2006, 100 (2): 202 – 215.

[233] Parker, L. E. , When to Fix it and When to Leave: Relationships Among Perceived Control, Self – Efficacy, Dissent, and Exit. *Journal of Applied Psychology*, 1993, 78: 949 – 959.

[234] Parker, S. K. , Williams, H. M. , Turner, N. , Modeling the Antecedents of Proactive Behavior at Work. *Journal of Applied Psychology*, 2006, 91 (3): 636 – 659.

[235] Phelps, C. , Heidl, R. , Wadhwa, A. , Knowledge, Networks, and Knowledge Networks: A Review and Research Agenda. *Journal of Management*, 2012, 38: 1115 – 1166.

[236] Piderit, S. K. , Ashford, S. J. , Breaking Silence: Tactical Choices Women Managers Make in Speaking up About Gender – Equity Issues. *Journal of Management Studies*, 2003, 40 (6): 1477 – 1502.

[237] Pierce, J. L. , Kostova, T. , Dirks, K. T. , The State of Psychologi-

cal Ownership: Integrating and Extending a Century of Research. *Review of General Psychology*, 2003, 7 (1): 84 – 107.

[238] Pieterse, A. N., Knippenberg, D., Schippers, M., Stam, D., Transformational and Transactional Leadership and Innovative Behavior: The Moderating Role of Psychological Empowerment. *Journal of Organizational Behavior*, 2010, 31: 609 – 623.

[239] Poon, J. M. L., Relationships Among Perceived Career Support, Affective Commitment, and Work Engagement. *International Journal of Psychology*, 2013, 48 (6): 1148 – 1115.

[240] Posthuma, R. A., Maertz, C. P., Dworkin, J. B., Procedural Justice's Relationship With Turnover: Explaining Past Inconsistent Findings. *Journal of Organizational Behavior*, 2007, 28 (4): 381 – 398.

[241] Primeaux, P., Karri, R., Caldwell, C., Cultural Insights to Organizational Justice – A Preliminary Perspective. *IEEE Transactions on Acoustics Speech & Signal Processing*, 2003, 27 (2): 202 – 203.

[242] Raja, U., Johns, G., The Joint Effects of Personality and Job Scope on In – Role Performance, Citizenship Behaviors and Creativity. *Human Relations*, 2010, 63 (1): 981 – 1005.

[243] Rank, J., Pace, V. L., Frese, M., Three Venues for Future Research on Creativity, Innovation, and Initiative. *Applied Psychology*, 2004, 53 (4): 518 – 528.

[244] Rhoades, L., Eisenberger, R., Armeli, S., Affective Commitment to the Organization: the Contribution of Perceived Organizational Support. *Journal of Applied Psychology*, 2001, 86 (5): 825 – 836.

[245] Richardson H., Vandenberg R., Integrating Managerial Perceptions and Transformational Leadership into a Work – Unit Level Model of Employee Involvement. *Journal of Organizational Behavior*, 2005, 26 (5): 561 – 589.

[246] Riggle, R. J., Edmondson, D. R., Hansen, J. D., A Metaanalysis of the Relationship Between Perceived Organizational Support and Job Outcomes: 20 years of Research. *Journal of Business Research*, 2009, 62 (10): 1027 – 1030.

[247] Rubin, R. S. , Dierdorff, E. C. , Bommer, W. H. , & Baldwin, T. T. , Do Leaders Reap What They Sow? Leader and Employee Outcomes of Leader Cynicism About Organizational Change. *Leadership Quarterly*, 2009, 20 (5)﹕680 - 688

[248] Rupp, E. E. , Cropanzano, R. , The Mediating Effects of Social Exchange Relationships in Predicting Workplace Outcomes from Multifoci Organizational Justice. *Organizational Behavior and Human Decision Processes*, 2002, 89 (1)﹕925 - 946.

[249] Rusbult, C. E. , Dan, F. , Rogers, G. , & Mainous, A. G. , Impact of Exchange Variables on Exit, Voice, Loyalty, and Neglect﹕An Integrative Model of Responses to Declining Job Satisfaction. *Academy of Management Journal*, 1988, 31 (3)﹕599 - 627.

[250] Saunders, D. M. , Shepard, B. H. , Knight, V. , Roth, J. , Employee Voice to Supervisors. *Employee Responsibilities and Rights Journal*, 1992, 5﹕241 - 259.

[251] Schminke, M. , Cropanzano, R. , Rupp, D. E. , Organizationstructure and Fairness Perceptions﹕The Moderating Effects of Organizational Level. *Organizational Behavior and Human Decision Processes*, 2002, 89 (1)﹕881 - 905.

[252] Schuh, S. C. , Egold, N. W. & Dick, R. , Towards Understanding the Role of Organizational Identification in Service Settings﹕A Multi-level Study Spanning Leaders, Service Employees, and Customers. *European Journal of Work & Organizational Psychology*, 2012, 21 (4)﹕547 - 574.

[253] Scott, B. A. , Colquitt, J. A. , &Paddock, E. L. , An Actor - Focused Model of Justice Rule Adherence and Violation﹕The Role of Managerial Motives and Discretion. *Journal of Applied Psychology*, 2009, 94 (3)﹕756 - 769.

[254] Scott, K. L. , Zagenczyk, T. J. , Schippers, M. , Purvis, R. L. , & Cruz, K. S. , Co - Worker Exclusion and Employee Outcomes﹕An Investigation of the Moderating Roles of Perceived Organizational and Social Support. *Journal of Management Studies*, 2014, 51 (8)﹕

1235 – 1256.

[255] Seibert, S. E. , Kraimer, M. L. , Crant, J. M. , What do Proactive People Do? A Longitudinal Model Linking Proactive Personality and Career Success. *Personnel Psychology*, 2001, 54 (4): 845 – 874.

[256] Shalley, C. E. , Gilson, L. L. , Blum, T. C. , Interactive Effects of Growth Need Strength, Work Context, and Job Complexity on Self – Reported Creative Performance. *Academy of Management Journal*, 2009, 52 (3): 489 – 505.

[257] Shalley, C. E. , Gilson, L. L. , Blum, T. C. , Matching Creativity Requirements and the Work Environment: Effects on Satisfaction and Intentions to Leave. *Academy of Management Journal*, 2000, 43 (2): 215 – 223.

[258] Shanock, L. , Eisenberger, R. , When Supervisors Feel Supported: Relationships With Subordinates' Perceived Supervisor Support, Perceived Organizational Support, and Performance. *Journal of Applied Psychology*, 2006, 91 (3): 689 – 695.

[259] Shapiro, M. , Holomorphic Functions, Grassmann Algebras, and Clifford Analysis. *Biotechnology Letters*, 2001, 28 (14): 1083 – 1088.

[260] Shin, S. J. , Kim, T. Y. , Lee, J. Y. , Bian, L. , Cognitive Team Diversity and Individual Team Member Creativity: A Cross – Level Interaction. *Academy of Management Journal*, 2012, 55 (1): 197 – 212.

[261] Shipton, H. J. , West, M. A. , Parkes, C. L. , Dawson, J. F. & Patterson, M. G. , When Promoting Positive Feelings Pays: Aggregate Job Satisfaction, Work Design Features, and Innovation in Manufacturing Organizations. *European Journal of Work & Organizational Psychology*, 2006, 5 (4): 404 – 430.

[262] Siers, B. , Relationships Among Organizational Justice Perceptions, Adjustment, and Turnover of United States – Based Expatriates. *Applied Psychology: An International Review*, 2007, 56 (3), 437 – 459.

[263] Sitkin SB, See K. E. , Miller C. C. , Lawless M. W. , Carton A. M. , The Paradox of Stretch Goals: Organizations in Pursuit of the Seemingly Im-

possible. *Academy of Management Review*, 2011, 36 (3): 544 – 566.

[264] Skarlicki, D. P., Latham, G. P., Increasing Citizenship Behavior Within a Union: A test of Organizational Justice Theory. *Journal of Applied Psychology*, 1996, 81 (2): 161 – 169.

[265] Stamper, C., Dyne, L., Work Status and Organizational Citizenship Behavior: A Field Study of Restaurant Employees. *Journal of Organizational Behavior*, 2001, 22 (5): 517 – 536.

[266] Stein, R. S., Time – Dependence of Crystal Orientation in Crystalline Polymers. *Polymer Engineering & Science*, 1967, 8 (4): 259 – 266.

[267] Stinglhamber, F., Vandenberghe, C., Organizations and Supervisors as Sources of Support and Targets of Commitment: A Longitudinal Study. *Journal of Organizational Behavior*, 2003, 24 (3): 251 – 270.

[268] Takeuchi R, Chen, Z., Cheung S. Y., Appling Uncertainty Management Theory to Employee Voice Behavior: An Integrative Investigation. *Personnel Psychology*, 2012, 65 (2): 283 – 323.

[269] Tangirala, S., Ramanujam, R., Employee Silence on Critical Work Issues: The Cross – Level Effects of Procedural Justice Climate. *Personnel Psychology*, 2008, 61 (1): 37 – 68.

[270] Tangirala, S., Green, S. G. Ramanuja, R., In the Shadow of the Boss's boss: Effects of Supervisors' Upward Exchange Relationships on Employees. *Journal of Applied Psychology*, 2007, 92 (2): 309 – 320.

[271] Tepper, B. J., Taylor, E. C., Relationships Among Supervisors' and Subordinates' Procedural Justice Perceptions and Organizational Citizenship Behaviors. *Academy of Management Journal*, 2003, 46 (1): 97 – 105.

[272] Tierney, P., Farmer, S. M., Creative Self – Efficacy Development and Creative Performance Over Time. *Journal of Applied Psychology*, 2011, 96 (2): 277 – 293.

[273] Tierney, P., Farmer, S. M., Creative Self – Efficacy: Its Potential Antecedents and Relationship to Creative Performance. *Academy of Management Journal*, 2002, 45 (6): 1137 – 1148.

[274] Tierney, P. , Farmer, S. M. , The Pygmalion Process and Employee Creativity. *Journal of Management*, 2004, 30 (3): 413 - 432.

[275] Tierney, P. , Leadership and Creativity. In J. Zhou & C. E. Shalley. , Eds. , *Handbook of Organizational Creativity*, Hillsdale, NJ: Erlbaum, 2008, 95 - 124.

[276] Tsui, A. S. , Pearce, J. L. , Porter, L. W. , Tripoli, A. M. , Alternative Approaches to the Employee - Organization Relationship: Does Investment in Employees Pay Off. *Academy of Management Journal*, 1997, 40 (5): 1089 - 1121.

[277] Turnley, W. H. , Feldman, D. C. , The Impact of Psychological Contract Violations on Exit, Voice, Loyalty, and Neglect. *Human Relations*, 1999, 52 (7): 895 - 922.

[278] Tyler, T. R. , Blader, S. L. , The Group Engagement Model: Procedural Justice, Social Identity, and Cooperative Behavior. *Personality and Social Psychology Review*, 2003, 7 (4): 349 - 361.

[279] Umphress, E. E. , Bingham, J. B. , Mitchell, M. S. , Unethical Behavior in the Name of the Company: The Moderating Effect of Organizational Identification and Positive Reciprocity Beliefs on Unethical Pro - Organizational Behavior. . *Journal of Applied Psychology*, 2010, 95 (4): 769.

[280] Unsworth, K. L. , Clegg, C. W. , Why do Employees Undertake Creative Action? *Journal of Occupational & Organizational Psychology*, 2010, 83 (1): 77 - 99.

[281] Unsworth, K. L. , Wall, T. D. , Carter, A. , Creative Requirement. *Group Organization Management*, 2005, 30: 541 - 560.

[282] Unsworth, K. , Unpacking Creativity. *Academy of Management Review*, 2001, 26 (2): 289 - 297.

[283] Venkataramani, V. , Tangirala, S. , When and Why do Central Employees Speak up? An Examination of Mediating and Moderating Variables. *Journal of Applied Psychology*, 2010, 95: 582 - 591.

[284] Viswesvaran, C. , Ones, D. S. , Examining the Construct of Organizational Justice: A Meta - Analytic Evaluation of Relations with Work

Attitudes and Behaviors. *Journal of Business Ethics*, 2002, 38 (3): 193 - 203.

[285] Vlachos, P. A., Panagopoulos, N. G., Rapp, A. A., Employee Judgments of and Behaviors Toward Corporate Social Responsibility: A Multi - Study Investigation of Direct, Cascading, and Moderating Effects. *Journal of Organizational Behavior*, 2014, 35 (7): 990 - 1017.

[286] Walumbwa, F. O., Hartnell, C. A., Oke, A., Servant Leadership, Procedural Justice Climate, Service Climate, Employee Attitudes, and Organizational Citizenship Behavior: A Cross - Level Investigation . *Journal of Applied Psychology*, 2010, 95 (3): 517 - 529.

[287] Walumbwa, F. O., Schaubroeck, J., Leader Personality Traits and Employee Voice Behavior: Mediating Roles of Ethical Leadership and Work Group Psychological Safety. *Journal of Applied Psychology*, 2009, 94 (5): 1275 - 1286.

[288] Wang, P., Rode, J. C., Transformational Leadership and Follower Creativity: The Moderating Effects of Identification with Leader and Organizational Climate. *Human Relations*, 2010, 63 (8): 1105 - 1128.

[289] White, R. E., Chong, H., Prybutok, V., Relationship Among Organizational Support, JIT Implementation, and Performance. *Industrial Management & Data Systems*, 2001, 101 (6): 273 - 281.

[290] Whiting, S. W., Podsakoff, P. M., Pierce, J. R., Effects of Task Performance, Helping, Voice, and Organizational Loyalty on Performance Appraisal Ratings. *Journal of Applied Psychology*, 2009, 93 (1): 125.

[291] Wieseke, J., Ahearne, M., Lam, S. K., & Dick, R. V., The Role of Leaders in Internal Marketing. *Journal of Marketing*, 2009, 73 (2): 123 - 145.

[292] Wikhamn W., Hall A T., Accountability and Satisfaction: Organizational Support as a Moderator. *Journal of Managerial Psychology*, 2014, 29 (5): 458 - 471.

[293] Withey, M. J., Cooper, W. H., Predicting Exit, Voice, Loyalty, and Neglect. *Administrative Science Quarterly*, 1989, 34 (4): 521 – 539.

[294] Woodman, R. W., Sawyer, J. E., Griffin, R. W. Toward a Theory of Organizational Creativity. *Academy of Management Review*, 1993, 18 (2): 293 – 321.

[295] Wu, P. C., Chaturvedi, S., The Role of Procedural Justice and Power Distance in the Relationship Between High Performance Work Systems and Employee Attitudes: A Multilevel Perspective. *Journal of Management Official Journal of the Southern Management Association*, 2009, 35 (5): 1228 – 1247.

[296] Yang, N., Wang, G., Hu, C., Shi, Y., Liao, L., & Shi, S., When Mentors Feel Supported: Relationships With Mentoring Functions and Protégés' Perceived Organizational Support. *Journal of Organizational Behavior*, 2013, 35 (1): 22 – 37.

[297] Yoon, H. J., Sung, S. Y., Choi, J. N., Lee, K. Kim, S., Tangible and Intangible Rewards and Employee Creativity: The Mediating Role of Situational Extrinsic Motivation. *Creativity Research Journal*, 2015, 27 (4): 383 – 393.

[298] Yuan, F., Woodman, R. W., Innovative Behavior in the Workplace: The Role of Performance and Image Outcome Expectations. *Academy of Management Journal*, 2010, 53 (2): 323 – 342.

[299] Zapata – Phelan, C. P. Colquitt, J. A., Scott, B. A., Livingston, B., Procedural Justice, Interactional Justice, and Task Performance: The Mediating Role of Intrinsic Motivation. *Organizational Behavior and Human Decision Processes*, 2009, 108 (1): 93 – 105.

[300] Zhang, X., Bartol, K. M., Linking Empowering Leadership and Employee Creativity: The Influence of Psychological Empowerment, Intrinsic Motivation, and Creative Process Engagement. *Academy of Management Journal*, 2010, 53 (1): 107 – 128.

[301] Zhang, X. M., Bartol, K. M., The Influence of Creative Process Engagement on Employee Creative Performance and Overall Job Performance: A Curvilinear Assessment. *Journal of Applied Psychology*,

2010, 95 (5): 862 – 873.

[302] Zhou, J. , A Model of Paternalistic Organizational Control and Group Creativity. *Research on Managing Groups and Teams*, 2006, 9 (6): 75 – 95.

[303] Zhou, J. , Shalley, C. E. , Research on Employee Creativity: A Critical Review and Directions for Future Research. *Research in Personnel & Human Resources Management*, 2003, 22 (3): 165 – 217.

[304] Zhou, J. , Shin, S. J. , Brass, D. J. , Choi, J. , & Zhang, Z. X. , Social Networks, Personal Values, and Creativity: Evidence for Curvilinear and Interaction Effects. *Journal of Applied Psychology*, 2009, 94 (6): 1544 – 1552.

[305] Zhou, J. , Su, Y. , A Missing Piece of the Puzzle: The Organizational Context in Cultural Patterns of Creativity. *Management and Organization Review*, 2010, 6 (3): 413.

[306] Zhou, L. , Wang, M, Chen, G. , Shi, J. Q. , Supervisors' Upward Exchange Relationships and Subordinate Outcomes: Testing the Multilevel Mediation Role of Empowerment. *Journal of Applied Psychology*, 2012, 97 (3): 668 – 680

[307] Zohar, D. , Tenne – Gazit, O. , Transformational Leadership and Group Interaction as Climate Antecedents: A Social Network Analysis. *Journal of Applied Psychology*, 2008, 93 (4): 744 – 757.